Le théâtre de Slávek

du même auteur
chez le même éditeur

*La relieuse du gué** (2008)
*Fugue** (2010)
Sanderling (2013)
*Le portefeuille rouge** (2015)

* aussi disponibles en Babel

Anne Delaflotte Mehdevi

Le théâtre de Slávek

roman

GAÏA ÉDITIONS

Gaïa Éditions
82, rue de la Paix
40380 Montfort-en-Chalosse
téléphone : 05 58 97 73 26

contact@gaia-editions.com
www.gaia-editions.com

Illustration de couverture :
© igorr1 / istock

ISBN 13 : 978-2-84720-825-2

à Lenka, marraine de Slávek à plus d'un titre,
à tous mes amis tchèques, à Prague

Mon corps a déjà gagné. Le médecin disait encore hier qu'il pourrait faire passer cette tumeur qui me pousse à la gorge. Menteur. Je sais bien que je ne sortirai de cette chambre que pour être couché au cimetière d'Olšany. Et puis quoi, je suis vieux, la fête est finie. Enfin presque. Chaque instant où cet antique vaisseau de chair et de sang voudra bien abriter l'esprit et le laisser flotter encore, l'esprit jouira.

Rêver ici, là, au hasard, ne suffira à contredire ni mon ennui, ni les douleurs qui me lancent déjà.

Si j'écris, il faudra tremper la plume dans l'encrier à intervalles réguliers, sentir le contact du chiffon pressé sous le revers de ma main, entendre le son sec de la pointe qui gratte le papier, débauche d'exercice ! Qui me divertira, me divertit déjà.

Depuis ce balcon où je me tiens en retrait par charité pour ceux qui pourraient s'alarmer de l'image que je leur renvoie, ma ville me donne la sérénade. Vue d'ici, l'image est pleine d'exotisme, évoque une terre que je ne connais pas, sinon par la comédie et l'opéra. C'est pourtant celle qui me vient.

Si je ne vois rien d'où je suis, j'entends tout, cette faculté ayant par miracle échappé à l'œuvre de sape autrement méthodique de la vieillesse. Entendant, je vois. Le cœur de ma ville bat à quelques mètres sous moi et je la connais si bien. Ô Prague.

De la rue, montent vers moi les bruits des pas des Pragois, femmes, hommes, enfants, vieillards. Ils vont en sabots ou fins souliers de cuir. À leurs rythmes, leurs démarches, je sais s'ils portent quelque chose d'encombrant ou de lourd, ou les deux. Parfois une odeur, une apostrophe, un rien traduisent ce qu'il y a dans ces paniers, alors j'en déduis d'où les gens viennent et où ils vont. Je lis dans la cacophonie des bruits des marchés qui m'entourent, comme dans ceux, rares et assourdis, de la nuit.

Montent les voix, les conversations. Je sais tout ce qu'il faut savoir de ce qui préoccupe la ville. S'il m'arrive de manquer un maillon de la chaîne des causes et des effets, je le trouve auprès de la femme qui m'apporte à manger, vide mon seau, et me gronde de ce que la fenêtre reste grande ouverte, jour et nuit, même par le plus grand froid. Elle prétend le contraire, mais je maintiens que fermer cette fenêtre précipitera mon départ pour Olšany. Je ne redoute pas l'instant plus que cela, mais de là à le hâter !

Des musiciens passent sous ma fenêtre. Je sais où ils vont, à l'auberge, chez Trnka, sur le marché au charbon. Je sais d'où ils viennent. Ils sortent de répétition, du théâtre Nostitz. C'est là que le *Don Giovanni* de Mozart s'est donné pour la première fois il n'y a pas trois mois. Un baptême pour lui, la dernière représentation pour moi. Mais quelle soirée ! Quelle soirée ! Je n'aurais pu concevoir plus belle manière de baisser le rideau de mon siècle que sur ce *Don Giovanni*. Encore moins aurais-je cru possible de le voir se lever sur cet autre théâtre, un théâtre où la langue tchèque résonne enfin. Or c'est certain, lui et elle prennent leur envol, à deux pas d'ici. Et je serais malheureux ?

Tous ces sons qui montent de la rue valent pour ce qu'ils disent dans l'instant, mais au-delà, ils vont comme l'eau court, ma mémoire y ricoche.

Oui, j'ai l'esprit clair encore. Dans la solitude que je m'impose pour finir, je vais me divertir, écrire ce qu'a été ma vie dans ce siècle d'ombres et de lumières que

Prague a traversé et moi avec elle. Manière de dernière pirouette, dernier salut au monde et au cœur de Prague que je confonds avec mon cœur. Dernier salut à ce corps avec qui je vais jouer encore un peu, jusqu'à ce que la mort me rappelle à sa réalité définitive.

J'y vois encore passablement, je dispose d'une loupe et de suffisamment d'économies pour m'approvisionner en encre et en papier. Quant aux bougies, le théâtre a été généreux, à mon départ, il m'en a donné une bonne réserve, de la meilleure qualité. J'en réponds. C'est moi qui les avais choisies pour lui.

Ma vie sera finie avant de les avoir toutes consumées. Mais c'est bien qu'il en reste n'est-ce pas, pour qui viendra après.

Première période

1707-1724

Je m'appelle Slávek Sýkora, je suis né le 21 juin 1707 à Prague, dans la Vieille Ville, sur le marché au charbon.

Mon père remplissait auprès des architectes qui l'employaient la fonction de maître-d'œuvre. J'étais tout petit qu'il m'emmenait déjà visiter ses ateliers. L'un pouvait travailler à relever le prestige de telle maison de bourgeois dans la Vieille Ville, un autre à la construction de l'église Saint-Nicolas du Petit-Côté.

Les compagnons de mon père étaient maçons, appareilleurs, charpentiers, sculpteurs. Attirés par l'embauche, beaucoup venaient d'Italie, des pays allemands, et même de France. Les Santini, les Dietzenhofer menaient la danse. Les sculpteurs, dont l'admirable Braun et mon cher Brokoff, magnifiaient ce que ces architectes avaient fait construire. En ce temps-là, ce monde des bâtisseurs était à Prague le premier.

La ville de mon enfance est couverte d'échafaudages. Que j'aimais le spectacle de cette ville ébrouant ses vieilles pierres. Trottinant aux côtés de mon père, ma main fichée dans la sienne, je ne craignais pas les roues lourdes des tombereaux, le fracas des blocs de pierre charriés, le son des marteaux sur les ciseaux, les éclats de pierre, de bois, de voix. À mes oreilles alors, de la musique !

Entre deux explorations que je faisais avec lui, avaient poussé à ce palais, à cette église amendée de la mode du jour, des statues de Titans, des mourants contorsionnés, des vierges pâmées, des anges. D'éteinte, austère, Prague se relevait d'un sommeil qui avait duré cent ans, se parait de dorures, de couleurs. Ma ville revenait au monde juste comme je venais d'y entrer. Garçon choyé et présomptueux, je croyais que tout ce théâtre, c'était pour moi.

D'où tombait tout cet argent ? Mais des poches des jésuites triomphants et de celles des grandes familles de Bohême au sommet de leur puissance, fortes des revenus de terres prises entre autres aux réformés tchèques, près d'un siècle plus tôt. C'est que l'empire aura fait payer très cher et longtemps son hérésie à la Bohême.

Pour l'heure, disons qu'au temps de mon enfance, si la campagne purgeait toujours sa peine, la vie à Prague semblait vouloir mordre à nouveau. Les nobles quittaient leurs châteaux de province et venaient passer l'hiver en ville où, dans l'euphorie de l'époque, ils se faisaient construire des palais dans ce style qui nous venait d'Italie.

J'étais enfant, et ne me souciais pas de qui payait le prix de tout cela.

J'étais à la fête. Je me promenais, dans cette ville sans âge mais toujours féconde, la main dans la main de mon père.

Il savait tailler la pierre, la sculpter, savait dessiner, calculer et mener les ouvriers auprès desquels il ne ménageait pas sa peine.

Certains architectes que j'ai nommés jouissaient alors d'une extraordinaire réputation. Le ou les riches commanditaires de ces projets de construction ou d'embellissement étaient admirés, craints. Personne pour écrire au pied des grandes colonnes de marbre torsadé les noms de ceux qui bâtissaient. Eh bien je vous le dis, l'un de ceux-là s'appelait Josef Sýkora.

J'ai eu cette chance d'avoir des parents qui s'aimaient tendrement. La maison n'était pas bien grande, cependant ils auraient pu, lorsque mon père y était, travailler isolément. Mais ma mère venait s'asseoir près de lui pour coudre, et lui, qu'il doive dessiner des plans ou terminer la sculpture d'un motif qui servirait de modèle aux ouvriers, venait le faire près d'elle, qui préparait la soupe ou surveillait la brioche mise à cuire dans le petit four mitoyen de l'âtre. Je me les représente encore si précisément, assis ainsi, côte à côte.

Quand son ouvrage était terminé, sur le même banc, une planche posée sur ses genoux, ma mère recopiait encore pour lui des calculs, des plans.

Ludmila était son nom. « Ma Liduška », « ma beauté », lui disait mon père, et elle l'était, belle.

Ma mère était merveilleusement ma mère. Elle n'était pas merveilleuse qu'à moi. Elle l'était à tous ceux à qui elle avait affaire. J'ai dû l'admettre tout petit, quoique avec mauvaise grâce d'abord, car j'en étais jaloux à ce qu'on m'a dit.

J'ai vu si tard qu'elle était boiteuse. Mon père lui avait confectionné une chaussure qui compensait sa jambe plus courte, mais à la maison, elle ne la portait pas toujours. Comment ai-je pu occulter son infirmité si longtemps ! Car elle tanguait fortement.

Cette altération à la perfection qu'était autrement ma mère, m'a, le jour où j'ai réalisé l'outrage, éclairé pour tout le reste de ma vie. Je ne me suis dès lors plus étonné de rien de ce qui était mauvais et n'ai jamais perdu mon temps à me lamenter, préférant réserver ma faculté d'étonnement aux hasards bienheureux qui enchantent ce monde autrement affligeant.

Ma petite mère boitait donc, elle n'en était pas moins la plus belle, et malgré les maux de dos qui l'accablaient souvent, la plus lumineuse et sereine des femmes qu'on peut imaginer.

Elle m'appelait, oh comme bien d'autres mères appellent ici leurs enfants, « *Sluničko moje* », « mon petit soleil ». La vérité est que c'est elle qui m'a transmis de sa lumière et un peu de sa qualité de femme aussi. Un homme de mon temps, dont court par la ville la descendance de quelques vigoureux bâtards, peut admettre cette intuition, d'autant plus aisément, c'est vrai, qu'il n'aura pas, s'éclipsant bientôt, à s'en expliquer.

Il ne me reste de notre maison que le heurtoir. Pour être précis, il me manque la moitié de l'appareil, ce marteau en tête d'aigle, qui venait buter le clou planté au front d'une formidable tête de lion.

Enfin, j'écris « lion » pour plaire à ma mère, c'est ce qu'elle voulait voir dans cette figure que j'ai retrouvée et qui est là devant moi sur la table.

Moi, je n'y vois pas la tête d'un lion, j'y vois comme alors un soleil.

Elle disait : « Pourquoi grands dieux un aigle viendrait-il se cogner au soleil ! » Ce à quoi je répondais : « Et pourquoi un lion se laisserait-il maltraiter par un aigle ! »

La tête d'aigle doit être enfouie quelque part sous la terre battue des rues de Prague. Ou peut-être a-t-elle été trouvée et vendue sur un étal de la ville juive à un voyageur ? Il me plaît d'y songer.

Les branches de la crinière du lion ou les rayons du soleil, comme on voudra, sont admirablement déliés, vibrants.

Les stries des plumes sur la tête de l'oiseau disparu étaient si finement rendues, le tout si bien moulé au creux de la paume, que le souvenir que j'en ai, comme imprimé dans ma main, est que cette tête de fer était chaude. Le bec était bien haut, comme il faut, entre des yeux si polis qu'ils brillaient.

Que de coups de marteau sur l'enclume il avait fallu, que de force, et tout ce feu, pour accomplir un ouvrage si raffiné.

Le fer, précisait mon père, est plus dur à travailler que l'argent ou le bronze. Il réclame plus de force, plus de délicatesse aussi. « Regarde, me disait-il, d'abord il a fallu dégager la forme générale de la tête de l'oiseau, améliorer le contour, puis limer, sculpter, percer, user de ciseaux, de gouges, de burins, de poinçons, de plus en plus petits à mesure que l'ouvrage avançait, puis polir enfin cette partie, et cette autre, afin de faire ressortir les volumes, creuser les ombres, y faire jouer la lumière. » C'est ainsi que tous les deux nous observions l'aigle et le soleil. « Ah mais ça ! Le lion ! » corrigeait ma mère.

Me revient que, dans les temps anciens, il suffisait que chrétien ou non vous touchiez au heurtoir d'une église pour que vos assaillants ne puissent plus rien contre vous. L'effleurer était assez pour que l'Église vous embrasse et vous protège. Ai-je rêvé cela ? Mon maître sans doute me l'aura dit.

Notre heurtoir prévenait mieux qu'un chien de garde. À la manière dont on avait frappé, nous savions si celui qui se présentait était de nos connaissances ou non, de quelle humeur il était, bref quelque chose déjà de la visite.

C'est par un coup du sort que Josef devint propriétaire de la maison où je suis né.

La famille Sýkora louait un logement dans une maison sur le Petit-Côté. Peu de temps après la mort de ma grand-mère, mon père dut quitter l'endroit car l'antique maison devait être démolie. Il rassembla son héritage, qui n'était pas rien ! Coffres, lanternes, chandeliers, crémaillère, trépied, banc, soufflet, quelques ustensiles de cuisine, draps, chemises, coussins, édredons de plumes. Et ses outils. Mais les emporter où ? Au seul endroit où il savait pouvoir les entreposer le temps d'aviser, jusqu'à cette maison du marché au charbon où vivait son oncle serrurier, celui-là même qui avait réalisé le fameux heurtoir fiché sur la porte.

En ce temps-là, mon père était encore apprenti maçon chez maître Beneš. L'homme était respecté par tous ceux de la corporation à Prague, et mon grand-père, ouvrier charpentier, avait eu la joie, avant de tomber d'un toit et mourir, de voir ce maître Beneš reconnaître les qualités de son fils. Les reconnaître, au point de prendre sur lui les frais de son apprentissage. On me dit que c'est de ne pas croire sa chance qu'il devint étourdi, tomba et mourut.

Il restait à mon père deux oncles, ce serrurier, et un autre, qui était marchand sans spécialité, sauf celle de savoir en changer opportunément. L'homme, de petit marchand de riens, s'était enrichi dans le commerce florissant de verre taillé et gravé. Il avait acquis une maison ancienne, toute en pierre, à Beroun, une ville située à une demi-journée à cheval de Prague, sur le chemin de Pilsen.

Le marchand obtint de maître Beneš que son neveu, et désormais pupille, vive à Beroun, où il travaillerait exclusivement à transformer sa maison dans le goût des Italiens. Le maître maçon libéra son apprenti pour le commettre à la tâche à laquelle voulait le vouer son oncle ; bien malgré Josef, qui essaya d'échapper à cet emploi, arguant que le temps pour lui n'était pas venu d'endosser une telle responsabilité. Maître Beneš sembla ne pas y pouvoir grand-chose. Il consola un peu son élève en lui déléguant un vieil ouvrier de confiance.

L'oncle et tuteur avare posséderait à la fin sa maison à la mode pour beaucoup moins d'argent que ne lui auraient coûté des conditions d'embauche courantes. Si maître Beneš verrait compensée la soustraction à ses ateliers de son apprenti et d'un bon ouvrier, mon père découvrit vite qu'il ne pouvait jamais être question de son salaire. Réclamer était d'autant plus difficile pour le jeune homme que son tuteur le serrait souvent sur son cœur en disant qu'il se sentait pour lui des tendresses de père.

Josef travailla quatre ans à ce projet, venant régulièrement à Prague consulter maître Beneš sur la manière de résoudre certaines difficultés qu'il rencontrait sur le chantier de Beroun. Lorsqu'il y venait, il dormait chez son oncle serrurier.

Sur le marché au charbon, il rencontra ma mère, s'en éprit dès la première fois qu'il la vit, comme elle de lui. Elle vivait sur Pekařská, la rue des boulangers. Elle était, elle, fille d'un ouvrier de cette corporation.

La mise au goût du jour de la maison de Beroun fut finalement le biais par lequel mon père entra dans la profession de plein droit. Maître Beneš, ayant vu de ses yeux ce qu'il avait accompli, conduisit une délégation de maîtres maçons sur le lieu de la maison. Tous reconnurent que cette réalisation valait chef-d'œuvre et que Josef Sýkora y avait gagné le titre de maître.

Mon père, avant de rentrer définitivement à Prague, osa aborder la question de sa rémunération. L'oncle marchand avança que l'adoubement de maître, sur le compte de « sa » maison, était assez, sans compter que tout ce temps il avait été bien logé et bien nourri.

Mais Josef Sýkora était homme désormais et la tutelle caduque. Il insista pour être payé. La corporation avait en l'espèce estimé à tant de gulden son salaire, je ne me rappelle plus la somme mais sais qu'y avaient été soustraites une pension de quatre années et la compensation qu'avait reçue maître Beneš. Malgré la modicité du montant qui restait dû, l'oncle essaya encore d'esquiver. Maître Beneš lui fit une lettre.

La peur du scandale, après le prestige que le marchand tirait à Beroun d'une si belle maison, le fit penser. Il demanda deux semaines encore de délai car, pour les pingres, se voir priver de leur argent, d'un peu, de beaucoup, c'est être privé de tout et comme au supplice.

C'est dans l'espace de ces quinze jours que l'oncle serrurier mourut. Le défunt étant veuf, sans enfant, son avare de frère hérita de la maison de Prague.

Plutôt que de se séparer d'un bon argent tintant pour payer le petit salaire de mon père, il proposa de lui céder la maison, toute branlante de ces deux cents ans d'âge et de l'abandon dans lequel l'avait tenue le serrurier. Mon père voulait épouser Ludmila, le plus tôt le mieux. Avec cet arrangement, le nid de ses amours était tout trouvé.

Ainsi fut fait. Mes parents se marièrent et emménagèrent dans la maison du serrurier sur le marché au charbon.

Ce marché est là où il a toujours été, sans rien en rabattre, depuis que Prague est Prague, dit-on. Le bâtiment antique et sommaire érigé au milieu abrite une forge où l'on vend du charbon de bois, qui pour une part est produit sur place, pour l'autre acheminé de la campagne.

De notre logis, il suffisait que je m'avance de quelques pas à découvert des arcades pour que l'église de Saint-Havel m'apparaisse en perspective. Elle coiffe le quartier des marchés de ses deux clochers de cuivre en corolle. Sur son parvis et jusqu'au marché au charbon, il a bien dû au fil du temps se vendre de tout, autrefois des légumes aussi bien que des objets usuels, nécessaires à un bon ménage. Il s'y vend des hardes aujourd'hui, des souliers, des fourrures et du drap. Vieille comme le roi Václav, notre église doit la façade qu'on lui voit maintenant et qui lui donne juste ce qu'il faut de légèreté, sans attenter à sa force, à l'architecte Santini, que connaissait mon père et que je rencontrai quelques fois vers la fin de sa vie.

À une époque j'ai pensé que c'était mieux ainsi, que la maison ait disparu. Mais au bord d'écrire et de revoir, comme s'il était là devant mes yeux, ce que mon père a peiné pour lui donner une seconde vie, mon cœur se serre.

Cette affaire de cœur qui se serre et regimbe n'était pas qu'une manière d'écrire. J'ai bien cru ce matin que le bougre voulait arrêter de battre la mesure pour de bon.

Il semble que je suis remis. Je respire petit, n'ai que des mouvements sages et lents, me fais tout entier bien humble et discret. Et que mon corps m'oublie.

J'en étais à la maison.

Mon père reprit le toit, remplaça les poutres vermoulues de la façade qui était, pour sa partie supérieure, de bois et torchis, les fondations et le rez-de-chaussée étant de pierre.

Ce torchis, Josef dut encore le regarnir.

C'est que l'oncle serrurier avait vécu dans cette maison, qu'il tenait de sa femme, sans jamais s'en occuper. Ni de l'une ni de l'autre, si j'en crois mon père. L'homme n'avait d'intérêt que pour ses serrures et ses heurtoirs. Il vivait près de l'âtre, qu'il ne quittait pas. Le reste de la maison aurait pu s'effondrer. Ce qui manqua arriver. De quoi aurait eu l'air cet homme alors, debout au milieu des gravats ? Et quel intérêt trouvait-il à créer de si fortes serrures, des heurtoirs si impérieux, quand pour lui les portes ouvraient sur nulle part ?

Notre maison était petite, longue de six pas peut-être, sept de profondeur, elle s'élevait sur trois étages. Ainsi était-elle parfaitement commune, inscrite dans la suite des maisons dont les pignons étaient alignés sur cette portion de place.

Les plafonds étaient striés de grosses poutres, noires ou blondes selon que mon père les avait ou non changées.

Il avait plâtré les lattes entre chacune d'elles et peint des motifs, végétaux surtout, comme on en voyait disait-il dans certains palais.

On accédait à l'étage par la cour et son escalier adossé à la maison.

Il y avait à l'origine là-haut une seule pièce, dont mon père avait fait deux chambres. Dans celle où je dormais se trouvaient un lit, couvert d'une couette dodue, tendu de courtines, un coffre peint, une chaise et une table, constituée d'une planche de chêne posée sur tréteaux.

Depuis la chambre de mes parents, on atteignait les combles.

Josef voulait cette maison commode, ainsi avait-il conçu un petit cabanon de bois dans la cour autour d'un grand baril qui nous servait de lieu d'aisance. Lorsqu'il fallait vider la chose, mon père défaisait les panneaux qui constituaient le petit cabanon, montait sur roues le tonneau, et l'équipait en ais. Un de ces valets qui se louaient à la journée roulait hors de la maison le tonneau devenu tombereau pour le vider dans un puisard hors des murs de la ville. Si je le mentionne, c'est que le sujet est d'importance, que l'emmerdement de Prague, avec la puanteur qui l'accompagne, est un sujet aussi pressant que celui de répondre plusieurs fois par jour et chaque jour de notre vie à des besoins qui sont naturels.

L'invention était modeste, mais l'on aurait bien voulu que tous les Pragois aient autant de soin de l'hygiène que celui qu'on avait dans notre logis.

Mon père veillait aussi à la qualité de notre eau. En sus de la citerne, nous avions un puits qu'il surveillait avec beaucoup d'anxiété, car la qualité de l'eau était souvent altérée par des voisins moins regardants que lui à emmerder les honnêtes gens.

Nous avions toujours de grandes réserves de bière légère, plus sûre à boire que l'eau si elle ne venait de la citerne.

Et maintenant, j'en viens à l'essentiel, au cœur de notre maison, à cette grande pièce où nous nous tenions toujours, anciennement boutique et atelier du serrurier. Elle était ouverte d'un côté sur la place et de l'autre sur notre petite cour.

Je jouais à tisonner les brandons dans l'âtre, à fouiller le feu et sa lumière, et me faisais gronder.

Le terrain de jeu était fascinant, le foyer vaste, j'y retournais toujours.

Dans la pierre blanche des jambages galbés de la cheminée, mon père avait sculpté deux bustes identiques de femmes, comme j'en verrais un jour dans un livre de mon maître représentés à la proue d'un bateau. Ces jumelles ressemblaient étrangement à ma mère. Mon père retouchait parfois tel détail d'une boucle de cheveu de l'un ou l'autre buste, prétendait y nettoyer délicatement la pierre qui avait noirci.

Ôter la suie bue par la pierre avec un petit bout de chiffon sec, même un enfant sait que cela ne se peut.

Ma mère détournait le regard, se pinçait la lèvre pour ne pas rire, l'œil soudain irisé.

J'étais bon garçon, je prétendais de leurs jeux tout ignorer.

Notre vue donnait sur la place. Elle se trouvait assombrie par le passage sous les arcades. Une vaste fenêtre à trois vantaux venait compenser cela et nous offrait ce dont le petit peuple manquait autant que de pain : la lumière. De toutes ses innovations et rénovations, c'est de cette fenêtre dont mon père était le plus fier. Elle tenait toute la longueur de la façade, ne concédait que la porte à son empire. Le cadre était de bois de chêne, sculpté de ses mains d'une guirlande de têtes de lions. Des lions, dans ce cas oui cela est certain. Il l'avait payée pour moitié en argent. L'autre part, il la paierait en services rendus à ce compagnon vitrier avec qui il avait fait affaire.

Le verre était légèrement laiteux. Certains jours glorieux d'hiver, quand tout le blanc de la neige vibre jusqu'aux tréfonds au moindre rayon de soleil, je retrouve la lumière de chez moi.

Ce n'est pas rien que la lumière. Le petit peuple va la chercher dans les églises, où à force de grands vitraux on a de quoi l'assujettir, dans les belles salles de l'hôtel de ville où siègent ceux qui décident, dans les palais aux sols marquetés de bois chaud et blond.

La lumière est le privilège des anges et des princes. Heureux enfant que j'étais, je la trouvais chez moi.

Il en va du regret de cette lumière comme du son du heurtoir.

Imaginons encore que j'y entre, que je rentre chez moi.

Je suis devant notre porte en bois de chêne. Elle a la couleur et le lustré de la coque de châtaigne. Je suis petit, j'ai le nez sur mon heurtoir. La porte est large mais assez basse, ma mère y passe juste.

Je frappe pour le plaisir, j'entre.

Je vais dormir sur cette enfance heureuse, encore sans tache. Elle va bientôt finir.

Je rejoignais ma mère près de l'âtre où elle surveillait notre repas, une bouillie de blé agrémentée d'un peu de lard, je l'avais deviné à l'odeur. C'était le même repas que la veille, que l'avant-veille. Je fus déçu, je me rappelle.

Sauf le feu, la pièce était plongée dans le noir bien qu'il fût midi. Le peu de lumière que nous avions autrement nous parvenait de la cour, les volets étant désormais fermés côté rue.

Ludmila ne m'avait pas entendu venir. Je surpris l'expression de son visage, une expression que je ne lui connaissais pas, sombre et dure. Dans la pièce mal éclairée, j'avais d'abord pensé que ce n'était pas elle mais quelqu'un d'autre, et en avais conçu une grande terreur.

C'était le temps de la peste. J'avais six ans.

Prague connut les premiers cas suspects de maladie aux premiers jours de mars 1713. Dans la maison d'un charpentier, sur Újezd, dans le quartier du Petit-Côté, quatre personnes tombèrent malades. Une y mourut pour sûr, deux guérirent, quant au sort du charpentier, je ne me souviens pas quel il fut. Les gouverneurs royaux furent informés, la ville inspectée. On décréta que, pour l'heure, il ne fallait pas s'inquiéter.

Mon père s'étant enquis de détails sur les symptômes de ces quatre malades, n'y vit lui pas matière à être rassuré. Les alertes à la peste étaient régulières les dernières années, alimentées sans doute par les mouvements de troupes associés à cette guerre des Russes, des Suédois et des Polonais dans la région. Des voyageurs racontaient comment tel village du côté de la Prusse ou de la Pologne avait été infecté par un soldat isolé et malade. Ces rapports étaient de plus en plus fréquents, et ne provenaient plus seulement du Nord, mais de Hongrie, d'Autriche.

Nous voyant potentiellement encerclés, mon père ne pencha pas pour quitter la ville. Mes parents craignaient qu'à vouloir s'éloigner d'un risque non répandu encore dans les murs de Prague, nous n'allions au contraire au-devant en en sortant. Et puis nous n'avions nulle part où aller. Beroun n'était pas une destination envisageable étant donné le genre d'oncle qu'on y avait. Aussi mon père entreprit-il sans attendre de constituer des réserves.

Je vis chaque jour entrer et trouver sa place dans la maison, par petites quantités à la fois, morue, fruits séchés, blé, chou fermenté, viandes fumées, farine, miel, tonneaux de bière, bois, pierres brutes pour les essais de motifs, bougies, encre, papier, soufre et vinaigre. Mon père redoubla de détermination lorsqu'au printemps, au marché, se répandit la nouvelle que, dans telle campagne dont je ne me rappelle plus le nom, le bétail avait été décimé en trois jours.

Au début de juillet, un jeune tailleur venu de Vienne, qui logeait chez un coutelier non loin de la paroisse de Notre-Dame-des-Neiges, à quelques rues de chez nous, mourait d'un mal foudroyant. Le lendemain le coutelier mourut. Le même jour, l'apprenti et le domestique tombèrent malades. Mon père n'attendit pas de savoir quel serait leur sort. Nous avions nos provisions, une cour intérieure inaccessible autrement que par les issues de notre maison, et un puits. Il nous cloîtra tous les trois, barricada notre logis de l'intérieur. La nuit tomba côté rue.

Dans les semaines qui suivirent, alors que les Pragois avaient encore le loisir et un peu de liberté d'esprit à consacrer à ce qui se passait chez le voisin, les gens crurent que nous étions partis comme tant d'autres commençaient à le faire. Quand l'automne arriva et que la fumée à notre cheminée trahit notre présence, la ville était déjà dans un tel état de terreur et d'anxiété, chacun cherchant son propre salut, que cette trace de vie fantomatique, qui ne menaçait ni ne lésait personne, ne posa pas question, et nous demeurâmes au cœur de la ville, en fantômes.

J'étais ce petit fantôme qui courait autour de notre cour fermée, exhorté par ses parents. Ils craignaient que faute de mouvement je ne grandisse pas ou même que mes muscles ne se dessèchent comme on le voit chez les infirmes. Pauvres, chers parents.

Je courais. Ma mère m'apprit à compter les tours, puis à additionner ceux du matin à ceux de l'après-midi, puis à ceux de la veille. Courir en longeant les murs, compter à haute voix sans jamais s'arrêter, même sonné par les râles échappés des mourants ou de leurs proches désespérés. Sonné, cerné. Je voyais ces râles. Je ne sais comment l'expliquer. Ils s'imposaient à moi dans des couleurs et des formes, qui s'apparenteraient dans le monde tangible à des nuages, des éclairs peut-être. Prague crachait des cris comme un cracheur de feu le feu. Ces formes-sons montaient des quartiers autour, convergeaient vers notre petit carré de ciel pour fondre vers les braises soufrées qui brûlaient au centre de la cour. Là ils se consumaient lentement, jusqu'à se taire. Mais d'autres cris sabraient l'air bientôt, montaient jusqu'à mon ciel, et fondaient à nouveau sur nous.

Décrivant un cercle autour du feu, ma mère marchait comme je courais, ne me quittant pas des yeux. Si elle voyait à mon regard la peur prendre corps en moi à telle lamentation déchirante qui tombait par la trouée du ciel entre les murs, alors elle disait : « Écoute, petit Slávek, je vais t'expliquer… » et elle m'expliquait sans dissimuler. Elle me disait le malheur, quelque horrible qu'il soit. Elle en avait la compréhension, elle, moi pas. Le dire c'était le circonscrire, et partant le réduire, pour que je ne m'y perde pas, car certains de ces cris ouvraient la terre sous moi.

« Je sais que tu l'as reconnue mon petit soleil, oui c'est la voix de Božena, elle pleure son fils, le petit Jan, comme hier elle pleurait Ivana. Non ! Cours, ne t'arrête pas ! Écoute-moi ! Oui, c'est Božena qui se lamente et parle aux disparus, c'est une tristesse immense, mais aussi immense qu'elle soit, la mort de Janeček n'est pas la fin du monde, mon amour, même si elle lui ressemble. Oui, la maladie est dans la ville, mais cela non plus n'est pas la fin du monde, je te le promets, mon petit. Si la joie passe, le mal passe aussi, il faut faire au temps cette justice. Le temps de l'épidémie passera, et nous vivrons pour nous en réjouir, mon chéri, peut-être même avec Božena. Car certains résistent à la maladie. Prions pour qu'elle soit de ceux-là, en attendant cours, cours, mon petit soleil, surtout ne t'arrête pas. »

Ma mère aimait chanter. Au temps de la peste, ne lui venaient plus en fait de chants que ces cantiques anciens des réformés de Bohême. Aucun autre ne voulait plus lui sortir du corps. Et elle ne les chuchotait plus à ma seule intention mais les chantait haut et fort, s'abandonnant à leur injonction guerrière, car ces chants exhortaient au combat plus qu'à la prière. Mon père disait « chut », « Ludmilo », « chut ! ». Ma mère haussait les épaules. « Aujourd'hui c'est la peste qu'il faut craindre, mon Josef. Aujourd'hui, les jésuites aussi se terrent. » Et de reprendre son chant là où elle l'avait laissé…

Ktož jsú boží bojovníci a zákona jeho,
Soldats de Dieu que vous êtes, Défenseurs de Sa loi,

prostež od Boha pomoci a úfajte v něho,
Vous ne devrez qu'à Son aide et qu'en votre foi

že konečně vždycky s ním svítězíte.
De sortir de ce combat victorieux

Ces cantiques n'étaient pas les plus beaux des chants que connaissait ma mère, mais cependant mes préférés, parce que ceux-là, hors temps de peste, il fallait pour que je les entende qu'elle me les murmure, qu'elle approche sa bouche à m'en chatouiller l'oreille. Mais de cela donc aussi je fus privé pendant l'épidémie, puisque ma mère avait décidé que, le monde ayant versé cul par-dessus tête, elle pouvait bien s'offrir les consolations qu'elle voulait, fussent-elles hérétiques, n'en déplaise aux jésuites, et elle criait : « N'en déplaise aux jésuites ! »

Ludmila ne savait pas grand-chose de notre ancêtre réformé, de ce Hus, sinon qu'il était la source de notre secret. « Hus », dont elle savait que prononcer le nom pouvait être mortel, ce nom qu'elle, dont j'étais la vie, me glissait dans l'oreille quand même, lèvres presque scellées, dans un susurrement qui ne m'évoquait pas celui du serpent, mais la passion de ma mère, la vigilance, la curiosité éveillée.

« Hus », « La vérité », « l'égalité de tous », « La parole de Dieu, dans notre langue », telle que dans cette bible antique dans laquelle elle m'apprenait à lire et qu'elle tenait cachée derrière une certaine pierre de la maison.

Il n'y a vraiment que depuis l'avènement de notre empereur Josef, au milieu des années soixante de ce siècle, que l'étau sur ces affaires de foi s'est desserré. Mais du temps de mon enfance, les jésuites tenaient toujours la place. Et une grande place. Pour construire leur Collège et quartier général du Clementinum, il aura fallu raser un couvent, trois églises et plus de trente maisons. La délicatesse de leurs manières est toute là.

Rien qu'à Prague on dit qu'ils étaient des milliers, sans compter ceux des autres congrégations, prémontrés, cisterciens, bénédictins. Chaque Pragois avait comme qui dirait son double, son ombre en aube.

Aura-t-il fallu montrer patte blanche pendant ces cent soixante années où la Bohême fut au purgatoire…

« L'hérésie », « l'hérésie », à vous en écorcher les oreilles. Un soupçon de prosélytisme hérétique pouvait ruiner votre vie et celle de votre famille. On risquait la prison, les travaux forcés, parfois la mort.

Prise, ma mère n'aurait sans doute pas été exécutée, peut-être emmenée en prison, peut-être m'aurait-on enlevé à mes parents, ou mon père aurait-il perdu ses emplois ?

Je disais : « Maman, tu sais, à propos de l'homme dont le nom se soupire, je voulais te demander… » et je prétextais n'importe quelle question, à laquelle je savais qu'elle ne saurait pas répondre, mais entre-temps elle se serait vite penchée vers moi, aurait placé son visage tout près du mien à l'effleurer, ne serait-ce que pour me dire « chut », eh bien ne serait-ce que pour ces moments-là, Hus, à toi !

C'était au temps de la peste. Des appels à l'aide venaient de déchirer le ciel. Ludmila affolée craignait d'avoir reconnu celui qui criait. Elle avait traversé la cour vers moi en claudiquant.

« Hus », avait-elle dit en arrivant sur moi, et mon père avait dit « Chut ».

« Hus » avait-elle répété plus fort en m'attrapant le bras, « … a été confesseur de la reine et martyr, ni plus ni moins que ce Jan Népomucène, que les jésuites encensent et dont ils veulent faire un saint. »

Puis sans transition, et dans un grand accablement, elle était tombée à genoux.

Ma mère était perdue, ne savait plus à qui vouer ses prières, qui invoquer pour le salut de celui qu'elle ne pouvait secourir, qui allait mourir.

Décidément Ludmila n'aimait pas les jésuites. Bien sûr la Bohême était rentrée dans le rang, convaincue à force qu'ils lui promettent l'enfer à moins de s'abandonner à eux, à force de répression, de séduction aussi. Les fêtes religieuses et leurs jours chômés, nombreux, étaient bénis par des sujets accablés de taxes et de corvées. La Bohême avait été vaincue, convaincue, à force que le temps passe, à force d'or tendu comme une seconde peau sur des églises plus belles que le plus beau des théâtres.

Du temps de mon enfance, mes parents et moi nous rendions scrupuleusement à la messe, et à confesse, comme tout le monde. Car il fallait y aller, avec ardeur ou non.

De ces rendez-vous, au temps de la peste, ma mère fut privée, pas seulement parce qu'elle était cloîtrée du fait de l'épidémie, ne l'aurait-elle pas été que les célébrations dans les églises étaient interdites par peur de la contagion, mais privée parce que, bien que marchant sur le fil hérétique, Ludmila aimait se rendre à la messe. Elle tenait à aller prier Dieu dans sa maison. Le fait que les jésuites en assurent l'intendance n'était à ses yeux qu'une péripétie.

Mon père, lui, allait aux offices pour avoir la paix, de l'âme peut-être, mais surtout celle des hommes et de l'empire. Dieu ne l'obsédait pas, disons-le ainsi, *a fortiori* telle manière ou telle autre de l'honorer.

Il a fini pourtant par chérir cette bible hérétique aux feuillets défaits.

Les derniers mois de sa vie, il les a recousus. Il l'a fait pour elle, pour moi à qui elle voulait la transmettre. Il y a également trouvé son compte en ce qu'il me confia avoir éprouvé une grande sérénité à relier les feuillets de ce texte imprimé dans notre langue. Elle aussi menaçait de se défaire pour de bon. Pour moi, cette bible n'a besoin que de me venir de ma mère pour être sacrée.

Ainsi étais-je l'enfant d'un mécréant issu d'une lignée restée toujours fidèle à Rome, et d'une mère très croyante, issue d'une lignée de réformés qui avaient abjuré plutôt que de subir l'exil. Mais qui résistait au fond. Tout en allant à l'église romaine manger avec abandon le corps du Christ dans la main des jésuites ! Certes. Mais il n'y avait aucune contradiction pour ma mère. Je vous l'ai dit, elle était merveilleuse, convaincue que c'est elle qui était à sa place et pas eux.

De la même façon que j'ai le religieux bancal, du côté de la langue, suis-je plus stable ?

J'entends en cette fin de siècle que la jeune génération réclame que soit rendue à la langue tchèque, et au-delà à la nation, sa place légitime à côté de l'allemand. C'est bien !

Je me demande cependant quel biais tout cela prendra. Comment filera-t-on l'écheveau des fois mêlées, des langues mêlées, des sangs mêlés au sein de nos familles ?

Un grand-père de mon père était un colon allemand.

Quant à la lignée de ma mère, sa propre mère en était une d'Allemande, qui parla toute sa vie si mal le tchèque tout en insistant pour le faire que ma mère en riait encore en me l'imitant.

Mais je dois revenir n'est-ce pas à ce temps de la peste.

Il y a des temps auxquels l'on n'aime pas revenir.

Moi qui prétendais me divertir à écrire.

Mes parents ne me laissaient, ne se laissaient, pas le loisir de nous abandonner à des pensées désespérées. Mon père accomplit pendant le temps de la peste maints petits travaux qu'il avait toujours remis. Il dessinait des plans « pour après », échafaudait des projets, en parlait avec ma mère. Il sculptait dans la pierre de petits motifs végétaux nouveaux, des miniatures d'anges. Ils m'apprirent tous les deux à lire cette année-là, à écrire, en tchèque et un peu en allemand.

Ils me raconteraient plus tard, je n'étais pas en âge d'entendre ces choses sur le moment, comment la ville se vida alors de tous ceux qui avaient un asile à la campagne, notamment les nobles, les riches bourgeois, les étudiants originaires de province. Il resta tout de même suffisamment de monde à Prague pour que la mort ait de quoi largement se servir. Les échanges étant réduits à rien, la misère se répandit dans la ville. Belle traîne au chaos de l'épidémie.

J'écris chaos, mais bien sûr des choses furent tentées, il fut ordonné le jour même ou dans les jours qui suivirent celui où mon père nous cloîtra, que personne d'Autriche ne devait plus pénétrer en Bohême à moins de posséder un certificat de santé ou de suivre une quarantaine. Les frontières étaient gardées. Personne ne pouvait emprunter des routes non contrôlées sous peine d'être mis à l'amende, de voir ses marchandises confisquées, ou même d'être pendu.

L'été passa dans l'effroi, comme l'automne. J'entendais tout. J'entendais les charrois emportant les cadavres hors de la ville, dans la nuit ou très tôt au matin. J'appris à distinguer s'ils étaient chargés un peu plus, un peu moins. On a les occupations qu'on peut.

C'est avec les premiers froids, à la mi-novembre, que la cadence de ces charrois, le poids de leur chargement, les cris, commencèrent à refouler.

En janvier, le quartier, à ce que nous pouvions saisir depuis notre isolement, sembla reprendre le train de quelque chose s'apparentant à une vie normale.

Début février, nous entendîmes proclamer que l'autorisation était donnée de prier à nouveau dans les églises.

Le nombre des calèches, des chariots de ceux qui revenaient en ville, ouvraient leurs maisons, augmentait chaque jour. Nous entendîmes enfin, ou plutôt mes parents entendirent proclamer que les médecins allaient inspecter les maisons pour déterminer s'il y avait encore des personnes infectées.

Le 1er mars, mon père décloua les planches qui scellaient la maison.

Sauf quelques proches, de ceux qui étaient encore en vie, chacun crut que nous venions de rentrer de quelque refuge à la campagne. Mes parents ne cherchèrent pas à les détromper.

Dans le reste du pays, l'épidémie avait été plus clémente que celle de 1680, mais pour nous autres Pragois, elle avait été pire. Plus de dix mille personnes étaient mortes, soit environ une sur six.

La prière serait restée, au côté du vinaigre par lequel préférait jurer mon père, le grand remède de ce temps de peste, l'épidémie étant, disait-on, châtiment de Dieu pour tous les péchés des hommes. Que de morts après tant de prières, qui pourtant, on peut le parier en ces temps tragiques, ne furent jamais plus franches et abandonnées à Dieu. Hélas.

Mes parents m'interdirent encore quelque temps de sortir, eux-mêmes limitant au strict nécessaire leurs déplacements.

La fenêtre de ma chambre, aveuglée du temps de l'épidémie, avait aussi retrouvé la vue et depuis ce poste de vigie je renouai avec ma petite place.

Pour voir plus grand, j'avais le droit de monter sous les combles. J'observais le quartier reprendre vie au fil des heures, des jours, comme le dégel desserre l'eau. Quelques marchands investissaient à nouveau notre place, la marchande de choux, le gros qui vendait pots et louches, mais je ne reconnus pas notre maraîcher. Les enfants se faisaient rares encore. Je sus assez tôt qu'Antonin et Pavel étaient sains et saufs mais n'avais pas encore le droit de les voir.

Prague, Prague aux yeux secs d'avoir tant pleuré, se relevait en soulevant des récits terribles.

Des images concrètes venaient habiller celles, fulgurantes, abstraites, que je m'étais faites, sur fond de tous ces cris auxquels mon monde barricadé avait été réduit. Du seuil de ma porte, j'entendais les détails sordides que les survivants racontaient, comme pour se purger des horreurs dont ils avaient été témoins. J'entendais que la maladie attaquait par une grande fièvre, soudaine, qu'elle était suivie d'une inflammation au cou et dans d'autres parties du corps.

C'était donc ainsi qu'était mort mon ami le petit Jan, emporté en un jour. Comme Ivana. Comme Božena, leur mère, qui ne leur survécut pas.

J'entendis qu'elle n'était pas morte de la pestilence, mais d'effroi.

Les survivants rapportaient cela, à propos de Božena comme d'autres, que des hommes et des femmes étaient tombés sans fièvre, ravis dans un cri devant les corps de toute leur famille emportée en quelques jours, quelques heures.

Ils étaient morts d'horreur, foudroyés par le désespoir. Je n'ai jamais souffert depuis ce temps d'entendre parler une chanteuse ou un bourgeois de « désespoir » pour quelque argent perdu, une dentelle déchirée.

Je me suis souvent demandé ce que mes parents auraient fait si, ayant découvert notre présence, Božena avait frappé à notre porte et demandé de l'aide. Lui auraient-ils ouvert ? Auraient-ils ouvert la porte à notre sacrifice ? S'il ne s'était agi que du leur, peut-être. Pas au mien. Non, je ne crois pas qu'ils l'auraient fait.

Il y aurait bien encore quelques décès suspects ici et là, au cours du printemps 1714. Mon père resterait très vigilant, au moins jusqu'à ce jour fatal de mai où notre vie chavira à nouveau, parce qu'après cette date les évidences de la veille compteraient pour rien. Jusqu'à la mi-mai donc, il limiterait nos allées et venues strictement, nous obligeant à nous frictionner entièrement au vinaigre le matin et le soir.

Ce serait la dernière promenade que je ferais avec mon père avant l'accident.

Nous passâmes prendre le jeune sculpteur Ferdinand Brokoff qui vivait sur Skořepka, rue qui donne sur notre place. Mon père l'avait retrouvé la veille, sain et sauf, je les avais vus du seuil de notre porte où j'étais encore assigné se tomber dans les bras l'un de l'autre. Ils avaient pris rendez-vous pour la promenade du lendemain, dont j'étais, à ma plus grande joie.

Ils marchaient en devisant des différents chantiers qui se remettaient en branle, sur lesquels ils intervenaient ensemble bien qu'à des emplois et des moments différents. Je courais autour d'eux comme une toupie, habitude prise dans notre petite cour du temps que j'y étais enfermé je suppose, et puis les deux hommes étaient trop lents à mon gré. J'avais tant de hâte à fouler le pont de pierre, retrouver la frise des statues qui en quelques années était venue décorer les piliers et dont j'avais été privé tous ces mois. C'était ma galerie des grands jouets. Ne fut-ce pas là ma première expérience de théâtre ? J'étais excité comme qui monte sur une scène, pénètre un décor, embarque pour un voyage.

Nous étions en vue du pont, j'arrêtai de tourner en rond et fonçai tout droit.

Avant ces airs « extravagants », ainsi le voit-on maintenant que la mode en est passée, que prit l'art quand j'étais enfant, il me semble que les statues des anciens maîtres ne valaient que pour elles-mêmes, peu importait là où elles étaient exposées. Du temps de la métamorphose de ma ville, la sculpture ne se concevait pas indépendamment du lieu où elle devait prendre, comme on dit d'une plante qu'elle a bien pris. Prenez cette galerie de statues qu'est devenu le pont de pierre. Chaque groupe ou sculpture prise en soi est remarquable, plus ou moins peut-être, mais l'impression qui nous ravit à tout coup est suggérée par leur face-à-face, le dialogue qu'elles semblent entretenir.

Prenez encore ces Atlantes soutenant les chapiteaux au seuil des belles demeures, je me disais enfant, que s'ils prenaient vie, se détachaient des murs et terrasses, tous ces palais s'effondreraient.

J'y étais. Je courais, et de lever le nez sur les statues et groupes de sculptures, personnages magnifiques, tutélaires, froids de dignité ou éplorés, tous gigantesques. Je courais. Mais où étaient mes gardiens. J'arrêtai net, me retournai. Mon père et Brokoff commentaient encore là-bas à l'entrée du pont une œuvre que notre ami avait réalisée avant la peste. Je rebroussai chemin et me fichai dans leurs jambes pour mieux considérer avec eux ce saint François-Xavier, droit comme un cierge, brandissant la Croix. Le jésuite voyageur est en mission, il prêche la bonne parole par le monde, quatre Atlantes le portent, un Japonais, un Tatar, un Indien et un Maure. Je m'émerveillais auprès de notre jeune ami sculpteur de ce que ces quatre forces de la nature semblaient tirer chacune pour soi, à hue et à dia. Certains de ces personnages, j'en voulais pour preuve leur figure appliquée, semblaient prendre plus que leur part de la charge en comparaison des autres. Qui avaient l'air de parfaits étourdis. Je m'étonnais que, malgré cette dissonance, saint François reste imperturbable et ne montre aucune peur de tomber. Brokoff rit à gorge déployée de ma lecture.

Mon père et lui se remirent en marche, moi à courir, à passer et repasser, intrigué, inquiet, devant ce Jean Népomucène, martyr, jeté dans la Vltava à l'endroit même où s'élevait désormais sa statue, ce Jean dont ma mère était un peu jalouse en vertu de ce qu'elle s'imaginait avoir procuration de Hus. Cette sculpture-là était le fait du père de Ferdinand, je n'y voyais que cela de rassurant. Elle avait été je crois la première à orner le pont. Népomucène n'était pas encore saint à l'époque où sa statue fut installée, mais les jésuites trépignaient déjà pour qu'il le soit.

Ayant assez joué à me faire peur, à m'agiter ainsi devant le martyr, je revins me serrer contre mon père et Ferdinand.

Ils étaient maintenant au chevet de Lutgarde. Une sculpture réalisée par Braun celle-là.

Le Christ a détaché de la croix son bras droit, pour attirer la jeune femme à lui.

Je demandai à Brokoff : « Qu'est-ce que Jésus va lui dire ? » Il me répondit qu'il n'allait rien lui dire du tout, qu'il attirait la bouche de la jeune femme à la plaie qu'il avait au côté, ainsi qu'il était apparu à Lutgarde en songe. Elle avait raconté que dans ce songe, à cette blessure, elle avait bu le breuvage le plus suave qui se puisse imaginer.

Je ne me suis jamais remis du dégoût d'enfant que j'éprouvai à ces mots. Les idées qui traînent là-derrière, derrière cette scène où une jeune femme boit à la plaie du Christ, rédempteur certes, mais les humeurs d'un corps mourant, car nous l'aura-t-on assez dit que Jésus était Dieu fait homme, me dérangent et m'inquiètent.

Mais je n'oublie pas que c'est l'instant d'avant qu'a figé Braun.

Si je tiens mon imagination bridée pour ne considérer que la scène représentée, il n'y a là rien d'inquiétant, bien au contraire. Dans le geste du Christ qui embrasse, il y a une douceur et une délicatesse infinies. Quelle confondante chose que le christianisme.

Et nous voilà à l'autre bout du pont, moi ayant marché comme dans un rêve.

Je butai contre Ferdinand et mon père qui m'avaient sans que je m'en rende compte cette fois devancé. Ferdinand lui présentait maintenant un autre groupe de ses sculptures qu'on venait d'installer. Celui-là était voué à l'ordre des Trinitaires, il met en exergue la mission qui est la leur, de porter secours aux chrétiens prisonniers des musulmans.

Sous un rocher dominé par saint Jean de Matha et saint Félix de Valois, se niche un cachot où des prisonniers chrétiens pleurent leur sort. À gauche du rocher, indifférent, un Turc bien gras les garde. Il rêve et s'ennuie.

Sans s'attarder à l'église Saint-Nicolas où mon père reprendrait bientôt ses travaux, nous nous rendîmes sur Ostruhová où l'architecte Santini avait bâti pour les Morzin un palais, dont Brokoff devait encore orner la façade. Il esquissa pour mon père les sculptures qu'il se proposait d'y placer. Je demandai avec insistance, c'est-à-dire que je m'accrochai de tout mon poids à son coude, qu'il me montrât à moi aussi ce qu'il dessinait. C'était une représentation du jour et de la nuit, figurés par un jeune homme et une jeune femme. Il y aurait en outre, encadrant le balcon, deux géants d'Afrique, nus, sauf à porter quelques parures de plumes.

Cette promenade est le lumineux souvenir d'un entre-deux bien court.

Peut-être puis-je encore mentionner, pour revenir à ces affaires de foi, qui d'une manière ou d'une autre nous occupaient tous, que l'épidémie passée, les églises ayant rouvert leurs portes, notre famille avait repris le chemin de Notre-Dame-de-Tyn.

Je vois encore ma mère se préparer avec soin, et belle, sa chaussure compensée bien ajustée, la tête haute, se rendre à l'office.

Elle s'inclinait quand l'encensoir fumant était levé, s'agenouillait, se relevait au son de la petite cloche. Elle se coulait dans ces gestes rituels avec une fluidité, une précision, bref, elle y prenait, comme j'expliquais, plaisir. Après avoir honnêtement prié Dieu, l'office terminé, elle trouvait toujours un détail à rajuster sur mon vêtement, me glissait une œillade complice avant de me prendre fermement la main, et nous rentrions à la maison. Je qualifierais cette manière de rentrer à la maison de… triomphante.

Comprendra qui pourra ; moi son fils, je le peux.

La joie de Prague en ce jour de mai ! Délivrée. Ma joie, alors que mon père me laissait libre enfin de courir dans le quartier. C'était jour de procession et de fête, la Saint-Pancrace.

Le simple fait que ce Pancrace, décapité pour s'être fait chrétien, était jeune comme moi au moment de ce que je n'appellerai pas mon martyre, n'ayant aucune disposition pour l'exercice, mais tout de même sans me vanter ce qui m'arriva fut un sacré coup du sort, eh bien ce petit lien de rien incarné dans notre jeunesse commune, l'accident intervenant ce jour-là, m'aida, entre autres choses, à le transcender.

Quand quelques années plus tard, mon maître m'enseignerait que, bien loin de toute idée de victime, ce nom de Pancrace signifie en grec « le tout et la force », je fus ravi.

Quand il me dit que ce nom auquel je m'étais lié faisait référence à la pratique d'une lutte antique, dont la règle était que tous les coups étaient permis, qu'on pouvait se battre avec les poings, mais aussi les dents, les ongles, bref que tout était bon pour vaincre et dans mon esprit ce « vaincre », c'était « vivre », « vivre bien » sinon à quoi bon, alors je fus ébloui.

Comment vous dire ma joie et celle de Prague, comment traduire ce grand soleil sur Železná, la ferveur des prières, la beauté de la procession et toutes ces fleurs. J'étais rendu à mon destin, au grand air, à l'aventure, entouré de cent visages riants dont je m'enivrais, courant ici, là, pour un oui, pour un non et sans raison, tout le long de la rue en compagnie de mes camarades rescapés de l'épidémie.

Comme il est étrange et heureux que soit mieux en moi gravée la réalité de la joie de ce jour-là, que ce qui suivit. Quelle heureuse constitution que la mienne !

Il n'y avait plus foule sur Železná. Quelques grappes de gens, alanguis par cette journée innocente s'attardaient encore. Mais nous les enfants, dont mes comparses Antonin et Pavel, aussi frais qu'au matin, restions rivés sur le mode du mouvement perpétuel, et nous courions, rions, et encore.

Je ne me souviens pas dans l'euphorie du moment avoir entendu s'approcher le lourd carrosse du comte Sporck. Il était pressé, avait des affaires importantes à régler au Château de l'autre côté de la rivière, des affaires qui avaient attendu que la peste passe mais qui, à l'évidence, ne souffraient plus le moindre retard.

Débouchant de Rytířská, le cocher amorça Železná. La rue paraissant dégagée, le comte avait, on me le rapporterait, passé la tête à la portière et ordonné, excédé, au cocher d'augmenter l'allure, arguant qu'il n'avait été que trop retardé déjà dans sa course par toute cette gêne dans la ville. Alors que sa voiture allait déboucher, déjà bien lancée, sur la place de la Vieille Ville, notre bande de jeunes coureurs étourdis et échauffés fit un ultime tête-à-queue, et comme un vent changeant, s'engouffra pour remonter une énième fois Železná. L'équipage fut sur nous en quelques instants, et ce fut le chaos.

J'entends encore les cris du cocher, les hennissements des chevaux cabrés. Je ne me rappelle pas que nous ayons eu le temps de pousser un cri, la grappe de corps que nous formions se défit en une indescriptible bousculade, chacun de nous essayant pour son compte d'éviter les animaux, le carrosse, déséquilibrant ce faisant son voisin le plus proche.

Je fus le moins malin, ou le plus grisé d'une joie qui me privait de l'instinct de survie nécessaire à me tirer d'affaire ? Et si je dis que j'ai pensé à Janeček à cet instant-là, me croira-t-on ? Dois-je me croire. Et qu'est-ce que cette pensée serait venue faire là, à cet instant ? En tout cas, je fus comme happé sous le ventre d'un des deux chevaux qui se présentait à ma gauche. J'évitai par miracle ses sabots, mais pas les deux roues avant et arrière du carrosse. Par Dieu comme je sentis, entendis mes genoux craquer ! Mon corps rendit ce qu'il avait dans l'estomac et je perdis connaissance.

On me raconterait que le carrosse de Sporck s'était arrêté passée l'horloge de la place. Certains avaient déjà parié que le comte ne prendrait pas cette peine, mais il fit arrêter le carrosse, et même il en descendit.

Auprès de mes parents qui accouraient déjà, il ne s'excusa pas. Celui qui a des scrupules s'excuse, mais la puissance s'accommode mal du scrupule, or le comte Sporck était très puissant. Ou était-ce le saisissement ? Car on verra que cet homme était ambigu et ne peut être condamné d'un bloc. Il commanda à son valet d'aller chercher son médecin, qui devrait se rendre sans délai à mon chevet.

Un voisin me dirait des années plus tard l'état dans lequel se trouvaient mes parents à cet instant où on m'a ramassé inconscient, moi et mes jambes en loque, mais je préfère ne pas laisser le souvenir de ces propos, précisément, revenir.

Mes chairs, mes os étaient si écrasés aux genoux que l'amputation parût dans un premier temps inévitable, aussi le médecin Zítek, commis par Sporck, s'organisa-t-il en hâte. Pourtant, prêt à opérer, il remit sa décision, décida d'attendre six heures, puis six autres. Le temps passait et le médecin pesait toujours la chose.

Si j'avais quelques plaies ouvertes, elles étaient réduites et assez nettes, et je ne présentais aucun soupçon du moindre début de fièvre. C'est pour cela qu'il hésitait, et à d'autres signes encore dont je ne me rappelle pas et parce qu'il avait vu, chez des sujets, très jeunes exclusivement, la nature réparer l'irréparable, l'infection ne pas prendre au cœur de la chair et des os brisés. Il donna à mes parents deux exemples semblables au mien, quoique ces enfants n'aient été atteints qu'à un seul membre, mais également écrasé, et ils en avaient réchappé, le risque ultime de l'amputation n'ayant pas été encouru.

Mes parents, guettant les premiers signes de fièvre, se relayaient à mon chevet. La première semaine, je n'étais conscient que par intermittence. J'ai l'idée que mon corps me consignait dans le monde des songes pour ne point m'affaiblir à souffrir.

Une semaine après l'accident, la fièvre n'ayant toujours pas pris, on en déduisit que je vivrais.

Le médecin Zítek devait passer à mon chevet tous les jours, ainsi en avait décidé le comte Sporck, et tous les jours il refaisait les pansements, ayant au préalable appliqué des onguents notamment à base de myrte, de galbanum et de térébenthine, je crois. Toutes ces manipulations m'occasionnaient des douleurs telles que je défaillais encore régulièrement pour ne plus rien en savoir. Je défaillais les yeux plantés dans les yeux de ma mère, qui tenait son visage tout près du mien, qui me parlait, me chantait, m'embrassait, priait. Je me réveillai avec les genoux, enfin, avec cet endroit de mes jambes qui avaient été des genoux, maintenus plus ou moins repliés sur un gros coussin. Une autre fois, j'avais les jambes, enfin ces choses qui avaient été des jambes et qui ressemblaient maintenant à deux branches momifiées aux repousses curieuses, à nouveau tendues, mais surélevées. Le médecin avait recommandé à ma mère de me préparer des tisanes de laurier et de gomme de propolis, il y avait d'autres potions, mais celles-là étaient mes préférées.

J'allais mieux. C'était l'été. Mes parents avaient installé mon lit dans la salle du rez-de-chaussée près de la grande fenêtre. Mon père ouvrait les trois panneaux au soleil, poussait mon lit encore un peu plus près, et venait dessiner ses plans près de moi.

Je baignais dans la lumière, la chaleur, et une nouvelle fois, par procuration de mes oreilles, dans les conversations de la rue et des bruits de mon quartier. Les frottements du bâton de charbon sur le papier où s'appliquait mon père achèvent ce tableau sonore que je peux rappeler à moi rien qu'en fermant les yeux, sans effort.

Ma merveilleuse venait coudre à mon chevet. Je guettais Antonin et Pavel qu'elle faisait souvent appeler.

Elle nous préparait des bouillies au miel qu'elle saupoudrait à grands frais d'éclats d'amandes dorées.

Elle gardait mes petits camarades à jouer au pied de mon lit, quand le médecin, qu'elle respectait beaucoup pourtant, trouvait très prématurée encore toute cette agitation autour de moi. Elle affirmait devoir répondre à l'espoir de vie par la vie.

Le comte Sporck se présenta en personne quatre semaines après l'accident, quand je ne fus plus, non seulement considéré en danger de mourir, mais que j'eus définitivement repris mes esprits.

Je revois distinctement sa veste rouge sombre à boutons dorés, ce jabot de dentelle assorti aux volants de ses manches, cette perruque blanche. Il était de taille moyenne. Sans être mou, son aspect général semblait lourd. Je lui trouvai un nez très long, et des yeux d'oiseau, et pour tout dire une ressemblance stupéfiante avec l'aigle de mon heurtoir. À croire que j'hallucinais à nouveau. Mais non, tout était bien réel et chacun à sa place, lui, anomalie dans notre intérieur, mon père strictement poli, ma mère qui ne lui adressa pas la parole.

Des gens au caractère moins affirmé que mes parents se seraient jetés à ses pieds peut-être, eu égard aux bons soins de son médecin, comme d'autres s'étaient abîmés en prière pour remercier Dieu d'avoir daigné lever la pénitence de la pestilence après qu'il l'avait, dans sa toute-puissance, d'abord durement administrée.

Le comte Sporck s'approcha de mon chevet et s'adressa directement à moi dans un tchèque très limité, même enfant, je l'entendais.

– Comment vas-tu garçon ?

– On me dit que je suis sauvé. Sauf mes jambes.

– … Tu étudieras n'est-ce pas ? Les études, voilà ce qui sera ta vraie béquille.

– C'est à mes parents de décider.

– Je vais leur en parler… Écoute bien, Slávek Sýkora, je vais laisser une somme d'argent à tes parents qui pourront ainsi avoir plus de liberté à te donner l'éducation qu'ils souhaitent. Quand tu seras en âge, si tu n'as pas de bon travail en vue, viens me voir à mon palais. Sois vaillant. Mais je vois que tu l'es.

Il se dirigea ensuite vers mes parents. Il leur remit une grosse bourse que mon père hésita à prendre. Ma mère restait les yeux fixés droits devant elle, sans expression.

Il leur redit ce qu'il m'avait affirmé, que le moment venu, je pouvais venir à lui pour un emploi, et qu'au cas où il serait mort avant que je sois en âge de travailler, il aurait pris ses dispositions pour que cette promesse soit tenue ou compensée. Puis le comte Sporck marqua un instant de silence. Ma mère demeurait face à lui, droite, le regard fixe et froid. Il fit un mouvement comme pour se retirer, puis se reprit, faisant face à nouveau à ma mère il déclara, de façon aussi inattendue, sobre et résolue que cela : « J'ai perdu mon fils. Il aurait quinze ans ces jours-ci. » Après avoir fait cette phrase, c'est certain, il allait partir sur le grand silence qui s'ensuivit, quand ma mère, d'un pas, fut sur lui. Elle se prit à lui marteler la poitrine de ses deux poings. Elle ne criait pas, elle respirait fort et frappait, en rythme, comme une lavandière bat du linge. Mon père essaya bien de la retenir, mais elle était si tendue et obstinée qu'il ne parvenait pas à l'arrêter, il aurait fallu se résoudre à l'assommer. Le comte ne fit pas le moindre mouvement pour se soustraire aux poings butés de ma mère. À chaque coup, s'échappait un soupir étouffé de dessous son torse bombé. Il endura l'assaut sans se plaindre. Quand elle fut fatiguée de frapper, elle s'écarta de lui, recula jusqu'au mur où elle s'adossa. Elle regardait à nouveau Sporck du même regard froid d'avant l'incident. Le comte la salua sans précipitation, d'un mouvement de tête appuyé, puis mon père, et sortit.

Le médecin Zítek me couchait tantôt sur le côté, sur l'autre, tentait avant que toutes les chairs et les esquilles d'os ne soient rigidifiées ensemble de redonner un tant soit peu de souplesse à mes genoux. Je ne l'ai pas détesté pour toutes les manipulations qu'il m'a fait endurer, manipulations infimes, mais quotidiennes, il l'ordonnait. Nous avions confiance en lui. Contrairement à beaucoup de sa profession, il était humble, n'hésitait pas à nous laisser voir qu'il s'interrogeait sur la bonne marche à suivre. Parfois il venait à mon chevet disserter avec son herboriste de l'amélioration de tel onguent, de telle potion.

Je dois à ce médecin d'être resté entier, et partant sans doute en vie.

Après trois bons mois à être resté au lit, y ayant au passage oublié mon septième anniversaire, le docteur Zítek prescrivit à mes parents de me lever.

Mon père m'avait fabriqué des béquilles. Le pauvre homme, jusqu'à ce que j'aie ma taille adulte, m'en fabriquerait bien des paires. Les pieds stables et légers étaient recouverts de plusieurs couches de cuir épais, ainsi le contact au sol était-il souple. Je ne pourrais jouir de ces qualités que bien des jours après celui du premier essai.

Ce jour-là fut terrible.

Le docteur Zítek jurait que je pourrais prendre appui sur mes jambes, je jurais que non.

Je me révoltai contre ces deux membres dont je ne sentais plus la partie inférieure mais qui vivaient cependant encore assez pour m'occasionner des douleurs effroyables dans cette position verticale que mon corps redécouvrait après tous ces mois à avoir été couché.

Je devais me porter à la force des bras, le bas de mes membres ne me servant que de vague appui le temps de projeter mes béquilles. Mais quelle force ? Sans compter la douleur de ma fameuse traîne. Cinq pas de béquilles, et soulagés encore par mes parents, furent assez d'exercice pour ce jour-là.

La sensation de lourdeur, écrasante, la douleur, les nausées qui en découlaient, finirent par céder.

Pour regagner des forces, et non plus seulement pour les maintenir comme il s'était agi au temps de la peste, je repris mes tours de cour.

Ma merveille était là, qui assistait ma ronde pesante. Elle me racontait des anecdotes plaisantes pour me distraire. Je l'entends encore rire de ce rire cristallin de petite fille qui émouvait mon père.

Je me demande combien ce rire lui a coûté. Peut-être pas tant que ça après tout ? Elle riait pour me faire rire, je riais pour lui faire plaisir, mais à la fin nous arrivait le fou rire, qu'elle concluait essoufflée par un « *Ah Slunečko moje* », ah mon petit soleil.

Le temps et la constance firent leur œuvre. Mes bras devinrent plus forts à me soutenir, la douleur dans mes jambes supportable. Mes pieds touchaient en pointillé la terre, le temps d'un appui précaire entre deux projections de ce corps désormais monté sur béquilles.

Le bas de mes jambes obliquait aux genoux vers la droite. Les os s'étaient repris avec ce pli. Ma mère me faisait observer que ce mouvement n'était pas très prononcé et que je pouvais plier les genoux, que ce n'était pas rien de pouvoir s'asseoir sans garder les jambes roides comme si elles étaient de bois ! Je faisais le difficile à me désoler de mes jambes torves ! Sans doute.

J'oscillais entre bonne et mauvaise grâce à admettre mon sort, sombrant dans le découragement à tel empêchement lié à ma condition, mais exultant tout aussi bien l'heure d'après, comme la première fois que je remontais l'escalier pour regagner ma petite chambre, et que je pus, depuis ce point de vue, surplomber comme hier le marché au charbon et sa cohue.

Viendrait bientôt le temps où je pourrais passer le seuil de notre porte, reprendre contact avec mon quartier, sans craindre qu'une chiquenaude ne me flanque à terre. Ce jour-là, il faudrait être proprement habillé. Remettre des bas ainsi que la culotte ? Qui laisseraient voir mes genoux !? Et le bas de mes membres tordus ?! Je refusai ! Ces jambes me répugnaient et donc répugneraient aux gens qui les verraient. Je ferais pitié. Je refusai de sortir. Jamais.

Mes parents me faisaient la liste de tous ceux du quartier qui étaient infirmes de ceci, de cela. Mon père insista sur le cas du grand architecte Santini, infirme du côté gauche. Je ne voulais rien savoir de ce Santini. Je ne mettrais plus le pied dehors, jamais, d'ailleurs je n'avais plus de pieds. Tel était mon raisonnement.

De mon entêtement naquit un pantalon de cuir souple, matière que ma mère alla acheter chez le relieur. Elle me fit des jambières bien droites, de quoi masquer les genoux et un peu le déport disgracieux de mes jambes.

J'ai traversé la mode du siècle et ses caprices inchangé. Point de culotte de monsieur, mais pantalon de cuir l'hiver, de toile l'été, toujours confectionné sur le modèle que ma mère avait créé. Associés à ce pantalon, je porterais chemise à dentelle sobre, gilet et habit bien ajusté, un habit qui a gagné un col rigide et court avec les années, mais que j'ai toujours voulu coupé à mi-cuisse, et à pans droits. Bottines légères au pied l'été, fourrées l'hiver. Moins variable que d'autres quant aux coupes, sans être coquet, je fus toujours exigeant sur la matière. La blancheur de la chemise, la profondeur du bleu du gilet, le soyeux du gris de la veste, tout ce qui, dans nos habits, regardait la couleur et la lumière, oui, cela comptait. Les béquilles ne sont pas que de bois.

Un matin, fin prêt dans mon nouvel habit, équipé de mes béquilles tout en frêne d'Italie, je m'apprêtais à reprendre pied dans le monde. Enfin, plus humblement, sur le marché au charbon.

J'avais peur et hâte, tout en un.

Mon père ouvrit la porte pour moi, me fit passage. J'hésitais, ne pouvais me résoudre.

« Va d'abord saluer à la forge », me dit-il.

Je me décidai à passer le seuil de notre logis, l'œil ombrageux.

J'entrai dans la forge. Je saluai les charbonniers, les forgerons, prêt à mordre s'ils me regardaient mal.

Au lieu de cela, les yeux bleus des hommes, quand ils me reconnurent, pétillèrent au-dessus des joues noires. Ils étaient contents de me revoir. Ils me firent grand compliment de mon habit. Un vrai petit monsieur, disaient-ils.

Je souris, mais très peu, car je restai sur mes gardes.

L'accueil de mes camarades finit de me désarmer. Antonin, prévenu par Pavel, qui avait averti les autres, venait déjà à ma rencontre. Ils trépignaient autour de moi, m'engageaient à courir à leur suite ainsi que nous faisions toujours. Se retrouver, et courir ensemble, droit devant, se frayer un chemin dans la foule, comme le banc de petits poissons dans l'eau.

Alors j'oubliai le parti que j'avais pris d'attaquer au premier regard qu'on se mêlerait de jeter sur mes jambes et je bondis, laissant derrière moi ma mère, affolée de me voir ainsi m'élancer au risque de glisser sur les détritus qui jonchaient le sol.

Je fonçai, l'œil fixé sur l'ami devant, celui d'à côté, courir ensemble. Je passai le marché au charbon en direction de l'église Saint-Havel. Ah ! La grosse vendeuse de choux !

Toujours rose et grasse, tête et seins aussi ronds et débonnaires que ses marchandises. Elle était bien contente aussi de me revoir. Elle quitta son emplacement pour m'attraper au vol, m'embrasser et me glisser un sou dans la poche. Je repris ma course. Tiens, la jolie dame qui vendait les fleurs avait l'air fané. Je ne voyais pas son mari. Mais pas le temps de m'attarder, des gens me reconnaissaient, me hélaient, fêtaient mon retour et c'étaient des « Tiens, petit soleil est de retour ! Salut ! »

Voilà que j'étais encore heureux.

Je bondissais sur mes béquilles à la suite d'Antonin et de Pavel qui couraient devant, fendaient la foule pour moi, dessinant un chemin au milieu des grands paniers d'osier.

Nous remontâmes la rue Železná, moins encombrée de paniers mais de tout autant de gens. Je sursautai et me garai plusieurs fois tout de même, saisi de ce que j'avais cru entendre le bruit d'un carrosse derrière moi.

Nous débouchâmes sur la place de la Vieille Ville. Passé une grappe de badauds, Antonin s'arrêta net, il venait de tomber sur l'apprenti boulanger de son père qui était de vente sur le marché ce matin-là, sa corbeille pleine des petits pains roux tressés que j'aimais. Antonin en prit trois. Puisque mes mains étaient prises, il m'en colla un dans la bouche, en fit autant à Pavel, puis s'appliqua la même mesure, et nous voilà à courir tous les trois le pain entre les dents.

Antonin désigna une charrette pleine de bois destiné au fournil de son père, garée là, en face de la maison où les boulangers avaient fours et étals. Il entendait manger notre collation juché tout en haut. Mon humeur retomba. Grimper, je ne le pouvais pas.

Antonin et Pavel s'arrêtèrent en plein élan, réalisèrent la chose, les pieds déjà sur le moyeu de roue.

Ils redescendirent, et Pavel de nous faire signe de le suivre.

Nouvelle quête : trouver une île, où je pourrais aborder aussi.

Nous remontâmes Železná. Ai-je déjà décrit les grandes halles cloisonnées d'étals, courant sur environ dix toises et reliant plus ou moins l'espace entre l'église Saint-Havel à mon marché au charbon ?

Nous avisâmes au pied de l'église, à l'angle du long bâtiment des petits étals, une meule de foin, plus imposante encore que la charrette de bois coupé. Autour, et posées sur la meule, plusieurs échelles servant à fixer les herbes. Appuyée pour partie à la halle et pour l'autre à la meule, une échelle encore, aux larges barreaux.

Mes amis lui donnèrent du pied et je montai à la force de mes seuls bras, le pain entre les dents, veillant à ne pas trop les serrer malgré l'effort, sous peine que la plus grosse part de mon butin n'aille à terre.

Pavel au-dessus de moi, Antonin en dessous, trois oiseaux sur la branche, dégustaient leur petit pain, au milieu des odeurs de foin, à regarder la foule, comme au spectacle.

Il faut croire que l'aventure de la Saint-Pancrace m'avait tout de même un peu abîmé le caractère. Moi qui avais été d'un tempérament jusque-là prévisible, voilà que j'étais parfois pris d'accès de colère. Si je me battais bien en général contre le mauvais sort, comprenais devoir oublier certaines évidences, il arrivait que je me morde le poing au sang sous le prétexte que je butais contre un obstacle, qui n'en était pas un hier. Comment lorsqu'on a des béquilles porter de l'eau à sa mère ? Et ouvrir sa porte ? Comment ne pas donner de la tête dessus de rage, à s'en assommer ! Ce qui arriva. Aussi attendri que j'étais par notre heurtoir, m'y voir réduit m'avait un instant dérangé l'esprit.

La solution trouvée, car il y en avait plus ou moins toujours une, la crise finie, mes parents et moi voulions l'oublier.

J'étais heureux. Ma mère le voulait. J'allais donc, en étant le plus souvent convaincu, courant les rues à ma nouvelle façon en compagnie d'Antonin et de Pavel. Le père de ce dernier était meunier. J'allais les rejoindre sur les berges de la Vltava. Là, nous observions le manège qu'on menait sur les moulins. À deux pas de là, sur Pekařská, la rue des boulangers, et mieux encore dans le fournil du père d'Antonin, j'étais tout à fait chez moi. Mon grand-père maternel avait toute sa vie travaillé pour le grand-père de mon ami, boulanger lui aussi.

Aucun de mes aïeux n'avait eu de quoi prendre une place d'apprenti et de là devenir maître. Ces places étaient limitées par les corporations, et chères. D'où la chance inespérée que mon père ait vu ses qualités remarquées par le maître maçon Beneš.

Ma mère et ses parents avaient vécu, comme la famille de mon père, dans une unique pièce, louée dans une maison adossée au fournil du grand-père d'Antonin, d'où ma mère tenait qu'elle était frileuse, et aussi qu'elle avait ce bon caractère, ayant toujours vécu au milieu des parfums de pain, de sucre et d'épices.

Antonin, blond et rond, et de plus en plus rond à mesure qu'il prendrait de l'âge, avait encore quelques années à folâtrer avant de commencer son apprentissage, car il serait maître boulanger à son tour un jour, bien riche, et célébré pour son pain fameux. Ah ça, jamais Antonin ni ses aïeux n'auraient craint la punition de la cage de honte où l'on enfermait les mauvais boulangers un pain en collier, pour les laisser se balancer au-dessus de la rivière depuis le pont de pierre. Et pour les pires, les y plonger !

Pavel est mort il y a trente ans déjà, Antonin, l'année dernière. Lui et moi ne serons pas séparés longtemps. C'est bien.

Comment est-il possible de tant rire, de regards en coins en sous-entendus, de pensées déduites, le tout à si peu de frais d'explications, je me le demande encore. Et pourtant nous riions, c'est certain, de choses fort précises !

Ma santé étant tout à fait stabilisée, mes parents pensèrent à me donner une éducation. Elle était cruciale. Infirme, incapable sinon assis d'utiliser mes mains, la liste des emplois que j'étais susceptible d'occuper s'en trouvait singulièrement écourtée.

Ils virent même soudain urgence à y pourvoir. Car après la colère, et aussi heureux que je m'exhorte à l'être, il faut bien admettre que j'étais sujet à des accès de mélancolie.

Je compensais bien mon infirmité, jouais de prouesses, exécutais des tours, des acrobaties sur béquilles, au grand dam de ma mère. Mais malgré les airs d'affranchi que je voulais me donner, je rencontrais ma limite bien assez tôt et n'acceptais pas volontiers cette leçon-là.

Cet état de découragement durait un jour, à peine plus, mais tant qu'il durait ni Antonin ni même ma mère ne pouvaient rien pour moi.

Si le comte Sporck n'avait pas donné une certaine somme d'argent à mes parents pour mon éducation, ceux-ci se seraient sans doute considérés condamnés à m'envoyer chez les jésuites, car depuis que l'Église catholique s'était chez nous réimposée, la petite armée de cet ordre n'avait pas cessé de fonder des écoles.

Mais puisqu'ils se trouvaient dans la situation de choisir, un soir, mes parents examinèrent la situation. J'étais au lit, ils l'étaient aussi. De ma chambre, je ne perdis rien de leur conversation.

Ma mère avança que les jeunes gens de sa connaissance, et elle cita les familles concernées, une fois pris en main par les jésuites, ressortaient de leurs écoles singulièrement méprisants de leurs parents, ignorant la langue tchèque, intolérants et hypocrites. Elle trouvait qu'aussi savants que d'aucuns pouvaient les croire, ces gens n'usant que de pensées et de phrases qui semblaient apprises et non venir du cœur, étaient de grosses bêtes.

Mon père tempéra, détaillant les destins de certains, notamment du fils de tel maître maçon, ou même tel autre de simple ouvrier, qui bien que fait au moule des jésuites n'en étaient pas moins d'honnêtes personnes aux emplois respectables.

Le silence se fit à nouveau.

Mon père émit l'idée de s'en remettre pour mon éducation à un autre ordre, celui des piaristes.

On disait les piaristes plus doux avec leurs élèves que les jésuites. Monsieur Rousseau n'était pas encore à la mode, mais mes géniteurs, parents attentifs et qui luttaient de surcroît depuis des mois pour me remettre en selle dans la vie, n'aimaient pas l'idée qu'on me maltraite.

Qui plus est, ces piaristes, et à cela aussi mes parents étaient sensibles, enseignaient disait-on aux petits leur langue maternelle.

Les maîtres étaient réputés avoir été bien formés à le devenir.

Si l'enseignement des piaristes à l'heure où j'écris est à la mode, ce n'était pas le cas alors.

En 1715, d'école piariste à Prague, il n'y en avait point.

Une école élémentaire et un collège piariste avaient ouvert quelques années plus tôt à Benešov, une ville située à une journée de voiture à cheval au sud de Prague.

Mes parents n'étaient pas sûrs de savoir comment s'y prendre. Me confier à cette école de Benešov ? Ma mère ne pouvait s'y résoudre, pas encore. Trouver un précepteur ?

La démarche était osée pour des gens de notre condition. Mais Sporck ne leur en avait-il pas donné les moyens ?

Leur conversation se conclut ainsi, mon père se présenterait au comte Sporck et lui demanderait conseil. Ma mère s'y résolut.

Le comte reçut mon père à son palais de Prague. Sporck marqua d'abord quelque suspicion, s'imaginant sans doute que Josef Sýkora venait quémander au-delà de la somme offerte pour compenser l'accident. Qu'il avait causé. Ou le crime qu'il avait commis, par légèreté, négligence. Comme on voudra.

Il se dérida dès que celui-ci lui eût expliqué que ma mère et lui envisageaient de me donner une autre éducation que la jésuite, satisfaction dont j'aurais la pleine explication plus tard. Il s'anima vraiment lorsque mon père évoqua la piariste.

Ils se quittèrent sur l'idée que nous aurions directement ou indirectement de ses nouvelles bientôt.

En attendant le développement de cette affaire qui déciderait de qui seraient mes maîtres, mon père, pour me distraire d'une de ces crises de mélancolie qui m'avait pris, insista pour m'amener avec lui au Petit-Côté où il avait des plans à porter.

Nous devions emprunter le pont de pierre. Je ne l'avais plus franchi depuis la promenade avec Brokoff, avant l'accident. J'aurais eu la santé pour le faire, j'allais bien chez Antonin, et jusqu'aux moulins à la rivière, seulement j'avais toujours évité les environs du pont.

Enfin voilà qu'avec mon père, je m'y trouvai.

Je n'osai, sinon furtivement, lever les yeux vers les statues. Une folie d'enfant. J'avais peur qu'elles ne reconnaissent pas celui qui paradait hier, vif, virevoltant devant elles, qui à présent traînait ses pieds morts sur le pavé. Ou peur plutôt qu'elles me reconnaissent ?

Je me rappelle avoir levé les yeux le cœur battant sur Lutgarde que Jésus veut enlacer. Vite je les avais rebaissés, de peur de leur faire pitié à tous deux, qu'ils veulent m'enlacer aussi et que je boive à la plaie !

Je suis passé devant le Turc joufflu, indifférent aux prisonniers implorants. Je n'osai le regarder. Quand bien même, j'aurais juré qu'il avait ri de moi.

Mon père disputait des plans avec les gens de son atelier, à l'église Saint-Nicolas du Petit-Côté. Je m'étais assis pour l'attendre sur l'arrière de la place. On y avait déjà élevé une colonne de la peste au nom des survivants reconnaissants, au nom de tous ceux-là qui passaient devant en se signant, frissonnant de gratitude.

Contrairement aux statues du pont de pierre qui parlaient tant à mon imagination, cette colonne, figuration de la sainte Trinité, ne me disait rien, rien non plus l'émotion de ces gens idolâtrant une grappe de saints. Seule la statue de la Vierge, perchée tout en haut, arrêta un instant mon regard. Elle semble prête à s'envoler. Voler. Ah en cet instant nul doute que j'aurais aimé.

À part cela, l'œil morne, j'attendais.

Mon père revint, m'aida à me relever, et allait me raccompagner à la maison, malheureux de voir son fils éteint. Il me rappela en contraste la promenade joyeuse que nous avions faite avec Brokoff, cette première fois où après l'épidémie de peste il m'avait autorisé à m'aventurer au-delà du seuil de notre porte.

Alors je lui demandai de pousser juste un peu plus loin, sur Ostruhova, avant de rentrer, pour voir ces sculptures que notre ami devait avoir réalisées entre-temps pour les Morzin.

Elles étaient bien là, ornant la façade du palais, assez fidèles aux esquisses que Brokoff avait griffonnées alors.

Elles et moi ne nous étions jamais vus. Nous étions à égalité. J'insiste sur le mot « égalité ». *L'Allégorie du jour* promise par Brokoff avait pris la forme d'un jeune homme souriant et franc, mais infirme ou tout comme, un homme tronc. Quant à *L'Allégorie de la nuit*, elle était une jeune femme assoupie, dont Brokoff n'avait rêvé là encore que le buste, et qui de surcroît n'offrait à voir que son profil.

J'étais content de ces représentations.

Bien sûr, il y avait ces colosses africains supportant le balcon central, nus sous la toge, parés de plumes, aux corps extraordinaires et intègres. Mais eux étaient des princes, peut-être même des dieux et donc d'un autre ordre que le mien.

L'architecte Santini, que mes parents m'avaient offert en exemple de consolation quelque temps plus tôt, descendait la rue.

Tiens, l'homme était boiteux, comme ma mère.

Il reconnut mon père, s'arrêta pour le saluer. Et les deux hommes de s'enquérir des constructions en cours dans la ville.

Je traversai, et adossé au fronton du palais, observai avec un peu de perspective l'architecte, laid, aux jarrets chétifs dans ses bas noirs.

Et un jarret encore plus que l'autre, du côté qui était paralysé.

Tout ce côté-là de son corps s'en trouvait comme affaissé.

L'homme s'était remarié, avait dit mon père, aurait sans doute encore des enfants de sa jeune épouse.

Il était riche et respecté dans le monde.

Petit étalon la corde à la patte, je rentrai moins malheureux tout de même à la maison, content du succès de Santini, rassuré par la puissance tranquille de notre ami Brokoff, par le ballet infini de ses créatures, nées d'une imagination qui se passe bien de jambes.

Non pas que ces deux hommes aient suggéré en moi une quelconque vocation. Mais leurs exemples me stimulaient, et c'est déjà beaucoup, en ce qu'ils évoquaient des manières d'être, singulières, multiples, des champs de libertés où je pourrais encore courir.

Je fus apaisé par cette visite au pied du palais Morzin, mais pas par cette colonne de la peste, qui plus j'y pensais plus me fâchait à prétendre conclure par une action de grâce ce qui avait été, pour Prague et pour moi, une année inique. Et qu'elle ait été inique ne me révoltait pas, au contraire. Elle n'était supportable qu'à condition qu'elle soit hors de tout jugement, qu'elle n'ait aucun sens, qu'on ne doive ni à Dieu, ni aux hommes, ni qu'elle soit survenue ni qu'elle ait trouvé une issue.

Ces colonnes de la peste en grappes de saints ceci, cela, des saints pour tout, à en revendre, ont fixé une colère, que je peux pour une part expliquer, et je viens de le faire, mais pour l'autre pas, tant rien qu'à les voir, même de loin, mon sang se met à bouillir en moi.

Même la colonne de la peste qu'on commanderait à Brokoff et qu'il exécuterait plus de dix années plus tard sur la place du Château, là où se tenaient des offices au grand air du temps de l'épidémie, même celle-là ne trouverait pas grâce à mes yeux.

Non vraiment, l'enfant que j'étais, le vieillard que je suis, s'entendent encore là-dessus, ces colonnes de la peste me rebutent. Ces brochettes de saints que tant de malheureux prièrent en vain ! Remercier !? Mais quelle insulte à Božena, Ivana, au petit Jan. Outrecuidance des survivants !

Ces colonnes sont, à l'instar de cette pauvre fille de Lutgarde qui vient boire à la plaie du Christ, ce que cette religion et la peste auront inspiré de pire.

« Extravagante » la mode de ma jeunesse ? Mais c'est toute l'époque qui l'était !

Après la guerre de Trente Ans qui l'avait mise à genoux, il fallut encore que la Bohême traversât l'épreuve de la peste de 1680, puis celle de 1714. Si elle était singulièrement frappée, c'est au-delà toute l'Europe qui ployait sous le poids du supplice des populations, qui s'il n'était infligé par la pestilence l'était par la guerre, gavée du prétexte des religions. Supplice qui, s'il ne l'était par des bandes de soldats changés en bandits à la moindre trêve, l'était par la famine. C'était sans fin.

Pour être dans le ton du dérèglement des temps, il fallait bien que les sculptures vous agrippent, que la peinture vous happe, que l'or brille, que la musique laisse filer les ornements même périlleux. Sinon quoi, personne n'aurait rien entendu, rien vu au milieu du fracas.

« Extravagance » ? Délire ? Aussi bien, de quoi parlons-nous ? Regardez les ensembles pleins d'humour et de fantaisie de Brokoff, les sculptures tragiques du vieux Braun. Qui n'a jamais vu de ces expressions sur un visage, l'effroi, la joie, l'ironie, qui ne s'y reconnaîtrait pas lui-même ?

Extravagant ? Ce miroir à la vie des gens ?

Mais aussi, qui n'a pas connu les excès de la guerre, de l'inquisition, de l'épidémie, ne peut, ne veut pas comprendre.

Nul besoin d'être savant pour lire l'art de ma jeunesse. Est-ce cela qui dérange ?

Me revient la vision d'un couple de paysans, à Kuks. Il suivait ébahi ce sentier de forêt où Braun a sculpté au hasard des rochers un chemin de croix. Lui et elle allaient, balluchon sur l'épaule. Ils s'étaient perdus. Le temps était bas. Je contemplais fasciné l'ermite Gari tel que Braun l'avait figé dans le rocher, quand je les vis déambuler, comme égarés dans un pays de prodiges.

Ils m'avaient vu, mais cru fait de roche. Je bougeai, ils eurent peur, je les rassurai, ils rirent avec moi, timides.

Dans leur vie de nécessités, il y aura eu ce moment mémorable, une promenade.

Ces dernières années, on prétend revenir à plus de sobriété. En sculpture, en peinture, les artistes retournent s'abreuver à la mémoire antique, aux destins de créatures mythologiques et héroïques. Les poses sont martiales, les visages, s'ils ne sont pas impassibles, ont des expressions mesurées.

En musique, j'entends qu'on a soupé de contrepoints. C'est bien. Tout cela est signe que les temps sont meilleurs, qu'on n'a plus à craindre pour sa vie tout à l'heure.

Notre empereur ordonne le progrès à son peuple dont il veut faire le bonheur. Il sécularise les gens d'Église, libère les serfs, met tous leurs enfants à l'école de l'allemand, sans distinguer les différentes nations de son empire, procède enfin, à marche forcée, à cent autres réformes, la plupart bonnes au fond.

Alors d'où me vient que je persifle ?

D'où sourd cette crainte que le puissant reprenne d'une main ce qu'il a donné de l'autre ?

D'où me vient cette peur, que la tyrannie des Églises dont nous avons tant souffert et qui sont enfin priées d'entendre raison, ne soit remplacée par une autre ?

On dit le Tchèque méfiant.

C'est que cette nouvelle morale du progrès, qui aurait autrement tout pour me plaire, m'inquiète d'un côté. Si on l'impose aux gens avec le même mépris qu'on a imposé les lois qui les oppressaient, est-elle encore raisonnable ?

Je persifle toujours.

Rappelez-vous, qu'en sus d'être tchèque, je suis très vieux, et qu'étant ce que j'ai dit je préfère être pauvre et incertain plutôt que les puissants s'occupent de moi de trop près.

Je crains le piège de leurs bontés, crains qu'ils finissent par se prendre à force d'être trop éclairés, et Dieu sait pourtant que j'aime la lumière, pour Dieu lui-même.

Je parlais de l'art au temps de mon enfance.

Je veux revenir à la musique.

Je constate, enfin il me semble, qu'on la veut maintenant bien rangée, dans des mouvements distincts.

Je conviens que l'admirable jeune Mozart est plus économe de moyens que les Italiens d'il y a cinquante ans, qu'il préfère à un vaste panel d'harmonies un qui soit efficace, précis, une ligne mélodique claire. En cela, il est bien moderne et j'en suis content.

Pour autant, Mozart est-il toujours au diapason des grands principes à la mode d'aujourd'hui en matière d'art et de morale ? Je ne crois pas.

Ainsi, il me semble que le génie de Mozart se rit assez des grandes figures antiques qu'on veut mettre à nouveau à l'honneur, et si le sujet l'effleure, c'est qu'il y est bien forcé.

Notre cher empereur, aux idées nouvelles mais à la morale étriquée, doit être tout chaviré de la liberté de Mozart, lui qui aime tant qu'on adopte le costume complet.

Ah ce *Don Giovanni* que Mozart a écrit, quelle impertinence !

Quelle tragédie et quelle bouffonnerie tout en un, voilà un quiproquo que j'entends, qui me rappelle l'atmosphère de mes jeunes années.

Mozart m'est ainsi bien plus proche que sa jeunesse pourrait le laisser penser.

Nous voilà, mon temps et moi, un peu vengés.

J'y reviens, m'y attarde, m'y complais, et même la douleur ne peut conjurer la joie que me procure l'idée qu'en cette fin de siècle, Dieu et ses soldats n'écrasent plus toute chose, toute pensée.

Je m'en vais avec la foi que les progrès de la science et de l'éducation empêcheront que la vie de mes congénères soit désormais réduite à celle des bêtes. L'Homme a été trop longtemps abandonné à la souffrance, à l'injustice, entretenu dans l'ignorance. À ce titre, la réforme de l'enseignement, même si elle ne va pas à mon goût assez loin, la propagation par les imprimeurs, dans toute l'Europe, des gazettes, des encyclopédies, la fondation d'une Société des sciences dans notre ville, m'enchantent.

Oui, je crois que les idées nouvelles sèmeront l'intelligence et la bonté qui ne font qu'un.

Et me voilà... bigot moderne.

Je veux écrire encore
que ce siècle finissant sème l'espoir sans barguigner,
et Dieu, s'il est,

et aussi clairvoyant que l'on dit, y reconnaîtra les siens.

Je pense à la naissance des États-Unis d'Amérique
et à leur constitution, qui n'est pas un mirage.

Cette aventure ne donne-t-elle pas le goût à chaque homme de relever la tête, de s'associer librement entre hommes libres, pour fabriquer un peuple libre.

Que l'histoire n'oublie pas mon peuple.

Que mon peuple ne se laisse pas oublier.

Au réveil, je me suis copieusement disputé avec la dame qui m'apporte à manger et qui vide mes seaux. Ce fut une bonne dispute, de celle qui vous laisse si enragé que vous ne pouvez douter d'être en vie. Une bonne dispute, comme entre vieille épouse et vieux mari, où l'on s'exaspère de petits riens.

Qu'est-ce que cela peut lui faire que je prenne froid, au point où j'en suis.

Chère bonne, qui se console de son impuissance à guérir mon mal mortel en prétendant se battre contre des courants d'air.

Elle s'appelle Alžbeta. Je la paie bien, mais tout de même quel emploi.

Au fil des jours qui passent cependant, notre lien tient à autre chose qu'au linge souillé et à l'argent.

Elle m'avait préparé aujourd'hui un rôti de porc très tendre, accompagné de chou, dont elle avait pris soin de couper les feuilles en lamelles fines. Je me suis efforcé de tout manger. Elle s'en est allée ravie, l'air triomphant, comme ma mère autrefois quittant l'église.

J'ai menti. J'ai dit que je me sentais revigoré d'avoir si bien mangé.

En vérité, manger m'épuise, plus qu'écrire.

Manger m'enferme dans un face-à-face avec ce corps que je veux fuir.

C'est vrai qu'il fait froid. Tout ce siècle l'a été, singulièrement.

Et si ce siècle fut froid, cet hiver est en la matière le roi des rois.

Le gel nous a pris en novembre et le monstre ne lâche pas, jamais, aucun jour de répit aux pauvres, aux bêtes, aux forêts.

Je mourrai gelé, me promet Alžbeta. Je lui rétorque que j'ai lu dans un de ces livres de voyage que mon maître apportait à mes leçons autrefois que mourir de froid est une belle mort s'il en est, propre, lente, et à tout prendre, sans douleur.

Le père František de la communauté piariste attachée au collège de Benešov se présenta un matin à notre porte, recommandé par le comte Sporck.

Ces deux grands amateurs de livres voyant toujours leurs chemins se croiser chez les imprimeurs, libraires et lettrés de la ville, avaient fini par se lier.

Mon maître.

Entre ce matin-là où je le rencontrai et mes quinze ans, en vérité, je ne vois que lui.

Je rencontrais bien encore mes jeunes amis, mais nos bagarres entre clans des différents quartiers, nos poursuites, nos cent plans de bataille, aussi divertissants qu'ils aient été, me semblent écrasés comme en un seul, chaque fois répété. Alors que de ces heures partagées avec mon maître, j'ai mille souvenirs distincts.

Je ne l'ai jamais vu qu'habillé d'une aube noire agrémentée d'une courte cravate blanche.

Il ne se travestit, si je puis m'exprimer ainsi, que quelques heures avant sa mort, quand je le découvris sans sa calotte noire, alité. Son visage était si pâle que l'homme en chemise tranchait à peine sur les draps et l'oreiller. Avant de s'y fondre et disparaître tout à fait, il trouva la force de me dire : « Il faut t'en aller maintenant, mon fils, je suis fatigué. Je te bénis, petit curieux. Et mécréant n'est-ce pas ? Va, pars mon cher garçon, admirable créature de Dieu. »

Dans mon récit tout commence, je viens à peine de le rencontrer, quelle chance.

Il était petit, sec. Quand je le connus, il avait le cheveu blond-roux encore, et filasse sous la calotte. Un grand et gros nez barrait son visage, appendice qui aurait été inquiétant, si ce n'avait été ce sourire lumineux, charmant.

Aussi, coquet, mon maître souriait-il généreusement.

Ludmila avait fait compliment de ce sourire, au point que mon père se montra jaloux, ce qui fit beaucoup rire ma mère, elle qui riait moins souvent.

La grâce du sourire du père František agit aussi sur moi, dès ce matin-là, au premier regard qu'il m'adressa depuis le seuil de notre porte.

Au-delà de l'agrément qu'il y a à être simplement le vis-à-vis de quelqu'un d'avenant, je fis grand profit du charme de mon maître. Je calculais que si ma mère, oubliant son nez en forme de massue, le trouvait beau dès lors qu'il souriait, alors peut-être, si j'avais un peu d'esprit et belle figure, ce qu'elle jurait, je pouvais concevoir l'espoir que les filles oublieraient que j'étais un homme-tronc.

On a compris que j'ai la manie de puiser du courage dans les circonstances heureuses et succès de mes pairs.

À notre première leçon, mon maître voulut m'entendre raconter quelque chose, pour jauger mon aisance à parler sans doute, la manière naturelle que j'avais de composer un discours. Il savait de Sporck les circonstances de mon accident. Il me demanda de lui raconter comment je les avais vécues. Je commençai par lui dire que c'était un jour de fête, et précisément de la Saint-Pancrace, dont je savais juste qu'il était jeune comme moi lorsqu'on l'avait volé de sa vie, quand moi ce n'était que de mes jambes, mais tout de même. Mon maître voyant la flamme que ce rapport allumait dans mes yeux, broda sur l'étymologie du nom, qui se rapportait à la vigueur et au tout, broda sur les modalités du sport antique que ce terme désignait aussi. Il me décrivit les règles qui présidaient à ce combat et les corps nus des lutteurs saupoudrés de sable.

La nuit, je me rêvais en Brokoff, et dans mon songe, je figeais ces corps-à-corps en autant de poses et de statues de sable qu'il me plaisait de façonner. Ainsi qu'il en va dans les rêves, soudain, de façonneur, je devenais objet. Ces corps étaient le mien, multiplié.

Il m'arrive encore de me rêver en statue. Je n'y souffre pas d'avoir un corps de pierre. J'affiche un sourire identique à celui de mon maître, et mon corps, pané de sable, est puissant et intègre.

Mon maître disait encore à propos des règles qui régissaient cette lutte antique, qu'à défaut d'abandon des compétiteurs, seul le coucher du soleil disait la fin du combat. C'est là où j'en serai bientôt.

Le jour à peine levé, le père František quittait Benešov à cheval, pour arriver à Prague plus ou moins tôt dans l'après-midi selon les saisons et le temps qu'il faisait. Il passait le reste de la journée et une partie de la nuit chez ses relieurs, ou imprimeurs.

Les quatre jours suivants, il m'enseignait tout ce qui lui semblait utile d'apprendre à un jeune homme de mon temps, ne s'absentant qu'une heure ici ou là, non sans m'avoir donné de quoi étudier, pour s'enquérir d'un ouvrage en errance.

L'argent qu'il recevait pour mon enseignement était évidemment aussitôt transformé en commandes nouvelles. Puis les vendredis, il repartait avec les livres qu'il avait glanés pour compléter la bibliothèque des frères de Benešov où tout le fruit de mon éducation aura été investi.

Comme à l'école des jésuites, nous commencions à sept heures mais terminions plus tard, à dix-sept. Nous nous installions dans ma chambre, près de la fenêtre, de part et d'autre d'une grande table que mon père y avait installée pour nous. Avant que le père František n'arrive, je devais changer l'air et ranger.

J'allais l'accueillir. Ma mère nous précédait jusqu'à ma chambre, où elle fermait la fenêtre, avant de se retirer sur la pointe des pieds.

Si le temps n'était pas au gel, juste avant de m'asseoir, je rouvrais la fenêtre sur la rue.

Mon maître acceptait le caprice à condition que je ne me laisse pas distraire.

Si des gens sur le marché s'envoyaient des jurons à la figure, mon maître se levait sans interrompre son propos et la refermait. C'étaient deux charretiers par exemple qui se gênaient pour passer, aucun ne voulant laisser la préséance à l'autre, et de se lancer des douceurs comme « écrevisse vaseuse », car ces bêtes vont à reculons, « viande à chien », « triple borgne », « gâte-sauce ». Celui qui cédait était celui dont la charrette était la plus branlante et ne soutiendrait pas l'engagement, ou encore plus sûrement celui qui savait le mieux assommer son compère de sottises.

Quand il faisait froid au point que nous risquions que nos doigts ne puissent plus tenir une plume ou même tourner la page d'un livre, mon père nous installait un brasier de sa confection. C'était une grande vasque incurvée de terre cuite montée sur trois pieds de métal. Des briques brûlantes y étaient déposées, puis on plaçait le couvercle. Une grosse chaufferette en somme. Mon maître en avait une petite aux pieds. Moi je n'en ressentais plus à cet endroit la nécessité, j'avais ma chaufferette à main.

Ma mère nous apportait des tisanes parfumées de cannelle et de miel. J'ai dit que j'avais été un enfant choyé.

Mon maître ordonnait une pause après quatre heures d'étude. Il pensait que la concentration poussée au-delà n'était plus bonne, et que l'efficacité du professeur comme de l'écolier y était gâchée.

Ludmila nous avait préparé une bouillie de blé légère agrémentée de morceaux de lard, ou une soupe au chou additionnée de viande et de croûtons de pain. Mon maître voulait qu'on mange tous les trois. Mon père se joignait à nous parfois. C'étaient des repas joyeux. Avoir ces trois-là autour d'une même table ! J'étais comblé, et sortais de l'expérience un peu ivre, si distrait ensuite que mon maître devait trouver des astuces pour me remettre en selle à l'étude.

Pour les jours où il ne m'enseignait pas, mon maître me confiait beaucoup de devoirs. Et contrairement aux enfants des jésuites, je n'avais pas de vacances en septembre et octobre. Mais cela ne me privait pas, au contraire.

Nous priions avant de commencer les leçons et pour les terminer. Je n'ai jamais bien prié qu'avec lui.

Mon goût pour l'étude était assez capricieux, tantôt passionné et efficace, tantôt entêté à ne rien fixer. Le père František ne concéderait rien sur la lecture et l'écriture dans ma langue, rien sur la lecture et l'écriture en langue allemande, accepta le fait que je restais rétif au latin dont il me força cependant à intégrer les bases, se satisfaisant de me faire travailler la version et la traduction de petits textes qu'il écrivait pour moi et dont il savait qu'ils me stimuleraient, m'intrigueraient au fond parce qu'il y poserait des devinettes, dont pour avoir la réponse il fallait bien que j'aille jusqu'au bout de l'exercice.

Il me donna aussi les rudiments du grec. La seule manière dont il put me convaincre de les recevoir fut de me raconter d'abord en tchèque l'*Iliade* et l'*Odyssée* d'Homère. Quand mon imagination fut suffisamment échauffée, il réduisit le long récit à un texte qu'il écrivit en grec, aussi sobrement qu'on peut écrire dans cette langue, sur un papier fait pour être conservé roulé. Je l'ai toujours. Il est précisément maintenant dans le creux de ma main.

Mon maître m'imposerait l'algèbre et la géométrie, jusqu'au point disait-il où je pourrais sans rougir assister un architecte, et au-delà poursuivre mes études à l'université, dans cette matière ou dans les autres si tel était mon souhait.

Sur le reste, il voulait bien aller suivant mes goûts, ma curiosité, autant qu'il le pouvait.

Au fil des sept années que dura son enseignement, j'ai eu ce privilège que le père František apportât régulièrement à nos leçons des ouvrages. Acquis pour sa communauté, nous les consultions avant qu'il ne les apporte à la bibliothèque de son école, ou bien il les empruntait au comte Sporck, ou bien encore à un libraire de ses amis. Les après-midi, car les matinées nous étudiions les matières d'un programme sur lequel mon maître ne transigeait pas, nous voyagions dans un de ces ouvrages. Et quels voyages, en effet.

Je place en tête de mes souvenirs cette description de l'Afrique par un voyageur géographe nommé Olfert Dapper. Il décrit tous les peuples qu'il a croisés sur ce continent, du nord islamique, aux pays des Noirs, en passant par Madagascar et les Canaries.

Ce livre était dans une traduction française. Je ne sais si l'original était écrit en latin ou en hollandais. Le français serait d'ailleurs la langue de presque tous les beaux ouvrages que mon maître m'apporterait, les autres étant imprimés en allemand ou en latin. C'est ainsi que je fis mes premiers pas en français, le père František me lisant la phrase dans cette langue d'abord, la suivant de son doigt à mesure, puis me la traduisant en tchèque ou en allemand selon les mots qu'il voulait me voir fixer dans l'une ou l'autre langue.

Une gravure montrant des tombeaux de rois grands comme des montagnes, en forme de pyramide, au pays des Égyptiens, me fit grand effet.

Je me rappelle de pirogues, de palmiers, du port et de la ville d'Alger, vus depuis un bateau au large.

Je me rappelle de longues heures le soir, quand je dessinais sur mon ardoise, près du feu, m'essayant à reproduire ces images.

Dapper décrivait le goût de l'or, des esclaves, disait en quelle importance extraordinaire on tenait dans telle contrée le bétail. Quoi de plus communes que ces passions-là chez nous.

Je pouvais m'étonner des cultes que tel ou tel autre peuple rendait à leurs dieux, mais les pleurs quand un des leurs mourait, et dont l'auteur témoignait, étaient les nôtres.

Je rencontrai pourtant une différence rédhibitoire entre le peuple du Cap-Vert et moi qui était qu'en ce lieu pratiquant la religion de Mahomet, Dapper précisait qu'un homme pouvait prendre sans cérémonie autant de femmes qu'il en pouvait nourrir, et les répudier avec aussi peu de cérémonie qu'il les avait prises. Étant issu d'un père et d'une mère exclusivement et singulièrement unis, cela me semblait une folie, et mon esprit y butait sans cesse.

Me revient encore ce chapitre sur le royaume du Bena, je crois, où Dapper fait mention qu'on trouve dans ce royaume des serpents mouchetés de couleurs vives et aussi gros que la cuisse d'un homme.

Un autre ouvrage s'intitulait *Histoire du Nouveau Monde ou Description des Indes occidentales.* Il avait été écrit par un certain Joannes de Laet d'Anvers. Dans ce livre sont décrits les établissements des Européens dans l'Amérique, tout aussi bien que le caractère et les mœurs des Indiens.

Me revient de ce voyage-là que les Indiens du nord du continent disent pour oreille « abontascon ».

Quelle drôle de chose d'avoir retenu ce mot. Enfoui depuis soixante-dix années.

Mon maître me fit dessiner leurs maisons telles que l'auteur les décrit, faites de perches hautes, agencées ensemble de manière à former un cône et recouvertes de peaux de bêtes ou de poissons.

Je me rappelle encore du récit des voyages de M. Jan Struys en Moscovie. Ce récit comprend bien d'autres aventures en d'autres points d'Europe et d'Asie, mais c'était là la partie à laquelle nous nous étions attachés. À ce stade, j'avais quatorze ans et je lisais moi-même en français, le père František ne m'aidant plus que sur les mots que j'ignorais encore.

Je me rappelle particulièrement ce passage, où l'auteur et ses compagnons arrivent enfin dans le voisinage de Moscou. Ils passent quelque temps dans un château, fait de bois, et joliment orné, dont je m'étais fait à l'époque toute une représentation. Y demeurait une princesse, sœur de l'empereur.

Non loin du château, l'auteur décrit un parc où des loups et des ours sont enfermés.

En guise d'amusement, les Russes mettent ces bêtes en présence et les incitent à se combattre. L'auteur note que si l'ours est plus fort, le loup est plus subtil.

Je goûtais le mot nouveau de « subtil » en français, m'amusais à le prononcer, et le répétais à loisir, ce qui faisait rire mon maître. Mais ces bêtes donc se déchiraient.

L'auteur commentait la passion que les hommes mettent à se battre entre eux, à s'égorger pour une broutille dès qu'ils avaient la bile échauffée. Il constatait que, lorsqu'ils sont pris à vouloir se crever les yeux, rien ne peut leur faire entendre raison, alors qu'au paroxysme du combat, si leurs maîtres en sonnaient la fin, les bêtes accouraient vers eux, renonçant dans l'instant à achever l'adversaire.

La rudesse de la vie du peuple décrite dans ce récit, les incendies incessants des maisons de bois de Moscou, la violence généralisée des uns envers les autres, un pain si noir que seul un estomac habitué à ce traitement depuis l'enfance pouvait s'y faire, l'abus d'eau-de-vie par les femmes comme les hommes, qui auraient préféré, écrivait l'auteur, aller tout nus par un froid mortel plutôt que de s'en passer, tout cela dessinait un tableau qui me sidérait, un tableau que je creusais, dans lequel j'entrais. Dans ma fantaisie, je mêlais aux évocations de notre lecture la silhouette, croisée la veille, d'un pauvre hère, hagard, haineux, planté au milieu du marché au charbon, incapable de plus avancer, le corps ondulant sous l'effet de la tourmente qui fermentait en lui.

Heureusement mon maître me sortait du tableau animé de Moscou en feu, me ramenait vers notre petite table d'étude, m'exhortant au commentaire raisonné, auquel au lieu de divaguer, il fallait bien que je m'applique.

Si les ouvrages relatant des voyages étaient ce que nous préférions étudier ensemble, nous lisions et commentions, les après-midi aussi, la géographie, notamment les cartes du monde les plus récemment publiées. C'est alors que nous situions les différents peuples, climats et voyages dont nous avions lu les récits quelque temps plus tôt.

« Ô toi qui m'as suivi avec mille peines au travers des forêts sans chemins, tu es arrivé au pays que le destin t'avait promis. »

C'est par ces mots que j'accueillis Alžbeta ce matin.

Effarée d'abord de me croire devenu fou, elle se reprit en frissonnant, et se rua, comme d'habitude, sur la fenêtre, qu'elle ferma en claquant des dents.

De dessous mon bonnet, ma pelisse et ma couverture de fourrure, j'admis qu'il gelait à pierre fendre, mais que je préférais avoir froid qu'étouffer.

Elle rageait encore, me promettant la mort et la sienne, quand je lui demandai si elle savait qui avait supposément prononcé les paroles dont je venais de saluer sa venue. Elle me dit que non, mais qu'elle trouvait à ce monsieur des airs bien pédants à prétendre avoir le destin à sa discrétion.

Je lui appris que c'étaient les mots du vieux Bohemus, ainsi va son nom latin, Čech, tel qu'on le nomme dans notre langue. Mon maître me l'avait fait connaître en apportant à notre leçon un exemplaire de la chronique de Cosmas, écrite en latin bien sûr et qu'il traduisait à mesure pour moi.

Cette chronique raconte l'histoire de notre peuple, de son installation en Bohême jusqu'au temps où l'érudit vécut, c'était au XIIe siècle. Je l'entendis comme un conte. C'était alors la première année de mon enseignement, j'étais garçon encore, et mon esprit en fut frappé, mieux que de la Bible. C'est ainsi.

« Voilà cette terre dont je vous ai parlé si souvent. Elle n'appartient à personne, les bêtes y foisonnent. Les eaux y abondent de toutes parts et sont poissonneuses. Elle vous appartient, songez à lui donner un nom. »

Comme inspirés par un oracle divin, ses compagnons auraient dit : « Que cette terre s'appelle donc Bohême comme toi. »

Alors Bohemus aurait élevé ses deux mains vers le ciel et prononcé ces paroles : « Salut, ô terre tant de fois désirée, déserte depuis les temps du déluge, accueille-nous et multiplie notre race de génération en génération ! »

Et me voilà !

Je plaisante.

À peine.

Je vais dormir, content de si bien me souvenir.

Alžbeta ce matin m'a fait livrer du bois, quand elle jurait hier qu'elle n'en ferait rien tant j'étais effronté à laisser ma fenêtre entrouverte par temps de si grand froid. Nous avons négocié. Elle a allumé le feu et j'ai consenti à ce que la fenêtre ne soit ouverte que de manière à laisser passer le filet d'air autorisé par trois feuilles de mon papier serrées ensemble. Le battant de fenêtre est calé par ma table. Nous voilà contents l'un et l'autre, à égalité et nos honneurs saufs.

Ainsi en allait-il des relations entre mon père et ma mère.

S'agissait-il d'élire le thème de la soupe du soir, la couleur d'un drap pour un habit, d'embaucher tel ouvrier, tout était naturellement soumis à l'approbation de l'autre. Car même sur le dernier thème mentionné, ma mère donnait un avis, fondé sur sa mémoire, qu'elle avait bonne. À faire mal, disait mon père.

Elle servait la soupe, sans jamais rien perdre des détails de la journée que Josef lui livrait en tranchant le pain. Ainsi pouvait-elle jurer que tel ouvrier, pour tel ouvrage, ferait mieux l'affaire que tel autre dont mon père lui avait raconté quatre ans plus tôt que, pour être excellent appareilleur, il n'en était pas moins toujours en retard, et qu'en l'espèce, il fallait préférer tel autre, plus empoté peut-être mais ponctuel. Avec lui l'escalier aurait moins belle allure mais l'affaire serait menée selon les termes du sieur Hoffman qui autrement viendrait jusque chez nous la rendre chèvre.

Il ne suivait pas toujours son avis. En l'espèce, il le fit.

Ma mère n'était ni précieuse, ni prude, ne s'interdisait aucun sujet de conversation sous prétexte qu'il n'aurait pas été de son sexe d'en traiter. Mais jamais non plus elle ne s'empara des cordons de la bourse, ce qui se voyait assez souvent dans les ménages d'artisans, où les mégères avaient pris en matière d'argent l'ascendant sur leurs hommes, au point que certains faisaient pitié.

À la maison, ces affaires d'argent aussi étaient discutées.

Je n'ai jamais fait la différence, autrement que par le désir que m'inspiraient un genre et pas l'autre, entre une femme et un homme. Au point d'en être moqué à mes heures. Si bien que quand je découvris dans les écrits de Cosmas l'histoire de Libuše, rien ne me surprit, ni la place que cette femme y tenait, ni comment elle la perdit.

Des siècles avaient passé depuis Bohemus, quand vivait celle-là, prévoyante et chaste, dont le peuple avait fait son juge. Son nom était Libuše.

Un homme un jour se crut mal jugé par elle.

« Tu me juges mollement quand tu es couchée sur tes matelas ! Une femme ainsi couchée est propre à recevoir un mari, non pas à juger des guerriers. Nous sommes les seuls hommes au monde qui soient gouvernés par une femme ! »

Et moi fils de Ludmila, je me disais en petit garçon qui découvrait ces propos-là, qu'à être gouverné par ma merveille, il n'y avait pas de honte.

Mais enfin, dans le conte, je veux dire dans l'histoire que relate Cosmas, le coup porta.

Libuše répondit : « S'il vous faut un chef plus féroce qu'une femme, je prendrai un mari. Ô peuple digne de compassion, qui ne connaît pas le prix de cette liberté pour laquelle d'autres peuples sacrifient leur vie, vous fuyez la liberté pour soumettre vos têtes au joug de l'esclavage… »

Ce passage me fait trembler.

« Si vous persistez, je suis prête à vous nommer votre duc, et vous dire le lieu de sa demeure. »

Alors tout le peuple poussa des cris confus,
mais à la fin voulut savoir où il trouverait son maître.

Et ils le trouvèrent.

Depuis, de leurs maîtres, les Tchèques sont empêtrés.

J'avais treize ans quand le père František acquit une copie de la chronique dite de Dalimil, écrite dans les années 1400, soit trois siècles après celle de Cosmas.

Cette chronique tombée du ciel, je veux dire à contretemps de nos leçons, puisque nous en étions au règne de Rodolphe lorsque mon maître se trouva disposer de cet exemplaire, frappa mon esprit par la violence qu'elle renfermait contre les Allemands. L'Allemand, qui selon l'auteur colonisa notre nation dès le commencement, par le peuplement, l'argent ou la langue, et puis les trois à la fois.

Bien que mon maître me la présentât brièvement, car s'il pensait le devoir il n'entendait pas non plus que je m'y arrête plus que cela, ce peu de temps suffit à m'échauffer l'esprit.

Je ne sais pas ce qu'il me prit. À cet âge, j'avais treize ans je l'ai dit, je voulais me donner des airs, et puisque les hommes devaient aimer la guerre ! Alors je m'essayai à faire l'homme. Oui, il y avait de cela, je me rappelle. C'était une expérience. Je me mis en scène, et dans ce rôle que je me donnai, je tins des propos très violents, en défense de mon peuple, contre les Allemands.

Mon maître n'applaudit pas à cet accès viril. Il fut fâché, et surtout déçu.

Bien sûr, je ne supportai pas de le décevoir. En fus dégrisé d'un coup.

Sans compter que ce sang allemand coulait dans mes propres veines.

Quoi faire de cette inimitié ? Ne pas s'aimer soi-même ?

Et puis, je ne suis pas un guerrier.

Mon père avait rapporté d'un voyage qu'il avait fait dans le sud de la Bohême, où il devait inspecter des bois pour ses ateliers, plusieurs pierres, vertes. On en trouve là-bas qui affleurent après la pluie, si peu que le soleil brille aussitôt après l'ondée, vous n'avez qu'à vous baisser. C'est simplement et miraculeusement du verre pur je crois. Mais celui-là n'est pas le fait des hommes, ils n'y ont rien retranché, rien ajouté, ne l'ont ni chauffé, ni refroidi, la nature seule l'a conçu ainsi.

Je demandai à mon père si je pouvais disposer de l'une d'elles. J'avais dans l'idée d'offrir un présent à mon maître. Je voulais me faire pardonner les propos grossiers que j'avais tenus contre les Allemands, enflammé par cette chronique et ma jeunesse. Il accepta. Je savais exactement laquelle je voulais, celle assez plate et lisse, grande comme la paume d'un enfant, translucide.

Josef me procura les outils que je demandai, de quoi graver, poncer et polir la pierre.

Il me fallut deux mois de patience, car outre la précision que demandait l'entreprise, je devais encore être libre de leçons, et prier pour que le soleil brille. J'avais besoin de beaucoup de lumière pour avancer sûrement.

Après deux mois de labeur, j'offris son présent à mon maître.

Je ne dis rien, ne le justifiai pas.

Pendant qu'il découvrait l'objet, qui était un soleil, sur le modèle du heurtoir fiché à notre porte, additionné de quelques détails à mon goût, je préparai sur la table un reste de bougie qui n'avait plus qu'un demi-doigt de hauteur. Puis je fermai le volet à ma fenêtre et j'allumai la mèche.

Je pris doucement le soleil vert des mains de mon maître, le déposai face à lui, devant la bougie.

Pressé entre deux livres, le soleil tenait vertical.

La flamme dansait derrière, la lumière le traversait en irriguant ses rayons, que j'avais faits bien déliés et à grand-peine, de peur de les casser.

Mon maître fut content de moi. Et mon père aussi, qui ausculta l'objet avant de suggérer que je pouvais peut-être l'emprunter à mon maître et montrer ce travail à Brokoff.

Ma mère ne voulut pas, dit qu'on savait trop bien que les sculpteurs sont d'une race qui ne vieillit pas.

Comme on le devine à mon grand âge, je ne suis pas devenu sculpteur.

Je piaffais d'aborder le chapitre qui ouvrirait l'histoire des réformés de Bohême. Mon maître m'avertit qu'il s'en tiendrait aux faits, acteurs et dates incontestés.

Pourquoi ce préambule ? Craignait-il que je ne lui fasse pas confiance ? Avait-il compris que, passé les apparences, ma famille n'avait pas tout à fait la même disposition religieuse que la sienne ?

Nos blessures étaient si fraîches encore. Car il y avait blessures, sinon comment moi enfant les aurais-je éprouvées sans qu'on en parlât jamais ?

Il me dirait, avant de commencer la leçon, que je devais garder à l'esprit qu'il était tchèque comme moi, enfin, qu'ayant atteint mes quatorze ans, j'étais assez grand pour avoir des préjugés dont je devrais à mon tour apprendre à me garder.

Et il me raconta ce que je voulais savoir.

De Hus, puisqu'il fallait bien commencer par là, il me dirait qu'il était né à la fin du XIVe siècle, qu'il avait été recteur de l'université de Prague, qu'il prêchait en langue tchèque et que pour cela le peuple l'aimait. À ces mots, mon cœur et mon âme s'élancèrent et je fus tout près de dévoiler l'existence de notre bible, mais au moment de le faire, m'étranglai et me tus. Mon maître me servit un peu d'eau. Il racontait maintenant que, comme l'Anglais Wycliff, qui tenait Rome en haine et voulait s'en passer, Jan Hus, au fil des années épouserait toujours plus étroitement cette cause d'aller contre le pape. Hus, ajouta le père František en des termes qui n'étaient pas dénués de dépit, prétendait s'en remettre pour guider sa foi chrétienne aux seules Saintes Écritures, prétendait imaginer à lui tout seul une Église meilleure que celle issue de saint Pierre.

C'était la guerre à l'université. Les professeurs allemands restaient fidèles à Rome quand les Tchèques voulaient suivre la route ouverte par Hus.

Et la revoilà déjà notre autre sainte Trinité, l'Allemand, l'empire et Rome, qui serrent notre Tchèque de si près.

Hus fut excommunié en 1412, mais continua ses prédications, soulevant avec lui contre Rome le peuple de Bohême. Il se rendit au Concile de Constance pour s'expliquer. Là-bas, malgré la protection de l'empereur Václav IV, celui-là qui avait fait mettre à mort Jean Népomucène, il fut condamné par l'Église pour hérésie, livré au bras séculier et brûlé vif en juillet 1415.

Sa mort entraîna une guerre qui allait durer vingt ans. Les réformés de Bohême en sortirent vainqueurs, avec des droits et des libertés, qui s'imposèrent pendant les deux siècles qui suivirent, jusqu'au temps de l'empereur Rodolphe.

Je ne tirerais pas beaucoup plus de mon maître que ces grands traits-là, sinon que Hus réforma avec une grande efficacité l'orthographe de notre langue en imposant ce que nous appelons le haček, cet accent circonflexe inversé, qui fait qu'elle est bien plus simple à écrire que d'autres langues slaves.

Mon maître pensait que je devais connaître ces faits, et passer assez vite à autre chose, qu'à défaut, cela pourrait me nuire.

Les chefs protestants de Bohême, frileux sous Rodolphe, inquiets sous Mathias, de Ferdinand n'auguraient vraiment rien de bon. Ils décidèrent de prendre les devants, de réaffirmer la voix de leur parti, le plus nombreux dans un royaume par ailleurs appauvri, exaspéré par les taxes consenties à Vienne. C'est de toutes ces rancœurs et inquiétudes que l'abcès creva, car ainsi en va-t-il du mal qu'il est le meilleur porte-greffe du pire.

Le 23 mai 1618, une poignée d'hommes des plus déterminés se rendit au Château pour y demander audience. Elle tourna mal. Les réformés tchèques précipitèrent par une fenêtre deux lieutenants catholiques de la délégation papale, ainsi que leur secrétaire. Incroyablement, d'aucuns pensèrent miraculeusement, les trois hommes échappèrent à la mort. Mais si la guerre était le but de cette provocation formidable alors il était atteint, d'autant que la déclaration des hostilités fut contresignée lorsque la diète de Prague dénia à l'empereur Ferdinand le titre de roi de Bohême. Elle offrit ce titre à Frédéric, qui se trouvait à la tête de l'union des princes, allemands certes, mais enfin protestants, et c'était là la priorité à cet instant de l'histoire.

Frédéric fut couronné roi de Bohême dans la cathédrale Saint-Vit. L'Europe catholique, outragée de cette provocation, se dressa contre la Bohême réformée, ce qui entraîna la guerre entre les terres catholiques et protestantes, dans toute la chrétienté.

Au lieu-dit de la Montagne blanche, le 8 novembre 1620, la défaite des héritiers de Hus fut terrible.

Le 21 juin, incidemment jour de ma naissance, de l'année 1621, on exécuta vingt-sept seigneurs tchèques sous l'hôtel de ville de cette même place ou un certain comte allemand m'a broyé les genoux. Je sais bien que les coïncidences valent ce qu'elles valent, c'est-à-dire bien peu, mais je suis incorrigible, dès que j'en ai l'occasion, je marie mon histoire à celle de ma ville.

Voilà comment je connus le contexte de la déroute des réformés de Bohême, qui hante notre terre comme me pèsent et me démangent encore mes jambes mortes.

La paix qui serait signée en 1648, après trente ans de guerre, reconnaissait la cohabitation pacifique entre royaumes et principautés de confessions catholique, luthérienne et calviniste. Même au sein de l'empire, les différentes principautés associées ne se feraient plus la guerre à propos de religion, étant entendu que, quelle qu'elle soit, elle serait le fait du prince de chacune d'entre elles. Le prince de Bohême était l'empereur, catholique. La Bohême serait catholique.

Les réformés tchèques, qui étaient encore une fois la grande majorité en Bohême, ce qui n'était pas le cas en Moravie d'où mon maître était issu, durent choisir, rester et épouser la foi catholique ou ne pas se renier mais partir.

Je remerciai mon maître.

De quoi mon enfant ?

Je ne sus pas répondre, je le pourrais aujourd'hui.

Merci d'avoir dit le dilemme cruel de mes aïeux, d'avoir circonscrit le tourment qui agitait ma mère et qui m'agitera toujours un peu quoique je m'en défende. Je suis l'héritier d'une lignée qui n'a pas pu se résoudre à l'exil, qui a renié mais pas vraiment, continué de chanter ses cantiques conquérants, mais à couvert. Science extraordinaire.

Le père František avait rendu plus supportable l'étrange sentiment de sursis qui m'étreignait souvent.

Ah cette peur enfouie de l'exil, d'être illégitime.

Des milliers d'hommes et de femmes de toutes conditions choisirent de ne pas renier leur foi et furent condamnés à quitter le pays. Les plus énergiques d'entre eux continuèrent la lutte depuis l'étranger contre l'empereur et la foi catholique, qui par la parole, qui par la simple dénonciation, qui par les conjurations, d'autres encore par les armes. Ainsi des réformés tchèques rejoignirent des régiments de Saxons, de Suédois, de n'importe qui pourvu qu'ils combattent les Habsbourg.

C'est ainsi, m'expliqua mon maître qui voulait que je nuance, bien qu'à quatorze ans, j'aurais voulu que la vérité soit d'un bloc, c'est ainsi donc qu'il me précisa et je l'avais entendu dire mais je croyais que c'était un conte, qu'en 1648, parmi les troupes suédoises qui pillèrent Prague, alors que la paix était au bord d'être conclue après trente ans de guerre, il y avait des régiments entiers d'exilés tchèques pour participer au pillage.

Dépité, pour les défendre, je donnai cet argument à mon maître, que de leur point de vue la Prague de leurs pères était une ville vendue.

Puis je confessai tout haut à la suite que tout de même, porter la main sur Prague était sacrilège, que je bénissais à la fin mes ancêtres d'être restés pragois surtout !

Cette longue guerre européenne aura donc commencé à Prague par une affaire de défenestration et s'y sera terminée par le pillage des trésors que l'empereur Rodolphe y avait accumulés du haut de sa folie.

Entre autres trésors, les pilleurs volèrent le Codex Gigas, bible géante, que deux hommes suffisaient à peine à porter. Pour mon maître, aimant les livres, et entre tous Le livre, sacré, cette perte seule aurait été irréparable. Écrite en latin, elle s'ouvrait, ou plutôt s'ouvre encore, car sans doute les Suédois en prennent-ils soin, sur l'Ancien Testament. Mais on y trouve aussi, disait mon maître, des formules imprécatoires contre des maladies, un dessin du diable terrible, et une transcription de la Chronique de Cosmas. Et de cela s'il vous plaît, qu'ont à faire les Suédois ?

Pour finir sur le souvenir de mes leçons d'histoire, je dirais que mon maître se félicitait de ce que Prague ait été rendue à Rome, puisqu'il croyait que son salut était là, mais il déplorait la sévérité du traitement qu'avait enduré son peuple, accablé de taxes et de censures, censure des livres, censure des âmes.

Encore une chose.

Il m'apprendrait que dans ce flot tragique des exilés, s'étaient trouvées certaines familles catholiques très pauvres, qui avaient profité du mouvement massif de l'exil pour s'y perdre, se convertir à l'Église réformée, et recommencer ailleurs dans l'espoir d'une vie meilleure dans ce monde.

Tu vois, mon fils, avait conclu le père František, chacun de nous à un moment ou l'autre de sa vie renonce ou renie. Pierre l'a fait, Jésus a failli. N'aie pas peur.

Le père František aussi avait un maître, Jan Amos Komensky, Comenius de son nom latin, grand pédagogue, pasteur de l'Église des frères, héritiers de Hus. Ce qui n'empêchait pas le piariste d'estimer l'homme.

Comenius, avec qui Rousseau aurait sans aucun doute aimé converser, n'était ni italien, ni français, ni allemand, il était tchèque. Mais ce ne serait pas juste de l'accaparer, car si le pédagogue avait été, disait mon maître, accablé par l'exil, il avait transcendé ce désespoir pour, privé de sa petite école, s'attacher à l'éducation de tous les enfants, où qu'ils soient nés.

Au-delà de mon maître, les piaristes partageaient avec Comenius la passion d'élever l'intelligence sans passer ni par le châtiment, ni par le rabâchage. D'où l'on déduit que le grand homme mourut malheureux, car si sa renommée était immense de son vivant et ce dans toute l'Europe, s'il était respecté par les érudits, si ses ouvrages pratiques obtenaient un grand succès, la philosophie générale de sa pédagogie manquait et manque toujours de beaucoup d'être appliquée.

Au tout début de nos leçons, mon maître apporta un manuel d'apprentissage des langues, conçu par Comenius. Celui-ci y proposait des illustrations décrivant des scènes de la vie quotidienne, résumées en une phrase, et déclinées en autant de langues que se proposait de traiter l'ouvrage. Celui sur lequel me fit travailler mon maître traitait de quatre langues, latin, allemand, français et italien. Ce livre fut imprimé en toutes sortes de combinaisons de langues imaginables, dans toute l'Europe, et jusqu'en Perse, tant la méthode était facile et bonne. Même les jésuites, qui n'aimaient pourtant pas son inventeur, l'utilisaient dans leurs écoles !

Alžbeta ne sait pas ce que j'écris, elle croit que c'est le rapport de mes années au théâtre. Or ce matin, alors que je sais bien moi que j'en suis aux leçons que me donnait mon maître, voilà qu'elle se prend à me raconter, que dès son plus jeune âge, c'était du désir de lire qu'elle était dévorée.

Elle rêvait de savoir lire comme les médecins et les curés.

Elle manœuvra pour aller à l'école du couvent contre l'avis de ses parents qui la voulaient à la maison pour aider à leur ouvrage. Elle parvint à ses fins, ce qui ne m'étonne pas tant je la sais entêtée. Mais une fois dans la place, malgré toute sa volonté, application, réprimandes et punitions de ses maîtresses qui lui faisaient valoir que c'était bien la peine d'avoir tant manigancé, la lecture lui restait un mystère. Elle recopiait les signes de l'alphabet avec élégance, les reconnaissait pour ce qu'ils étaient mais dès que ces signes étaient combinés, elle n'y discernait plus rien qu'un pâté d'encre, quand on lui maintenait qu'elle avait vu ces lettres cent fois !

Cependant elle étonnait par sa bonne mémoire. Elle sut toutes ses prières et les chants par cœur bien avant les autres, et comme pour compenser son infirmité de ne pouvoir apprendre à lire elle les exprimait aussi avec conviction, les nonnes la convainquirent que sa voie était tracée et qu'elle devait consacrer sa vie à dire et chanter les louanges du Seigneur, c'était l'évidence.

Alors qu'elle était novice et ne concevait déjà plus d'autre avenir que celui du couvent, sa mère mourut. Son père voulut qu'elle revienne et qu'elle prenne sur elle la charge d'élever les petits de la fratrie. Bientôt la benjamine demandait à Alžbeta de lui apprendre à lire.

Sera-ce la honte, la peur de décevoir, qui lui firent trouver la manière de lire, quand pendant des années elle avait désespéré de la découvrir ?

Elle travailla la nuit dans un petit livre, que les nones lui avaient laissé, à capturer par elle-même le secret de l'écriture.

Il lui sembla devoir commencer par ce qu'elle savait bien faire, recopier, et recopiant, elle comprit ce qui ne lui était jamais apparu sous la baguette de ses maîtresses, que plus elle détachait les unes des autres les lettres d'un mot, mieux le dessin de celles-ci lui était reconnaissable. C'est en écrivant, à sa façon, loin des menaces de punition qui paralysent, qu'elle apprit à lire. Elle enseigna ces deux arts d'écrire et de lire à ses sœurs, et ce fut selon ses termes le meilleur de sa vie.

Au cours de ce récit, elle précisa le nom du village où elle dut retourner vivre après avoir quitté le couvent. Je lui demandai dans quelle région il était situé, certainement pas aux alentours de Prague car je n'avais jamais entendu ce nom.

Alors elle me dit qu'elle était de Moravie, l'autre pays des Tchèques. C'était aussi celui de Comenius, et de mon maître. Il faudrait sans doute voir à faire des petites boutures d'écoles moraves, et les transplanter dans le monde ?

En cette fin de siècle, par la volonté de notre empereur, les couvents des ordres défaits se transforment en écoles, par centaines. L'école est aujourd'hui à l'honneur, une école pour tous, dépendante désormais de l'État et non plus de l'Église. C'est un pas.

Souhaitons que l'éducation que l'empereur prône s'inspire des travaux de Comenius, homme des pays tchèques, respecté universellement, et dont accessoirement la langue, passé la petite école, est la grande oubliée du grand flot des réformes.

Ne pourrait-on pas s'inspirer par exemple de ses théories sur l'école du jeu ? Comenius affirmait que le jeu est un ressort intelligent de l'enseignement. Mon maître l'essayait souvent sur moi dont l'esprit était difficile à fixer.

Comenius tenait aussi pour nécessaire de faire goûter aux enfants une multiplicité de métiers pour observer là où leurs goûts les porteraient, dans quels gestes, qualités ils se fondraient le mieux, et ainsi les guider vers leur vocation. Car ce vers quoi leur nature particulière les pousserait, c'est là qu'ils seraient le plus susceptibles d'exceller, à leur grand bénéfice et contentement, comme à celui de la société.

Et moi, quelle était ma disposition ?

Mon maître répondait que j'en avais beaucoup, le tout étant certes un peu désordonné et relâché, mais que j'étais vif, que j'entendais bien les langues, sauf le latin, par entêtement, que j'avais un excellent raisonnement et étais doué pour le dessin et le calcul.

Il disait encore que ceux qui ont beaucoup de qualités sans qu'aucune ne soit saillante n'achèvent peut-être pas de sublimes choses, étant dispersés, mais sont riches d'une nature heureuse et bénie de Dieu. Le tableau n'était pas faux me concernant car je crois que mon maître prétendait ici me dépeindre un peu.

Est-ce que ce n'est pas paradoxalement la bonne éducation de mon maître qui m'aura permis d'exercer ma liberté ? Je veux dire celle de ne pas avoir été ambitieux précisément ?

Je ne fus jamais impressionné par un titre, une charge. C'est que, me taquinaient mes amis, avec tes béquilles, tu ne peux pas faire la révérence. C'est vrai. Il faut bien qu'il y ait un peu de bon à être infirme.

J'ai manqué d'ambition, ne tenant qu'à mes affections, à ne jamais quitter Prague et à l'emploi que j'avais au théâtre. Je n'y devins ni riche, ni admiré, ni méprisé non plus. J'étais invisible au spectateur. Pourtant aux plaisirs et beautés des nuits de Prague, j'eus ma part. Il y a des vies plus vaines.

Que ce médecin me fatigue à vouloir me soigner. J'y gagne qu'il apporte mon laudanum.

Je vois bien comment tout cela va finir.

Que je finirai par en abuser, je veux dire.

Pour l'heure, si j'en prends trop, je n'ai certes plus de douleur,

mais plus toute ma tête non plus,

or de ma lucidité, pour me souvenir, j'ai besoin.

En prendre encore un peu.

Je monte, je monte…

et un souvenir au goût de joie me revient.

Cette visite à Brokoff. C'était en 1720 je crois.

Vivant à côté sur Skořepka, il s'était arrêté chez nous un matin pour me demander de passer le voir après ma leçon. Il terminait d'installer, tout près de chez nous, à l'église Saint-Havel des carmélites, un calvaire en bois de tilleul.

J'y allai. Je découvris cette œuvre. Christ droit sur sa croix. Trois femmes debout au pied de celle-ci, leurs corps vrillés de douleur. Les couleurs des habits de ces femmes sont à la fois brillantes et sombres, des verts, des bleus, des orangés, le tout émaillé.

Je demandai à un moine qui était là si Brokoff et moi pouvions, quand il aurait terminé, monter tout en haut d'un clocher. Il dit que nous le pouvions.

Brokoff ne croyait pas que je pouvais monter toutes ces marches. Je lui prouvai que si et d'une manière qui m'allait mieux sans les béquilles, que je laissai au bas de l'escalier pour monter assis, à reculons, à la force de mes bras. Brokoff me suivait en riant et toussant, beaucoup déjà.

Quelle belle vue sur mon quartier de là-haut, moi dans les bras de notre ami.

Ces bras sans lesquels, incapable de me hisser et me tenir au parapet, je serais, après toute ma sublime ascension, resté parfaitement aveugle et idiot.

Le père František m'enseigna le *Tartuffe* de Molière.

Plus tard, je me demanderais souvent pourquoi il avait choisi cette pièce. Pour se moquer de ses concurrents jésuites à qui on attribuait assez communément ces travers d'hypocrites à Paris comme à Prague ?

Le fait est que rire des bigots hypocrites plaisait à notre tradition à ma mère et à moi. D'ailleurs je lui traduisis la pièce en tchèque. Comme elle rit, elle qui riait moins souvent.

Et puis cette pièce parlait d'amour, et à quinze ans, je voulais bien me pencher sur le thème.

Je ne sais pas si un dramaturge tchèque aurait le rire aussi franc que Molière à propos de ces affaires de bigoterie, ou de médecine, ou d'éducation des femmes. Un Tchèque y aurait mêlé peut-être un peu plus de mélancolie par endroits et à d'autres plus de folie.

Je me disais alors, ne lirais-je donc jamais de telles pièces, pensées et écrites ici, dans ma langue !?

En attendant, Molière m'allait. Il va bien au caractère tchèque, je crois. Pas de finasseries, bon sens, et le parti de rire des hypocrites surtout.

Tout est pertinent chez Molière, tout l'homme est là, et l'on finit la lecture de ses pièces comblé, d'avoir ri de nous-même sans pitié, éprouvé aussi peut-être un peu de tendresse pour nos faiblesses.

Je sors de la lecture d'une pièce de Molière apaisé, et me sens comme après qu'on a fait le grand ménage de printemps.

C'est extraordinaire que le grand Louis XIV ait apprécié ce théâtre. Le monde que figure Molière n'a rien à voir avec Versailles. Le dramaturge n'aborde aucun thème grandiose, il ne soumet au spectateur que des sujets quotidiens et bourgeois. D'où je tiens encore que le Tchèque l'aime et l'aimera.

Il y avait un domaine où mon maître n'entendait rien, c'était la musique, et cela le peinait d'avoir à l'admettre, ayant un élève à l'oreille si fine et curieuse, une oreille d'inquisiteur. Et cela, il le disait pour me piquer.

Lorsqu'il arriva ce matin-là, mon maître était déjà très affaibli, au point où mes parents voulurent aller chercher le docteur Zítek, ce qu'il défendit.

Il apportait au prix de grands secrets, car les jésuites tenaient alors encore fermement la place, or Comenius n'était pas en odeur de sainteté, un ultime ouvrage du grand pédagogue qu'il voulait absolument que je parcours avec lui.

L'Opera didactica omnia réunit toutes les œuvres de l'auteur. En préambule, dans une sorte de profession de foi, Comenius y affirme que « lorsque l'éducation générale de la jeunesse », et il entendait ici filles et garçons, car lui non plus ne marquait entre eux pas de différence, lorsque donc « l'éducation générale de la jeunesse commencera par la bonne méthode, il ne manquera plus à personne ce qui lui est nécessaire pour bien penser et bien agir ».

Nous feuilletâmes et commentâmes le livre toute la matinée.

Après la soupe, dont le père František dit qu'elle était très bonne mais dont il mangea peu, et jusqu'à l'heure de nous séparer, nous parcourûmes encore l'ouvrage, mon maître revenant sur la vie de Comenius, sur les moments, les circonstances, dans lesquels il avait pu écrire tel élément de son œuvre.

À dix-sept heures, nous fîmes notre prière, face à face, le recueil encore placé entre nous deux.

La petite table avait ce soir-là des allures d'autel.

Mon maître savait-il que ce serait notre dernière leçon ? Avait-il en tête de faire de moi un enseignant ? Voulait-il me convaincre de quelque chose ? Devais-je y voir un signe, un souhait ? J'ai ce doute parfois.

Il fut décidé qu'il passerait la nuit chez nous, et que le lendemain mon père le raccompagnerait en voiture. Il partit en retenir une dès la chose convenue.

Au lever, le père František dit avoir passé une assez bonne nuit. Ma mère en doutait, lui conseilla de rester se reposer. Mais il insista qu'il le ferait d'autant mieux quand il serait à Benešov. Alors mon père alla quérir la voiture qu'il avait réservée.

En attendant son retour, je restai seul avec mon maître.

Nous étions assis dans la cour, sur le banc de pierre près du puits, silencieux.

Je ne suis même pas sûr d'avoir articulé la chose clairement dans mon esprit. J'ai ramassé mes béquilles, allai droit sur la cache dans le mur d'où je sortis le petit coffre de son trou, puis la bible du coffre, je suis revenu m'asseoir à ses côtés et je l'ai tendue à mon maître.

C'est lui qui m'avait appris lors d'une leçon de grammaire tchèque la valeur de cette Bible dite de Kralice, dans laquelle, à mesure qu'il la décrivait, j'étais assez certain d'y reconnaître la nôtre. Bien qu'hérétique, il avait cru de son devoir de me mentionner son existence. Imprimée par deux fois, à la fin du XVIe siècle et en 1613, elle avait été traduite en tchèque par des membres de l'Église des frères, celle-là même de Comenius. Elle était précieuse à deux titres, la première, parce qu'elle avait été traduite des langues mêmes des apôtres, c'est-à-dire du grec, de l'hébreu et de l'araméen, la seconde, parce que la traduction en tchèque était admirable et conférait à notre langue, s'il était besoin, toutes les lettres de noblesses auxquelles elle pouvait prétendre.

Mon maître avait même alors ajouté qu'il trouvait bien triste et pour tout dire incompréhensible que les jésuites mettent autant d'énergie à la détruire encore dès qu'ils mettaient la main sur un de ses exemplaires, et conclut qu'il était bien dommage de ne pas pouvoir librement s'y plonger pour notre leçon de tchèque.

Comme j'aurais voulu oser lui dire, qu'il se rassure, que j'y avais appris à lire. Mais je me tus alors.

J'étais allé vérifier la leçon finie. La date imprimée sur la nôtre était celle de 1613.

Donc ce jour-là, enfin, j'osai. Je lui tendis notre exemplaire de la Bible de Kralice.

Il l'ouvrit, sourit et me dit qu'il était content de la confiance que je lui témoignais, qu'il était convaincu que Dieu était aussi bien servi par cette Bible que par une autre, et nous pleurâmes doucement, chacun pour ses raisons, peut-être à la fin les mêmes.

Mon père l'emmena, pas la bible, mon maître, et pas aussi loin que Benešov.

Le père František se trouva mal en chemin. Mon père fit demi-tour et le conduisit au palais pragois de Sporck. Le comte l'accueillit, lui fit donner une chambre. C'est là que mon maître mourut deux semaines plus tard, non sans que je l'aie revu pour l'adieu.

À son chevet, à côté de sa bougie, il y avait mon soleil vert.

D'où je déduis qu'il le gardait toujours dans les plis de sa soutane.

Quand bien des années plus tard, je demanderais à Sporck s'il avait une idée de ce que les effets de mon maître étaient devenus, il me dit que les frères de Benešov étaient venus les prendre.

Ainsi l'esprit de Comenius flotta-t-il au-dessus des leçons que mon maître me prodigua toutes ces années.

C'est avec les mots du père František que je veux finir le chapitre de son enseignement, des mots qui, plus j'approche de ma fin, me semblent intelligents.

« Un homme seul sur la terre, mon fils, ne saurait remplir le dessein divin. Ce n'est que dans le rapport d'un homme à l'autre, que Dieu, la plus belle part de l'homme, intervient. Une pensée intelligente ne peut mon enfant procéder que d'un être aimé et aimant. »

Si les huit années précédentes avaient été douces, les deux qui suivirent renouèrent avec le malheur.

Mon maître mourut en mars.

Et j'atteignis mes seize ans en juin. Et quoi ! Quel malheur ? Un anniversaire. La belle affaire !

Grande affaire en vérité.

Ce jour-là, mon père m'offrit une chaise à roues.

Il l'avait fabriquée dans l'atelier d'un charpentier de ses amis. Il me la promettait depuis des années, en parlait si volontiers que j'en connaissais avant de l'avoir vue presque tous les détails. Ce projet l'occupait depuis le jour où le docteur Zítek avait dit que je vivrais.

À entendre mon père, cette chaise devait allier nouveautés et vertus extraordinaires. Jamais à ce jour aucun siège, même le plus illustre, n'aurait su s'en prévaloir. On allait voir !

Cette fantaisie lui faisait je crois oublier l'infirmité même qu'elle servait.

Il avait conçu cette chaise, ou plutôt ce fauteuil, pour un adulte. Voilà pourquoi il fallait attendre mes seize ans. Et de fait, à cet âge, j'étais déjà aussi grand que bien des hommes mûrs malgré le bas de mes jambes atrophié.

Encore une fois, si j'ai résumé à l'étude les huit années précédentes, c'est que c'en était la plus noble part, mais quand je n'étudiais pas, je courais le quartier. En plus de ces courses désordonnées, je m'exerçais quotidiennement. J'en avais pris l'habitude du temps de la peste. Dans notre cour, je m'étais organisé de quoi fortifier les parties de mon corps valide, le haut de mes jambes, mes bras, mon ventre, mon dos. Je m'y employais avec différents poids et barres que mon père avait conçus et arrangés pour moi.

Que mon père s'enflammait en cette veille d'anniversaire… Il répétait que j'avais un torse de taureau et une éducation faite, de quoi mériter le confort paresseux de mon, non encore dévoilé mais déjà fameux, fauteuil à roues !

Toutes ces années depuis l'accident, Josef avait principalement travaillé au service de l'architecte Dientzenhofer à l'église Saint-Nicolas sur le Petit-Côté, mais les jours chômés, il peaufinait le projet de cette chaise formidable. Je ne sais combien d'heures il aura passé à la penser, la dessiner, à en revoir les mécanismes, à peser les matériaux idéaux qui devaient entrer dans la composition de l'engin.

Il avait, après maintes réflexions, opté pour du bois de frêne, qu'il ferait venir d'Italie, comme tant de belles choses en ce temps-là.

Le bois avait séché encore quelques années à Prague, sous l'abri de la cour, mon père l'auscultant chaque jour. Puis vint le temps de la fabrication, sur la base de plans retravaillés à mesure que l'ouvrage avançait, améliorant encore les essieux des roues, leur gainage, l'assise et le dossier, d'un beau cuir rouge, rembourré de crin.

Le 21 juin 1723, mon trône était prêt.

Pour ma part, je m'étais alors si bien habitué à vivre sans, que je me demandais à quoi ce fauteuil me servirait à moins de voler.

De fait, cette chaise ne m'aura jamais beaucoup servi à me déplacer. Les rues de Prague ne s'y prêtent pas. C'est seulement aujourd'hui qu'il me sert à ce pourquoi il a été conçu, d'ailleurs à l'heure où j'écris, j'y suis confortablement assis.

Et les larmes me viennent de ce que mon père par-delà la mort me soutient encore. Ce sont de bonnes larmes.

Si cette chaise, du temps de mon bel âge, m'aura bien servi, c'est d'une manière détournée. Mes amies me diraient souvent, et ma vanité est flattée de le rappeler, que j'avais une manière si libre et élégante de m'y tenir qu'elle n'évoqua jamais de la vie le siège d'un infirme. C'est assis sur cette chaise, ayant veillé à tout pour que la représentation se passe sous les meilleurs auspices, habillé avec soin, que je saluais depuis mon coin les habitués venant prendre place au théâtre. C'est assis sur cette chaise que je gageais les chances de poursuivre l'aventure peut-être avec une belle, sur la foi d'un regard. Car les femmes m'aimaient, et pour être clair, ma troisième jambe, elle, marcha toujours fort bien. Mais je m'emballe, et vois que je joue, que je cherche à distraire la chronologie des faits.

J'avais donc compris depuis longtemps que cette voiture occupait mon père au-delà du raisonnable, qu'elle était depuis qu'il avait commencé à en échafauder le plan une sorte de déversoir nerveux. Peut-être que si l'accident n'était pas survenu après des mois d'enfermement, quand il me croyait sauvé, alors peut-être qu'il aurait mieux supporté de voir le seul fruit de ses amours avec Ludmila, abîmé sur le caprice d'un comte pressé ?

Seulement, l'engin réalisé, offert, il dut se rendre à l'évidence. Son fils avait beau se répandre en remerciements, vanter l'ingénieuse petite voiture mécanique, sa maniabilité, sa légèreté, son confort, s'époumoner que cette chaise l'aiderait beaucoup, vraiment, ce fils était et demeurerait infirme. Ma mère vit tout cela, m'apporta vite un châle de laine pour cacher mes jambes mortes, et voir si la magie n'opérerait pas ?

Non, elle n'opéra pas.

Mon père souriait et je voyais qu'il voulait pleurer. Jamais je ne me suis senti mieux estropié qu'à cet instant-là.

Mais à la fin, la grande affaire du jour ne fut ni mes seize ans, ni l'illusion rédemptrice de mon père envolée.

La grande affaire, fut qu'au matin du 22 juin 1723, Ludmila ne put se lever.

Mon père alla quérir le docteur Zítek.

Ludmila ne respirait pas assez « grand », nous disait-il.

Il n'y avait pas de fièvre pourtant, pas d'encombrement.

Aucune potion n'avait d'effet. Le docteur Zítek répétait que les poumons de Ludmila étaient oppressés.

Elle étouffait lentement.

Je vais abréger ses souffrances, et les miennes à les revivre.

La mort emporta notre merveille.

Je crois qu'elle est morte avant tout des conséquences de ses douleurs dans le dos. Je le crois à des signes d'affaiblissement qui dataient de bien avant qu'elle ne s'alitât.

Cependant, je ne peux me débarrasser du sentiment que la désillusion de mon père, ce jour de mes seize ans, a, par surprise, sapé sa force à elle.

Je la revois essoufflée, affolée, s'affairer à rapporter ce châle.

Elle, à qui on avait dit qu'elle ne serait jamais mère étant si boiteuse, et que si jamais même elle portait un enfant, ni lui ni elle n'y survivraient.

Je l'avais entendue un soir pleurer sur l'épaule de mon père : « Un enfant si heureux de nature, si beau, et que j'ai eu tant de mal à faire, qu'on vienne un jour de fête me le couper en deux ! »

J'ai toujours veillé à ne pas manquer à la première partie de cette affirmation, c'est le moins que je lui dois. Je fus un homme heureux.

Quand bien même doté de cette bonne nature, cela n'alla pas toujours de soi.

Hagards, nous revenions mon père et moi du cimetière où nous avions enterré ma mère. Débouchant sur le marché au charbon, nous redoutions de lever les yeux vers notre maison, qu'elle n'enchanterait plus.

Soudain mon père me saisit le bras dans un sursaut.

Je me retournai vers lui, le cœur serré, croyant qu'il se trouvait mal. Je suivis son regard.

Il était rivé sur notre seuil.

Au lieu du néant que je m'attendais à y trouver, je vis une jeune fille assise, perdue dans les plis d'une robe bleue. Sa tête reposait contre le chambranle de notre porte. À côté d'elle, debout, un homme en manteau noir se tenait immobile dans la chaleur. Autour d'eux des bagages, la caisse d'un violon.

Dans le désespoir des dernières semaines, nous avions parfaitement occulté leur venue.

Il s'agissait de monsieur Schanz, violoniste, et de sa fille. Ils seraient nos hôtes. Cela nous était imposé, à nous comme à tous les Pragois qui le pouvaient, de loger les invités et musiciens venant honorer le couronnement de celui qui serait sous quinze jours roi de Bohême, Charles le sixième, notre empereur.

Nous nous avançâmes, la jeune fille se leva d'un bond, épousseta sa jupe, posa d'abord ses yeux sur mes béquilles, nota notre mine défaite.

Mon père dit d'où nous revenions, avoua dans ces circonstances avoir oublié leur arrivée, mais dit encore que tout cela serait vite réparé. Ils occuperaient notre étage en attendant d'aménager celui du dessus au mieux.

Monsieur Schanz et Françoise, c'était son nom, se montrèrent affligés de notre malheur et se proposèrent aussitôt de nous aider.

Dès le premier soir, monsieur Schanz insista pour formellement se présenter, étant de l'avis que ses hôtes devaient savoir à qui ils ouvraient leur maison. Il fut formel donc, son discours bien épinglé aux dates marquantes de sa biographie, sauf qu'au milieu de son rapport, il donnait parfois des détails qui échappaient à notre compréhension. C'était la couleur vive d'un manteau, le prix d'une fourrure, la finesse de la dentelle de tel monsieur qui le reçut un jour. Ou bien encore il insistait avec des airs de grand mystère sur les noms et rangs de gens qui nous étaient parfaitement inconnus, si bien que ses sous-entendus tombaient à plat sur nos têtes de Pragois.

Monsieur Guillaume Schanz était né à Strasbourg, d'où la facilité que nous avions à communiquer en allemand. Dans cette ville, il avait appris le clavecin et le violon auprès d'un oncle instrumentiste dans l'ensemble de la chapelle de la Cathédrale, puis dans celui, profane, de l'Académie de musique de la même ville, ces deux ensembles ayant successivement été créés par l'excellent maître de chapelle Brossard. C'était un de ces noms mystérieux sur lesquels il appuyait beaucoup pendant son discours.

Monsieur Schanz souhaitait vivement, à l'instar de son oncle, trouver une place dans cette Académie une fois son éducation faite, mais ce distingué Brossard alla faire le maître de chapelle ailleurs en France.

Soit que l'Académie ait disparu ou dépéri du fait de ce départ, soit pour une autre raison, je ne me souviens pas, le jeune Schanz se retrouva lui aussi à chercher un avenir loin de sa ville natale.

Après quelques péripéties, il se retrouva à Paris, placé, sur recommandation dudit Brossard, encore lui, chez une famille de petite noblesse qui voulait donner une éducation musicale approfondie à ses enfants. Et monsieur Schanz de préciser que, depuis le règne du roi Soleil et danseur, la demande en professeurs de musique se multipliait en France où cet art avait acquis une place estimée entre toutes. Sa pratique était devenue un attribut nécessaire à toute famille qui voulait tenir son rang.

Le jeune Guillaume Schanz s'éprit d'une cousine désargentée des jeunes filles dont il était le maître de musique. Il en fit sa femme. Elle mourut deux jours après la naissance de leur fille, Françoise.

Jusqu'à ses treize ans, Françoise avait vécu chez une tante à Paris. Lorsque cette tante trépassa à son tour, ne sachant à qui la confier, et la jeune fille refusant sous peine de se laisser mourir d'aller au couvent, monsieur Schanz l'avait reprise avec lui. Ainsi vivaient-ils ensemble depuis quatre ans. Elle s'occupait du ménage qu'ils formaient tous les deux, le suivait de place en place, qu'il enseignât la musique, qu'il fît partie d'ensembles, qu'il fût embauché ici pour les représentations d'une saison, là pour une autre. Le père avouait trouver l'arrangement finalement bien doux.

Sept ans plus tôt, il avait quitté la région de Paris pour revenir à Strasbourg, de là avait passé un temps à Fribourg, Cologne où sa fille l'avait rejoint, puis Coblence, où là comme ailleurs, il s'était appliqué à gagner sa vie, cherchant des protecteurs, jouant de ses connaissances dans ce milieu de la musique alors florissant, tant dans le milieu français, italien, qu'allemand.

Maintenant que je vous ai brossé le portrait du père, un peu fat, comme un Français, provincial, comme un Allemand malgré les airs qu'il voulait se donner, bonhomme au fond, et dont lorsqu'il jouait, vous vous disiez

« cet homme ne peut pas être aussi commun que cela pour jouer ainsi », car en musique il était délicat, maintenant donc, je peux vous parler de Françoise.

Quelques jours après leur installation, quand je fus moins hébété par le deuil, je commençai à la voir, puis la regardai vraiment. Elle était assez grande, bien en chair, vive, brune, le cheveu bouclé, la peau très blanche, le visage un peu large peut-être. Ses joues étaient semées de petites taches de rousseur. Les arcs de ses sourcils divinement dessinés faisaient comme deux parures à ses grands yeux dorés. Je passais mon temps à la contempler, sans désir encore, hébété par le deuil, la tête vide.

Comme avec son père, nous parlions l'allemand, mais aussi le français, que je lisais parfaitement grâce à mon maître, mais que je n'étais pas habitué à dire. Françoise se posa aussitôt en maîtresse de répétition. Je me pliai à l'exercice et répétais tout ce qu'elle voulait.

Elle me tirait vers la vie, une vie aux accents d'une langue si douce. Au point que je me demandais si l'on pouvait en français être méchant. J'ai découvert plus tard que oui, et bien bête aussi. Cependant le français m'est resté cher, parce qu'il m'évoque d'abord le charme, la générosité, et toute la consolation que m'a apportée cette première femme après ma mère.

Françoise voulut m'aider à la préparation des repas. Nos premiers tête-à-tête se firent à laver des radis et des feuilles de chou, à couper du lard en dés, à dénoyauter des cerises et des prunes. Là les doigts tout sucrés, nous évoquions nos mères, ou plutôt elle me demandait d'évoquer la mienne et toutes ses tendresses qu'elle n'avait pas connues. Nous riions et pleurions beaucoup.

Bientôt, nous jouions au petit couple, établissions nos repas pour la semaine, faisions tous les deux le marché en conséquence. Poisson du vendredi, volaille du dimanche, bouillons du lundi avec le reste de viandes de la veille, accommodé de carottes nouvelles. Nous régalions nos pères de riz au lait parfumé à la cannelle, de confitures et de compotes.

Une quinzaine peut-être après leur arrivée je fis une fièvre. Mon père en alarme alla quérir le docteur Zítek qui, m'ayant ausculté, me prescrivit des gouttes de je ne sais plus quoi. Il me confia en souriant au bon soin de Françoise, commise garde-malade, office qu'elle remplit avec zèle. La fièvre me quitta en vingt-quatre heures. Me quitta ? À demi alors. J'étais amoureux.

Mon père et moi nous découvrîmes avec Guillaume Schanz, au-delà de notre pratique commune de l'allemand, une autre affinité. Il nous rappela que nous avions été partie du même empire jusque sous Ferdinand, qui avait près d'un demi-siècle plus tôt abandonné sa ville à Louis XIV.

Le Strasbourgeois tenait que sa ville avait toujours été assez indépendante de l'empire, étant à ses marches, mais il trouvait vexant tout de même que Ferdinand n'ait pas mieux montré l'attachement qu'il avait pour elle, qu'il ne l'ait en un mot pas mieux défendue face au roi Soleil.

Strasbourg avait capitulé en l'année 1681 pour se placer, bien forcée, sous la protection française.

Les Strasbourgeois avaient vu leurs institutions et franchises ainsi que leur liberté religieuse respectées, sauf que la cathédrale qui servait aux protestants fut rendue au culte catholique, sauf que les protestants subirent des vexations, mais enfin rien, pensions-nous mon père et moi, malgré les airs de martyr que Schanz feignait d'affecter, qui ressemblât à la force brutale du retour de l'église catholique en Bohême.

Schanz était étonnant, en ce qu'il ne supportait pas qu'on critiquât ni l'empire, ni la France, trouvant du bien à dire de l'un ou de l'autre dès lors qu'on y avait pensé à mal.

Lui-même était né après 1681 et, partant, sujet français, attaché à ce royaume « jusqu'à la mort ». À peine avait-il prononcé ces mots qu'il éprouvait le besoin aussitôt de dire combien il n'en restait pas moins attaché à la langue allemande, et de montrer une certaine mélancolie à évoquer le temps où Strasbourg avait sa place dans l'empire.

Ayant dit cela, et de crainte qu'on se méprenne sur son authentique attachement au royaume de France, il atténuait aussitôt la valeur de l'affirmation qu'il venait de faire en précisant que sa grand-mère était française d'Amiens.

Ainsi, à l'extrémité ouest de l'empire, y avait-il des gens qui comme les Tchèques ne savaient pas toujours où donner de la langue et de la fidélité.

Monsieur Guillaume Schanz disait avoir à Paris contracté l'habitude de jouer dans le style français. Ainsi en matière de musique était-il encore assis le cul entre deux chaises, et se sentait-il le devoir toujours de se défendre. Il connaissait par cœur, disait-il, dans ce domaine, les réticences de « nos » Allemands, et se faisait fort de propager la manière de jouer de « nos » Français car, il en était témoin, cette mauvaise réputation qu'on faisait à « nos » Français était le résultat que beaucoup de « nos » Allemands ne savaient tout bonnement pas jouer cette musique de juste manière. Sans compter qu'on ne pouvait ignorer le plaisir naturel qu'il y a pour un ennemi historique à en piquer un autre, en massacrant en l'occurrence sa musique !

Loin de lui, se défendait-il, de vouloir rabaisser le talent extraordinaire de nombre de musiciens et compositeurs allemands, mais son expérience lui faisait dire que ce dédain musical pour la musique française était une manière pour « nos » Allemands de prétendre avoir la main sur ce domaine au moins.

Guillaume Schanz affirmait encore que son honneur exigeait qu'il œuvrât jusqu'à son dernier souffle pour faire reconnaître la grandeur d'un musicien tel que monsieur Couperin, ou encore monsieur Rameau, qui lui faisait l'honneur d'être né la même année que lui, et dont tous les étrangers et même « nos » Français, souvent moutonniers à en étouffer de rage derrière leurs extravagances, devraient bientôt reconnaître le génie !

Le bon monsieur Schanz disait encore qu'il n'exécrait rien tant que la haine entre les peuples et les religions, et que pour lui, marier « nos » Français et « nos » Allemands aurait pourtant dû être aussi simple que la musique, l'art le plus éloigné de la guerre.

Et ainsi, entre « nos » Allemands et « nos » Français, quand le pauvre homme parlait des étrangers, mon père et moi nous demandions de quel point de vue c'était. Pure curiosité, très intéressée à ce Strasbourgeois, grâce auquel, bien que notre position de Tchèques en Bohême soit différente à bien des égards, nous nous sentions désormais moins seuls. Nous partagions avec le musicien errant Guillaume Schanz une communauté de destin, ne sachant trop, nous non plus, dessiner les contours de notre patrie.

Lui comme nous n'étions en fait à notre aise que lorsque nous parlions de nos villes natales, Strasbourg et Prague.

Un dernier mot, à propos de ces monologues torturés que s'infligeait monsieur Schanz, j'en riais beaucoup en dedans, ce qui est comme rire de soi, excellent exercice pour la santé.

Mon père et moi, tirés avec l'arrivée des Schanz de la torpeur dans laquelle nous avait plongés le deuil, réalisâmes soudain que la ville était tout échauffée par ce grand événement du couronnement. L'empereur et sa cour étaient déjà dans nos murs. Charles et Christine devant être couronnés roi et reine de Bohême le 4 septembre seulement, tout l'été Prague vivrait de ce train qui confinait au délire. Tout à la fois en deuil et amoureux du haut de mes seize ans, je me trouvais dans un état d'exaltation tout à fait extraordinaire. Le délire ambiant m'allait comme un gant.

Les autorités avaient vidé la ville de ses mendiants, encadré avec soin l'évacuation des ordures. Rien ne devait gâcher la fête et le paysage des princes.

Des tonneaux avaient été remplis en masse en prévention d'incendies. On avait fait des réserves considérables de bois, de paille et de foin. Les règles régissant la tenue des marchés, notamment de bouche, avaient été adaptées.

Prague ne dormait plus. Nuit et jour, des cortèges de ravitaillement affluaient des campagnes, passaient ses portes, se scindaient, se reformaient en des combinaisons nouvelles pour rejoindre les cuisines de tel ou tel autre palais. Se suivaient les voitures portant paniers de tortues, écrevisses, poissons, gibiers, fruits, œufs, volailles. À ces processions s'ajoutaient les allées et venues générées par les troupes de théâtre et de danse qui se montraient dans les salles municipales ou dans des lieux privés. Dans les auberges et les tavernes, les jeux de hasard étaient interdits, mais la bière coulait à en noyer la Vltava.

À cette débauche de vie, à tout ce bruit, la mort, le silence et le vide qui avaient avalé ma merveilleuse faisaient monstrueusement écho. Quand ces deux réalités faisaient corps ensemble dans mon esprit, j'en aurais bien défailli.

Les rues décorées charriaient le monde, et du plus beau, les riches étrangers débordaient de dentelles, leurs perruques étaient bouclées serré, et si longues. Tous avaient sorti des coffres les habits les plus colorés et chatoyants qui s'y pouvaient trouver.

Les carrosses, et je m'en gardais bien, réclamaient leur part de la cohue. Gouverneur de la ville, j'aurais tout bonnement interdit leur circulation dans les rues.

Je m'extrayais du cœur de la presse et depuis la fenêtre de ma chambre ou du haut d'une échelle posée le long d'une maison du marché aux légumes, j'observais le spectacle. Françoise était juchée au-dessous de moi sur l'échelle, ou mieux, la tête tout près de la mienne dans l'encadrement de ma fenêtre. Là en vérité, le charivari de la rue ne m'était plus qu'un prétexte, aspiré que j'étais par les sensations autrement enivrantes que me procurait la simple proximité de son souffle, de sa peau.

Incroyable été. Entre deuil et jeu, car nous jouions comme je l'ai dit au petit couple appliqué à son ménage. Nos pères étaient le plus souvent absents. Josef travaillait jusque tard le soir. C'était le prétexte. Je crois qu'il fuyait cette maison où ma mère ne l'attendait plus.

Quant à monsieur Schanz, il était à ses répétitions.

Le 27 août, Françoise et moi traversâmes la Vieille Ville et le Petit-Côté en effervescence pour monter au Château où nous devions retrouver monsieur Schanz. Nous assisterions à la dernière répétition du grand opéra de Fux, *Costanza e Fortezza*, qui serait donné en l'honneur du couple royal. Le titre de l'opéra reprenait la devise de la lignée de notre empereur, et disait-on, reflétait les qualités véritables de Charles. Constance et courage. À Dieu ne plaise.

La découverte de l'amphithéâtre, bâti sur une terrasse gigantesque posée sur le lit du fossé aux cerfs, sous le Château, m'assit le cul par terre. Pour un premier spectacle, j'étais bien traité. De gigantesques décors représentant des façades de palais sortis d'un rêve s'élevaient dans des jeux de perspective infinis. Enfin infinis, évidemment que non, mais la scène s'étendait bien sur quarante toises !

On me dit que c'était Rome au loin.

Tout cela était sorti de l'imagination du premier ingénieur théâtral et architecte de Sa Majesté, Giuseppe Galli Da Bibbiena. Tout un théâtre, rien que ce nom-là !

Au signal du chef, l'ultime répétition commença. Les cuivres, les cordes, puis les voix, seules ou en chœur, la langue italienne, l'accord des instruments entre eux, tout vibrait à mes oreilles à m'en faire délirer.

Cet opéra raconte comment les Romains résistèrent au roi étrusque Porsenna, et comment à la fin la constance des Romains l'emporte sur la valeur au combat des Étrusques.

Moi j'y étais. Je vis le Tibre couler, une grotte se transformer en arc triomphal !

La représentation était ponctuée de ballets.
Des costumes d'une richesse, d'une beauté !

Tout le long des cinq heures que dura l'ultime répétition de la « Grandiose festa teatrale », mes nerfs vibrèrent sur le mode unique du délice. Un délice exaspéré. À certains instants de paroxysme, je me sentais comme au bord de pleurer à gros sanglots. Je fus pris à d'autres d'une envie de hurler le nom de Ludmila et de mon maître, dont les âmes semblaient appeler la mienne à la faveur de certains airs. Pour m'empêcher de le faire, j'écrasais la main de Françoise qui tournait alors vers moi des yeux qu'elle avait elle aussi pleins de fièvre. Ce que la musique peut faire.
Et ce n'était qu'une répétition.

Quelle puissante chose que le souvenir.
Me voilà comme repu, grisé, agréablement fatigué, prêt à glisser dans le sommeil comme j'y glissai ce soir-là d'autrefois.
Ah mon vieux corps, par l'esprit, te voilà encore bien joué !

Françoise et moi eûmes le lendemain le privilège, non sans avoir beaucoup insisté, supplié même je l'avoue, et quoique à demi cachés derrière un recoin de scène, d'assister à la représentation de l'opéra de Fux donnée au couple impérial.

Comme la veille, trois cents chanteurs et musiciens étaient réunis là, parmi les plus remarquables de toute l'Europe. Le violoniste Tartini, dont des chanteurs italiens me raconteraient un jour les exploits, jouait ce soir-là. Quantz, flûtiste, hautboïste et compositeur, le violoniste tchèque Benda, en étaient aussi. L'orchestre était dirigé par Antonio Caldara, qui remplaçait le compositeur Fux, pris d'un accès de goutte.

J'eus comme la veille le bonheur d'entendre le grand castrat Giovanni Carestini, à peine plus âgé que moi alors. Il avait dix-neuf ans. Mes oreilles étaient aux anges.

Nos futurs roi et reine assistaient à la représentation sous un baldaquin central et isolé.

Pour eux et devant plusieurs milliers de spectateurs conquis, le spectacle aux décors animés, de scènes de bataille en jeux d'eau, donna tout ce qu'un spectacle peut donner, ne laissant aucun répit aux sens de ceux qui y assistaient.

J'étais abasourdi de tant de monde réuni dans ma ville, de tant de luxe.

Prague depuis un siècle ne comptait plus pour rien dans l'empire, d'ailleurs les empereurs non seulement n'y vivaient plus mais n'y venaient que si vraiment ils le devaient, comme par exemple et c'est le moins, pour être couronnés. La représentation de cet opéra fut un baume sur la mémoire blessée de notre ville.

Comble de ma joie, des petites mains allumaient bientôt le feu de centaines de torches, qui brilleraient d'autant mieux que le ciel se ferait plus noir, consumant la nuit pour que le spectacle dure.

Voyez-vous, la lumière du jour, aussi belle soit-elle, écrase tout, quand ces lumières-là étaient, et je le découvrais, le pendant du ciseau et du marteau du forgeron sur la tête de l'aigle perdu. Selon l'endroit où l'homme les avait placées, leur lumière creusait les ombres, frappait les reliefs saillants, animait toute chose.

J'étais au paradis. Ma merveilleuse était là tout près.

L'opéra se termina passé une heure de la nuit. Françoise et moi, saouls de plaisir comme la veille, amorcions, portés par la foule, la descente de la rue Ostruhova. Nous avions perdu monsieur Schanz de vue. Pourvu que je ne perde pas Françoise, tout m'était à peu près égal.

En chemin vers le pont de pierre, nous parlions encore avec fougue du spectacle, disputant sur tel moment qui nous avait plus plu que plu, nous opposant sur nos choix, nous accordant finalement. Nous parlions fort, marchions à pas de fourmis, longeant dans la presse une rangée de carrosses qui allaient encore moins vite que nous, quand de l'un d'eux quelqu'un me héla : « Slávek Sýkora ? »

C'était le comte Sporck, qui me saluait par la portière de sa voiture.

Je ne l'avais jamais revu, même pas, bien que je me sois rendu à son palais alors, à l'occasion de la mort de mon maître.

Nous approchâmes, il se pencha un peu plus, et comme nous avancions au même pas, nous parlâmes.

Le docteur Zítek lui avait dit la mort de ma mère. Il m'offrit sa compassion.

Il me dit qu'il avait quelquefois parlé avec le père František de mes études et qu'il était content de ce qu'il avait entendu.

Le spectacle et sa transcendance étaient passés, je ne voulais pas qu'il me ramène aussi promptement et à cru chez mes morts, alors je lui demandai sans gêne ni transition ce qu'il avait pensé de la représentation. Il marqua de la surprise à ma question qui, je m'en rendis compte trop tard, était de celles qu'on s'offre d'égal à égal.

Dans la grâce qui enveloppait toute chose ce soir-là, le comte Sporck sourit, et me répondit. « Jeune homme, cette représentation est sans équivalent en Bohême. Mieux, j'ai assisté à de somptueux spectacles en France et en Italie, la représentation qu'on a donnée ce soir les égale et peut-être même les surpasse, voilà mon avis ! J'y ai pris un énorme plaisir ! Et vous ? »

Je lui répondis que j'étais aux anges. Il me dit : « Cela se voit. »

J'ajoutai : « Je comprends maintenant pourquoi il faut que les spectacles aient lieu la nuit.

– Et pourquoi cela, monsieur ?

– Mais pour jouer de la lumière ! »

Il rit et ajouta, la voiture s'éloignant : « Je me souviens d'un certain soleil vert, monsieur, que mon ami le père František faisait danser devant la bougie de son chevet ! »

Je racontai le lendemain ma rencontre avec Sporck à mon père. Monsieur Schanz était présent et demanda la faveur d'être recommandé par moi auprès de lui.

J'étais tout surpris de pouvoir jouer un rôle d'une telle importance. Le pouvais-je ?

J'écrivis un billet au comte Sporck, que je laissai pour lui à son palais de Prague.

Quelques jours après la grande fête théâtrale, eut lieu le couronnement. Le cortège s'ébranlait traditionnellement à la tour poudrière, tout près du palais de Sporck, traversait la Vieille Ville, le pont de pierre, le Petit-Côté et montait en procession jusqu'au Château, la cérémonie elle-même se tenant dans la cathédrale. Tout le long de la route, les Pragois avaient décoré leurs maisons.

La ville était en liesse.

Même pour les moins fanatiques de roi ou d'empire, un jour de couronnement marquait la vie de tout sujet. Il y avait des jetés de monnaies, on graciait des prisonniers.

Ces jours-là, le peuple candide ne pouvait se retenir d'espérer en ses maîtres. Comment ne pas espérer dans une ville si bien parée, où tapis et tissus précieux pendent aux fenêtres, où l'atmosphère est tout épinglée de fleurs, de hourras, de sons de cloches.

S'il ne croyait pas ces jours-là que l'avenir peut-être serait doux, quand y croirait-il ?

Ainsi Françoise et moi suivîmes d'aussi près qu'il est possible le couronnement de Charles et de Christine.

Quelques jours après le couronnement, monsieur Schanz reçut un billet lui demandant de se présenter au palais du comte Sporck. Ce qu'il fit.

« Monsieur le comte », après avoir conversé longuement avec lui de musique, lui avait annoncé que des gens de ses amis cherchaient un maître de violon pour madame et ses filles, au nombre de quatre au moins, qui vivaient sur le Petit-Côté.

Monsieur Schanz s'était aussitôt rendu à l'adresse de ces gens, recommandé par « monsieur le comte ». Le musicien fit assaut des politesses d'usage, donna toutes les garanties sur le sérieux de sa formation et de son expérience à ces gens qui n'écoutaient pas, convaincus d'avance. Puisqu'il était recommandé par Son Excellence.

Françoise et moi étions béats. Passé les fêtes du couronnement, elle resterait à Prague. Nous ne serions pas séparés.

Le grand architecte Santini passa en novembre à la maison. Il aurait eu besoin de mon père pour travailler au chantier du château de Chlumec. Mon père répondit qu'il n'irait pas. Le travail à Prague ne manquait pas, et une fatigue passagère lui imposait de repousser cette offre dont il se dit honoré.

Ce fut la première fois que j'entendis mon père mentionner cette fatigue.

Santini mourut au début de décembre.

Mon père était lui de plus en plus fatigué.

Françoise était d'un tempérament facile, arrangeant, léger, mais entêté sur des lubies. Autant prétendre déplacer une montagne que de la faire transiger sur certains de ses arrêtés. Ainsi avait-elle obtenu de rejoindre son père après le décès de sa tante, car lorsqu'elle montra sa détermination à mourir à son tour si on la laissait au couvent, elle y mit tant de conviction que tout le monde la crut. Autre exemple, Monsieur Schanz avait voulu lui apprendre la musique, mais il n'insistait plus. Elle ne le voulait pas. Elle faisait de bonne grâce tout ce qu'il lui demandait, mais elle ne toucherait pas à un instrument de musique, elle n'y toucherait pas, sinon avec un mouchoir pour ne pas que sa peau entre en contact avec l'objet. Elle ne porterait pas plus une flûte à sa bouche, ou ne poserait ses doigts sur un clavier, ne serait-ce que par curiosité, comme il aurait été naturel. Elle n'avait pas de raison à donner pour cela, et haussait les épaules si l'on s'en étonnait.

Françoise avait dans ses bagages une dizaine de livres hérités de sa tante, déjà anciens donc, mais qu'elle relisait toujours. Il y avait je me souviens la *Célinte* de Mme de Scudéry, *La princesse de Montpensier* de Mme de Lafayette, et des contes de fées de Mme d'Aulnoy. Mais celui qui me ravit moi et que nous lûmes deux fois ensemble, c'est la version française du roman de Defoe, *La Vie et les aventures surprenantes de Robinson Crusoé*.

Nous fûmes bien libres, ces mois où elle vécut près de moi.

Le soir de Noël, alors que nous étions rentrés de la messe, je voulus moi aussi lui faire voir mon livre, car de fait je n'en avais qu'un. À part le rouleau des aventures d'Ulysse écrites en grec par mon maître, que pouvais-je partager avec elle sinon la bible de ma mère ?

Comme je l'avais fait avec le père František, très solennellement, je la sortis de sa cachette et l'apportai à Françoise. Je fis une nouvelle fois l'offrande de « notre » secret.

Nos pères étaient montés se coucher. Blottis devant la cheminée, je lui faisais voir combien ma confidence avait de sens, car de son silence dépendait ma vie ! Françoise m'écoutait tout émue du pouvoir que je lui disais qu'elle avait sur moi.

Je lui lus certains passages. Me prit l'envie de lui faire répéter certains mots, bouts de phrases.

Mon amie répétait ces mots sacrés et lourds comme l'or, dans ma langue tchèque.

L'exercice était sérieux, je l'initiais.

Voilà qu'elle déformait la langue de Bohemus, et du même coup la parole biblique ! Que je riais ! car dans sa bouche mignonne, rien n'était grave, tout prêtait à sourire et vivre. Alors je l'ai embrassée, sans penser comment, sans calculer le moment, moi qui depuis des mois me demandais quels mots accompagneraient quel geste le moment venu.

Nous n'avions pas de honte, yeux fermés, nous nous embrassions, explorions le monde des baisers, leur précision aiguë qui brûle le ventre. Nous n'en perdions le goût, ne nous égarions délicieusement que pour mieux refaire ce chemin vers elle, et l'embrasement.

J'étais au monde. J'étais au monde, et j'en vivais le meilleur.

Combien de temps nous sommes-nous embrassés ? Jusque tard dans la nuit.

Bien que nous soyons très échauffés, l'âtre noir sur les braises éteintes eut raison de nous.

Nos bouches étaient si rouges et gercées au matin que nos pères craignirent que nous n'ayons la gale, quand elles n'étaient que commotionnées de s'être tant dit.

Une nuit n'y tenant plus, je rejoignis Françoise dans son lit.

Là, je découvris une chose qui me stupéfia.

Avais-je rêvé ? J'y retournai goûter aussitôt pour voir.

Je découvrais qu'au moment suprême, le corps, par qui pourtant tout arrive, qu'il soit autrement infirme ou puissant, pèse à cet instant crucial moins qu'une plume, et l'on n'a plus conscience ni de passé, ni d'avenir, ni de soi, ni de l'autre qu'on aime pourtant, ni de rien. Tout, absolument et parfaitement tout, se trouvait, dans ce corps-à-corps, au moment de la jouissance, résolu dans sa négation la plus absolue.

Comment rester perché là-haut, c'est toute la question.

Comme il n'est pas possible d'y rester, j'ai saisi longtemps toutes les occasions de refaire mon chemin jusqu'à ce sommet-là.

J'ai beaucoup aimé les femmes. C'est aussi qu'au lit, mon corps était égal à un autre, jouissait de presque autant d'appuis qu'un autre. L'évidence des uns, l'extraordinaire des autres.

Françoise aimait cette pratique autant que moi, si j'en juge au-delà de ce qu'elle m'en disait, par ces soupirs de bien-être pendant que la chose se faisait, et par le nombre de soirs où elle me rejoignit dans ma chambre avant même que je n'aie eu le temps de prendre le chemin de la sienne.

Nous nous aimions étant amants comme des enfants s'aiment, franchement.

Je voulais que le temps s'arrête, ne souhaitais plus rien que de vivre toujours ainsi entre mon père et elle.

C'est alors que monsieur Schanz reçut cette lettre qui le rappelait dans sa ville natale où lui était offerte une position prestigieuse. Il fallut en deux jours faire les bagages.

Françoise et moi mendiions d'être entendus mais, euphorique, l'homme n'avait plus de tête que pour régler ses affaires. Si nous parvenions, à force de le poursuivre, à l'immobiliser dans un recoin, il tendait l'oreille un instant à nos requêtes, mais en bête traquée se dérobait quand nous étions au milieu d'un mot sous le prétexte de devoir écrire un billet, sans délai, pour prévenir un personnage important de sa nouvelle et enviable condition.

En d'autres temps, mon père aurait peut-être insisté auprès de Schanz pour nous marier, Françoise et moi l'implorions. Il aurait emporté son consentement. J'aurais bientôt dix-sept ans, elle dix-huit, aucune loi ne s'y opposait. Mais Josef n'avait déjà plus la force de trancher pour lui-même, à plus forte raison de trancher pour Schanz, qui pourtant était si infatué des promesses qu'on lui faisait à Strasbourg qu'il aurait pu ne pas noter que Françoise n'était pas montée dans la voiture.

Françoise voulait-elle que nous fuyions ensemble ? Comment nous nourrir ? Qui voudrait nous employer ?

Pour aller où ? Mais quitter nos pères qui étaient tout ce qui nous restait ? Étions-nous prêts ?

Et quitter Prague ?

Je me sentais comme un de ces chats dont les galopins cachaient la tête d'un sac pour le voir courir, se sauver, se cogner aux murs, s'assommer. Ainsi nous débattions-nous dans le vide entre nos pères, l'un déjà parti, l'autre perdu en lui.

Je me souviens très bien des voix, des gestes, des bruits de pas précipités, des grincements sur les dalles des malles qu'on tire, du trépignement des chevaux pendant qu'on chargeait les bagages.

Ni Françoise ni moi n'avions plus de larmes pour pleurer, pour penser même. Il n'y eut pas d'ultime au revoir.

Nous étions hébétés.

Françoise devait m'écrire dès la halte du soir. Elle n'était pas partie que j'attendais déjà sa lettre.

Une m'était arrivée, que je gardais contre mon cœur, c'était trois semaines peut-être après le départ de mon amie, quand mon père prit le lit.

La maladie était là bien sûr, elle et ses chapelets de toux. Mais je voyais aussi clairement maintenant ce que je ne voulais pas voir quand Françoise était près de moi. Josef n'avait pas le goût de vivre sans Ludmila.

Il lutta encore quelque temps pour moi.

Un jour, le voyant torturé de fatigue, luttant pour garder les yeux ouverts, boire une gorgée d'eau d'oiseau entre deux respirations calamiteuses, je lui dis qu'il pouvait, s'il le devait, partir tranquille, que Josef et Ludmila m'avaient donné en dix-sept ans ce que peu de parents auraient donné en cent, que j'avais fait de si bonnes réserves que je pourrais soutenir toutes les pestes à venir.

Mon père avait confiance en moi.
Il me crut.

Après m'avoir fait quérir le prêtre, qui resta longtemps seul auprès de lui, il me demanda encore une fois à boire.

Le prêtre voulait que j'aille chercher des gens. Je dis « aussitôt », mais ne le fis pas.

Peu après minuit, Josef s'en alla.

J'étais seul. Le père d'Antonin était bien passé au matin, et Brokoff à midi, mais ni l'un ni l'autre n'étaient revenus. C'est qu'à midi, Josef prétendait vivre encore jusqu'au lendemain.

Comment aurais-je pu croire qu'il me prendrait ainsi au mot ?

Vraiment, je n'avais pas l'idée d'aller quérir quelqu'un.

Mon père était mort adossé à deux gros oreillers. Je ne le touchai pas.

J'étais assis au pied du lit, face à lui, enfin face à ce corps que j'observais au fil des heures, de moins en moins mon père, de plus en plus cadavre.

La nuit passa, à la lueur d'une, puis d'une seconde bougie.

Au matin, quand il ne se ressemblait déjà presque plus, j'osai le toucher. Il était froid. Sous ma main, sa peau semblait être de pierre. Je connaissais assez bien cette matière, l'ayant travaillée parfois moi-même, aimant la voir s'animer sous les doigts des sculpteurs. Eh bien je n'avais jamais vu de sculptures de pierre, même une mauvaise, représentant un homme, aussi éteinte que l'était la chair de mon père.

Je le cherchais sous le masque, mais ces traits n'étaient plus ses traits, cette odeur n'était plus son odeur. L'âme de mon père, ce tout qui fait qu'un être est ce qu'il est, sa voix, son sourire, son caractère, ses manières, s'était envolée.

Si vous vous demandez « où », vous êtes fait. Bon pour tomber dans les bras des jésuites.

Le vieux docteur Zítek me trouva hypnotisé dans ce face-à-face.

Il se fâcha, me dit que rester ainsi seul avec un cadavre ne se faisait pas, que je devais de la mort de mon père informer ma famille, mes voisins, organiser l'enterrement du corps dans les meilleurs délais, d'autant qu'il faisait chaud.

Il me dit que j'étais un homme ! Et courageux. Que je devais bien m'en souvenir.

Il me demanda si mon père gardait de l'argent quelque part dans la maison, que j'allais en avoir besoin, et aussi de quelqu'un pour m'aider à gérer mes affaires.

Oui, de l'argent, je savais où il y en avait de caché.

Je n'avais plus de famille, mais des voisins, qui répandirent la nouvelle. Les parents d'Antonin et de Pavel accoururent, s'occupèrent de préparer le corps et les funérailles.

Je me rappelle que Brokoff alla prévenir les ateliers de l'église Saint-Nicolas du Petit-Côté, mais ne me souviens de rien des funérailles, sinon de quelques images du cortège et du cercueil de ma mère découvert, recouvert par celui de mon père, et moi désirant qu'on me couche entre les deux.

Antonin et Pavel cette nuit-là dormirent chez moi.

Le lendemain, je leur demandai de me laisser seul. Ils ne le firent pas.

Je reçus une seconde lettre de Françoise dans ces jours-là. Elle écrivait qu'elle s'était fait faire une très jolie robe dans les tons de rose, et avait acquis de nouveaux romans à la mode. Elle écrivait que le nouvel emploi de son père était excellent, que jamais ils n'avaient été autant à leur aise. Elle écrivait qu'elle m'aimait, qu'elle avait rapporté de Prague cette lubie sûrement de prendre des leçons de chant, et qu'elle maîtrisait déjà quelques airs d'opéra italien. On s'étonnait de sa voix, autant qu'elle, qui ne savait pas qu'elle l'avait belle. Elle n'avait pas pu rester près de moi mais je pouvais peut-être si mon père l'autorisait venir la rejoindre à Strasbourg, où monsieur Schanz, qui se voyait lié désormais à des gens importants, pourrait me trouver une occupation dont je n'aurais pas à rougir.

Je lus ce billet comme s'il m'était tombé de la lune.

Mon père était enterré depuis quelques jours, quand Antonin et Pavel entreprirent de me convaincre d'aller rendre visite à Sporck.

Je dis à mes amis que je n'avais rien à demander au comte, d'autant que je parlais à l'économie et que proférer le moindre mot requérait plus d'énergie que de lever les poids auxquels je m'exerçais pour être fort du temps où je m'en souciais.

Mais leurs demandes réitérées m'épuisaient, le docteur Zítek m'y exhortait, aussi, pour avoir la paix, j'y allai.

On ne voulut pas me faire entrer. Le comte n'était pas là mais devait revenir dans la journée, on ne savait pas quand. Dans l'inertie qui était la mienne, comme privé de volonté et de jugement, j'attendis son retour dans la rue, planté au coin de sa porte.

J'attendais, la tête vide, aussi indifférent à tout qu'on peut l'être.

Je ne sais pas depuis combien de temps j'étais là, aussi vivant qu'une pierre, quand un jeune couple de bourgeois passa en riant, me regardant sans me regarder tout en continuant à badiner, et comme ça, en passant, l'homme me lança une pièce qui vint rebondir sur mon front. Ce geste, cette désinvolture !

Fou de l'outrage, je pris le mors aux dents, en deux jetés de béquilles j'étais sur l'homme, d'une pichenette, je le fis trébucher, et en allemand, puisqu'ils parlaient allemand, je lui dis d'aller ramasser sa pièce sur-le-champ. Comme il était à terre, et se relevait péniblement, c'est la femme qui courut pour le faire, et ils déguerpirent en me menaçant des autorités, mais seulement quand ils furent à distance, ce à quoi je leur répondis que j'étais là, à attendre à l'angle de cette porte cochère, que je ne bougeais pas encore, qu'ils m'envoient qui bon leur semblait.

Trembler d'outrage est bon signe. C'est qu'on est vivant.

J'attendais Sporck maintenant, vraiment, bien que ne sachant toujours pas quoi lui demander. Je résolus de lui soumettre la situation telle qu'elle était. Mon père était mort, et je venais le consulter pour qu'il me conseille sur les différents partis que je pouvais prendre pour engager ma vie.

Le soleil était au zénith quand le carrosse s'avança. Les portes s'ouvrirent, Sporck apparut à la fenêtre, je me fis voir, il me salua. Les grandes portes se refermèrent. La petite s'ouvrit et on me fit entrer.

J'attendis au bas de l'escalier. Un valet vint assez vite me chercher, je le suivis.

Sporck me reçut dans un salon. Je n'avais jamais vu d'endroit aussi précieux. Je m'en voulus un peu d'être moins bien mis que d'habitude. Je le lui dis et le priai de m'excuser.

Le comte m'invita à m'asseoir.

J'annonçai à Sporck que mon père, après mon maître František et ma mère, était mort à son tour. Je lui dis encore que j'étais là devant lui, bien étonné de réaliser que je n'avais plus pour seul conseil au monde que l'homme qui avait manqué me prendre la vie. Je ne regrettais même pas d'avoir dit cela. Il y eut un silence assez long qui ne me gêna pas.

Il prit enfin la parole. M'ayant offert ses condoléances, il me demanda si l'aimable jeune fille qui m'accompagnait l'été précédent était toujours ma promise. Je lui dis qu'elle était retournée en France.

Il me demanda si je vivais seul dans ma maison. Je lui dis que oui, sauf pour mes amis Antonin et Pavel qui me « gardaient », et le mot m'échappa.

Puis il me demanda ce qu'idéalement j'aimerais faire.

Je ne sus que répondre. Je ne pouvais pas lui dire, deux heures plus tôt je voulais mourir. Il vit mon embarras.

« Veux-tu continuer tes études ? Ou chercher un emploi auquel d'ores et déjà l'enseignement du père František t'a préparé, secrétaire ? Bibliothécaire ? »

Un « Non » sortit de ma gorge, dont la véhémence m'étonna.

« Souhaites-tu alors entreprendre la même carrière que ton père ? »

C'était une possibilité, j'aimais la pierre. J'aimais la boulangerie aussi.

Mais pour être apprenti n'étais-je pas déjà vieux ? Les décès à répétition dans mon entourage ces deux dernières années avaient coupé court à toute réflexion suivie en la matière de mon avenir.

« Aimes-tu Dieu ?

– En tout cas mieux que ses serviteurs en aube.

– Tu as beaucoup aimé la représentation de l'opéra de Fux, tu aimes donc la musique ?

– Oui, mais je ne sais pas la faire.

– Je me rappelle que tu avais été sensible à la manière dont le spectacle avait été éclairé. Je suis d'avis aussi que c'est un des aspects négligés au théâtre. »

Il s'était tu un assez long moment.

« Tu sais être soigneux. Et inventif, n'est-ce pas ? Je me rappelle très bien de ce soleil que tu avais sculpté pour ton maître. Il me l'avait montré. Aimerais-tu travailler dans un théâtre ?

– Oui. Je crois que j'aimerais beaucoup, monsieur. Que cela me consolerait un peu de tout ce que j'ai perdu.

– Il faudrait donc essayer cela avant la pierre ou le pain. En es-tu d'accord ?

– Oui. »

Le comte marcha un peu de long en large, puis il se planta devant moi et dit qu'il allait donner l'ordre qu'une chambre dans ce palais fut mise à ma disposition, que je pouvais en prendre possession aussitôt, y venir dorénavant dormir quand bon me semblerait.

Il me demanda si j'avais un peu d'argent d'avance, je lui dis que oui.

« Bien, dit-il, cette chambre et les cuisines du palais te sont ouvertes jusqu'à ma mort et sache que je me sens en pleine forme. Je vais donner mes ordres, mais pour l'heure et afin de penser l'avenir de façon apaisée tout en goûtant au théâtre, que dirais-tu de passer l'été sur mon domaine de Kuks ? C'est à trois jours de voiture, près de Hradec Králové. Tiens-toi prêt, je t'y emmène. Nous partons dans trois jours. »

Quelle étrange relation que celle de Sporck et la mienne.
Je me disais,
Sans lui, j'aurais été entier.
Sans lui, mes parents vivraient.

Et j'attendais de lui qu'il fût mon conseil ?
Mieux, lorsqu'il se proposa d'être mon tuteur, j'acceptai.

Après l'été, il me demanderait si je retournerais vivre dans ma maison, je lui dis « pas encore », alors il me suggéra de la louer, il m'y aiderait, en attendant que le goût me revienne de l'habiter.

Des quatre qui m'avaient fait ce que j'étais, pour le pire et le meilleur, il était le dernier.

Si j'omets ceux entrepris dans les livres de mon maître, le palais de Sporck fut le lieu de mon premier voyage. De fait, visiter la lune ne m'aurait pas plus dépaysé.

J'y retournai le lendemain de mon entrevue avec le comte, accompagné jusqu'à la porte par Antonin. J'apportais mes affaires pour Kuks.

Sporck m'accompagna en personne jusqu'aux cuisines où il me présenta.

À peine s'était-il retiré, les révérences faites, que je vis bien qu'on me regardait soit d'un air d'indifférence froide, et sans doute feinte, soit de façon résolument agressive. Aucune de ces manières ne m'allait. Sporck avait demandé sinon de me servir, de prendre soin de moi, en tout cas de me traiter comme quelqu'un de sa maison. Bref à la gent domestique, j'étais, lubie à béquilles de leur maître, une charge de plus. La cuisinière en chef, personnage central du palais, m'envoya comme on chasse une mouche attendre dans la cour qu'on m'appelle pour le repas. Je m'assis sur un banc adossé tout près de la porte de la cuisine d'où l'on devait m'avertir quand il serait prêt.

Pour tromper mon inquiétude, je m'appliquai à écouter le chant des moines irlandais qui me parvenait de derrière les murs de leur maison. Elle jouxtait le palais. Leurs voix s'élevaient à l'unisson, lentes, comme sans intention, toutes vouées à Dieu qu'elles devaient être.

À l'autre extrémité du jardin, ce grand bâtiment était le théâtre de Sporck, sans aucun doute, celui-là dont l'entrée principale donnait rue de l'hôpital.

Je savais que le comte avait, bien avant ma naissance, fait construire ce théâtre. Des troupes itinérantes y donnaient des comédies allemandes et italiennes, parfois françaises. Les chicaneries qu'elles entretenaient avec celles qui montaient leurs spectacles dans d'autres salles en ville émaillaient régulièrement les histoires qu'on rapportait au marché. Les troupes qui se donnaient à voir chez le comte se passaient semble-t-il des autorisations délivrées aux autres par la ville, ce qui enrageait ces dernières, d'où les querelles. Et de se prendre de bec, et de s'arracher les affiches.

J'attendais donc sur ce banc que des inconnus m'appellent à partager leur dîner.

Puis j'attendrais, me disais-je, qu'on me mène par le nez jusqu'à Kuks.

Je me sentais comme le poisson que le pêcheur vient de sortir de l'eau, qu'il jette sur le fond de la barque. Le poisson saute, saute, on dirait qu'il joue, et meurt. La pensée de la perte de mon père me harponna à nouveau le ventre. Je ployai sous le coup. C'est alors que je vis à une petite porte qui se découpait tout là-bas sur la façade arrière du théâtre apparaître un homme vêtu d'un habit de cuir roux et chaussé de bottes de cavalier. Je me dis qu'il était capitaine d'une armée étrangère, ou bien prince, ou bandit. Un comédien ?

L'homme, grand, puissant, traversait le jardin, la cour. Il approchait, le pas lent, les enjambées larges. Ses cheveux étaient blancs, sa peau basanée et ses yeux d'un bleu clair troublant.

Il saisit une corde enroulée à un crochet près de l'écurie. Du même pas et sans regarder personne, il regagna le théâtre et referma la petite porte sur lui. Mais que faisait ce dieu du théâtre à se préoccuper d'une corde…

La chef des cuisines m'appelait.

On me fit languir pour me servir, on prétendit m'oublier.

On ne m'attaquait pas de front, ne sachant à quel point le comte me protégerait.

Si seulement, pensai-je, l'homme à l'habit roux avait partagé notre repas, il m'aurait défendu.

Je mangeai, je ne me souviens pas quoi tant je n'étais pas à mon aise sur cette planète-là.

Moi, ma place, je ne l'avais jamais cherchée, je n'avais jamais eu à la disputer, elle était donnée, entre Josef et Ludmila.

Un valet me guida jusqu'à cette chambre que le comte m'avait assignée. Elle n'était pas à l'étage des serviteurs où je m'apprêtais à suivre ceux que je voyais aller de ce côté. Le valet me fit remarquer d'un air moqueur : « Votre chambre n'est pas dans l'aile des domestiques, monsieur. Ne le saviez-vous pas ? »

Il me conduisit dans la direction opposée.

La nuit était presque tombée, le valet portait un bougeoir à trois branches.

Il me précédait, allait vite, de quoi laisser dans le noir les deux marches juste devant moi. Je ne tomberais pas. L'hypocrite se retournait de temps en temps pour bien voir que je montais toujours, mais à la limite du halo. « Tout va bien, monsieur ? »

Moi j'avais envie de le bastonner mais, timoré, dans l'ignorance des lois qui régissaient la lune, j'hésitais. J'avais l'orgueil tout en guenilles, que ces gens hypocrites croient que Sporck me faisait l'aumône, que j'étais son obligé. Mais au fait l'étais-je ou ne l'étais-je pas ?

Le valet me fit passage, j'entrai dans la chambre, petite, confortable, bien meublée. J'eus le temps de voir un fauteuil, et je fus dans le noir. Car le plaisantin s'était retiré vivement et sans prévenir, en ultime tracasserie dont il allait ricaner maintenant avec les autres.

J'avais eu le temps de situer bougie et bougeoir, sur la table à côté du lit.

À la lumière de la lune, j'allumai la bougie. Le lit était fait. Je reniflai les draps. Ils étaient propres. J'inspectai l'endroit. Un broc plein d'eau fraîche, une bassine, un linge pour se sécher, avaient été préparés dans le petit cabinet attenant.

Le silence sans doute. Affublé de bruits étrangers. Je fus saisi du besoin de partir comme d'une démangeaison.

Je pris le bougeoir entre mes dents, fixai mes lèvres autour de l'anneau, et croyez que ma bouche avec le temps m'était devenue un outil aussi précieux qu'une troisième main, je trouvai mon chemin jusqu'à la porte qui donnait sur la rue, réveillai le gardien. Je remontai à toute allure la rue en direction de la tour poudrière. À l'angle de celle-ci avec le cloître des Irlandais, je crus mourir de peur. Le géant en habit de cuir roux m'apparut au clair de lune, ses longs cheveux blancs et libres flottant sur les épaules. Nous nous évitâmes de justesse. Je m'arrêtai net pour me remettre de ma surprise, lui continuait du même pas large et lent vers le palais de Sporck.

Je rentrai chez nous, qui n'existait plus, passai la nuit couché au pied de l'âtre où je fis brûler en plein été quelques malheureuses bûches.

Mon idée était de ne plus remettre les pieds dans ce palais où l'on ne voulait pas de moi, où j'aurais à souffrir mille petites offenses qui ruineraient mon caractère.

Je n'étais pas si naïf sur les réalités du monde. Les livres, réflexions, leçons de mon maître, et l'observation assidue et crue de ce qui se jouait sur les marchés, rivalités, vols, agressions, parades du paon pour plaire, mensonges éhontés de marchands, hommes manquant de respect aux femmes, brutalités faites aux enfants, de tout cela j'avais été témoin.

Je saurais me passer de l'aide de Sporck.

Je pesais maintenant la proposition de Françoise de la rejoindre à Strasbourg.

La peau de Françoise. Son affection. Renouer avec le paradis. J'avais l'argent pour le voyage et plus. Je parlais bien français.

Mais quitter ma ville ? M'éloigner du tombeau de mes parents ?

Est-ce que sur sa terre, Françoise me prêterait la même oreille que lorsqu'elle vivait sur la mienne ? Est-ce qu'un amour dépend de là où il prend ? Déplacé, tient-il à lui-même ?

Quitter Prague, et ne plus parler ma langue ? Cela me semblait beaucoup d'un coup. Me souviendrais-je là-bas de mon nom ?

J'écrivis à Françoise. À part le préambule de cette lettre qui annonçait la mort de mon père, elle ne contenait que des questions.

Le lendemain, je la portai au relais de poste. À peine étais-je revenu que le comte Sporck se présenta chez moi à la grande stupéfaction des voisins et des gens sur le marché.

Il me dit :

« Tu n'aimes pas ta nouvelle chambre ?

– Ce n'est pas cela.

– On t'a fait mauvais accueil ?

– Je vais trancher entre travailler la pierre ou faire du pain.

– Permets-moi cependant d'insister sur le fait que tu viennes à Kuks. Pour savoir si ce monde du théâtre et de la musique te convient, il faut avant d'y renoncer que tu en fasses l'expérience, au moins le temps d'un été. J'y ai un théâtre, tu assisteras à tout, comédies, opéras. Tu feras ton choix ensuite. Je n'insisterai plus.

– Vous avez une charge en tête pour moi ?

– Je ne te ferai ma proposition qu'à l'issue de l'été. »

Je refis mon bagage.

Orphelin, je n'avais plus de quoi faire l'enfant, dédaigner l'offre qui m'était faite.

N'avais-je pas quitté la maison de Sporck vexé, surtout.

À la fin je crois que c'est par orgueil encore que j'y suis retourné confronter ces gens, et ai accepté comme par conséquent de passer l'été à Kuks, car dans l'état second où le deuil me laissait encore, je n'y voyais pas au-delà du jour présent.

En fin d'après-midi, j'arrivai au palais. Le départ pour Kuks était prévu tôt le lendemain matin.

J'allai m'installer sans rien demander à personne dans ma chambre, redescendis m'asseoir dans la cour, non loin des écuries.

Un jeune palefrenier pansait un cheval, un vieil ombrageux nettoyait les fers d'un autre. Un bègue portait à boire aux bêtes. Celui-là, bien que bègue, avait toujours quelque chose à dire. Sur le fond, ce qu'il disait n'était pas drôle à tout coup, mais à tout coup l'homme riait, comme pour prévenir qui aurait ri de ce qu'il bégayait. Il était divertissant en vérité. Je me laisserais divertir, plus tard. Pour l'heure, j'observais.

Un autre homme, dont je comprendrais qu'il était le jardinier, jeune, solide et qui avait l'air le plus sensé de tous, refaisait le tressage d'une corde.

Des servantes allaient et venaient dans la cour, mutines sous les regards des hommes, et du mien. Les curieuses.

J'étais assez sûr d'avoir une belle figure. Puisque ma mère et Françoise m'en avaient assuré.

À quoi ressemblais-je à dix-sept ans ? J'avais le cheveu châtain, long, souple et fourni, aussi ne mettrais-je jamais de perruque et laisserais-je toujours mes cheveux libres ou attachés en catogan. Lèvres pleines, de fille me plaignais-je enfant, nez droit, pommettes hautes, le front un peu grand peut-être et le menton assez large. J'avais l'œil grand et bleu, un bleu sans attrait particulier, mais le regard vif disait-on, bien six pieds de haut, et un torse « de taureau » clamait mon père. Avouez que le tableau aurait été charmant si je n'avais été infirme. D'où qu'au premier regard posé sur moi, les femmes, ces soubrettes en l'occurrence, leur curiosité éveillée, pesaient la chose.

Alors, aimable, pas aimable ? Puissant ou débile ?

Si la pièce tombait côté infirme, et que la dame me plaisait, j'avais encore une arme. Le sourire. Mon maître m'avait convaincu de son pouvoir, j'en jouerais à mes heures. Parfois, il ferait pencher la balance en ma faveur.

Mais ce jour-là, je n'étais pas d'humeur badine, j'ignorais ces dames.

Deux autres hommes s'occupaient de rentrer du bois pour les cuisines.

Je savais que si je prêtais encore le flanc, certains, qui au sein de leurs mères avaient bu un mauvais lait, continueraient à me faire payer les bonnes grâces qu'avait pour moi leur maître.

Le bègue qui voulait toujours s'amuser engagea ses compagnons à jouer un peu avant d'aller manger. Il s'empara d'une corde et invita les autres à se mettre trois à chaque bout et tirer pour voir quelle équipe traînerait l'autre. Le bègue me lança : « Eh toi, la moi-moi-moi-tié d'innnvité, viens jouer ! » À cela, tout le monde rit bien entendu.

Je lui dis : « D'accord, mais c'est vous qui venez à moi. Et je joue à un contre deux. »

Bien assis sur mon banc, je saisis une de mes béquilles, plaçai le reposoir destiné au creux de mon bras contre mon ventre, l'inclinai de manière à en caler le pied au sol. Je pris le bout de corde qu'on me tendait. Le bègue et un des deux hommes forts qui avaient porté le bois me firent face, ils s'arrimèrent à l'autre bout. D'autres domestiques, qui s'étaient déjà installés pour manger en cuisine, sortirent dans la cour pour voir. Certaines servantes me plaignaient déjà et je priais de n'avoir pas été présomptueux, voyais soudain que j'étais affaibli, que je n'avais pas fait mes exercices ces derniers temps, que j'allais peut-être voler par-dessus ma béquille et m'écraser le nez tout à plat, que tout cela enfin allait tourner à la catastrophe. Mais dès que j'eus senti la résistance s'exercer à l'autre bout de la corde, plus rien ne compta que d'y faire front, et les deux avaient beau jouer de feintes, je ne bougeais pas plus que Françoise quand elle ne voulait pas aller au couvent.

J'eus du mal en vérité. Calculant que les forces allaient bientôt me manquer, je risquai tout, lâchai un soupçon de mou. Parce que de feintes je n'avais pas encore joué contrairement à eux qui en avaient abusé, ils crurent que j'étais à bout, et là je tirai de toute la force qui me restait. L'un tomba sur le cul, l'autre fut projeté vers l'avant, le nez presque sur le bout de ma béquille. Mes bras tremblaient comme ceux d'un vieillard, mais j'avais gagné, et je bénis mes parents de m'avoir donné une bonne santé et la volonté de m'exercer toutes ces années. Le bègue riait et se tapait sur les cuisses, l'ombrageux grimaçait une expression entre sourire et incrédulité, le timide jardinier alla ranger la corde.

Je ne fis pas le fier, tendis la main que j'avais encore tremblante à mes adversaires. Je me présentai, dis mon nom, qui était mon père, et sa qualité, n'en ayant pas encore une qui me soit propre.

L'un des valets dit alors qu'il avait un cousin qui faisait le maçon sur le chantier de l'église Saint-Nicolas du Petit-Côté, qu'il avait travaillé sous les ordres de Josef Sýkora.

Un certain Václav, palefrenier, s'avança et déclara que lui aussi connaissait mon père, de l'auberge chez Trnka. Ces liens étant noués, je m'attablai à côté de ce Václav et de mes deux anciens adversaires. Notre conversation fut bientôt partagée avec toute la maisonnée.

Du train de voitures qui prit la route de Kuks, je montai dans la troisième, avec des gens au service du comte, deux hommes et trois femmes.

Les deux valets étaient présents dans la cour lors de mon petit exploit la veille. On rit et me félicita encore de ma force. Une femme de chambre qui n'avait pas assisté à l'événement et qui à l'évidence n'aimait pas être en reste, imposa un nouveau sujet de conversation.

Dès les premiers mots qu'elle dit je souhaitai qu'elle se taise. Elle parlait de ma mère. Elle se souvenait de la voir, jeunette, à vendre le pain, du temps où elle était encore boiteuse. La mégère prétendait s'excuser de relever le défaut naturel de Ludmila, un défaut qu'on n'aime pas voir, surtout chez des personnes autrement aussi jolies qu'elle était. Elle ne s'y prêtait que pour signifier qu'elle ne disait pas les choses simplement pour causer comme d'autres, qu'elle savait les détails. Et la commère de s'échauffer ! Si nous avions été autre part que serrés dans cette voiture, elle aurait imité ma mère boitant !

Je coupai court, en disant que si Jacob avait été fait boiteux, c'était pour compenser la grâce qui lui avait été faite de voir le visage de Dieu. Elle se tut. Mais comme elle était malade à l'idée de le devoir, elle rapporta encore qu'elle savait que ma mère et mon père étaient morts récemment, et que c'était bien malheureux, et qu'elle l'avait su par je ne sais plus qui. Et là-dessus les valets portèrent la conversation sur mon maître, qui était mort aussi, et au palais encore. Tous le connaissaient et louèrent sa gentillesse. Et voilà comment après avoir été l'intrus à railler, tous ces gens voulaient être mes amis et me plaindre. Je n'étais pas sûr d'aimer cela non plus. La plus jeune des femmes se mit à pleurer au récit de mes malheurs. Pensez, reniflait-elle, tant de proches en si peu de temps, si cela avait été du fait de la peste encore.

Je lui dis assez sèchement de m'envier plutôt d'avoir connu ceux que j'avais perdus, et fixai mon regard à la portière.

Quoi ? Plus de ville ! Et le souffle me manqua.

Des maisons de plus en plus rares, des bosquets, des villages. Depuis le faîte d'une colline, la commotion d'un horizon lointain, bleu, vert et jaune.

J'avais franchi les frontières de Prague.

J'étais perdu.

Je me rappelle baisser la vitre sous les protestations de la commère qui ne le voulait pas à cause de la poussière, mais j'étouffais. Je devais prendre un peu d'air, au moins un instant.

La femme dont je n'ai encore rien dit, parce que jusque-là elle était restée silencieuse, m'offrit un peu d'eau. Elle m'observait me remettre de cet accès d'étouffement qui m'avait pris.

Qu'elle m'observe, elle, ne me dérangeait pas.

C'était comme si cette femme m'avait reconnu, reconnu pour ce que j'étais alors, un enfant, perdu derrière sa grande taille et le duvet qui lui poussait au menton.

Comme si elle voyait à travers moi, elle murmura comme pour elle-même : « Ça ira mon garçon, ça ira. »

Cette tendresse…

J'engouffrai ma tête par la portière.

Des paysans moissonnaient.

Je reconnaissais des odeurs dont les marchés ne m'avaient livré que les ébauches. Foin, fleurs, blé chaud.

Ainsi, après le palais, je découvrais cette autre lune, la campagne.

Derrière moi, Prague était toute petite. Elle aurait tenu dans ma main.

Je demeurai le restant de la matinée absorbé par le paysage et les sensations nouvelles qu'il procurait à tous mes sens.

Mes compagnons de route me le diraient, ils s'étaient adressés à moi, sans que leurs questions ne puissent me tirer de là où j'étais.

Nous fîmes halte en pleine campagne.

À Adela qui descendait de voiture, galanterie audacieuse dans mon état, j'offris le bras, et aussi ferme qu'un roc. Adela. C'est ainsi que se nommait celle qui m'avait donné un peu d'eau. Les hommes se moquèrent de moi et de ma courtoisie. Je n'en eus cure. Les deux autres dames firent le nez. Il fallut compenser un peu pour ne pas me faire trop mal aimer, sans renoncer à marquer ma préférence.

Adela était cuisinière au palais, deuxième en charge après celle qui m'avait fait un méchant accueil. Elle était discrète, aussi ne l'avais-je pas remarquée, et je m'en voulus, car c'est l'injure commune qu'on fait aux gens modestes contre les forts en gueule.

Elle avait préparé de quoi nous restaurer. Nous nous installâmes sous un bouquet d'arbres.

Elle était originaire de Kuks, et ne connaissait du monde que ces deux pôles, Kuks et le palais de Sporck à Prague, qu'elle ne quittait pas, n'aimant même pas aller au marché dont elle craignait la presse.

Adela devait avoir alors dans les quarante ans. Petite, boulotte, les cheveux blonds, elle avait un nez court et retroussé, qui lui donnait un air de gamine, des yeux bleus très tendres, des mains trop grandes pour sa petite taille et assez masculines. L'ensemble était ma foi curieux à considérer. Grande travailleuse, elle ne faisait pas la leçon, mais j'observerais assez vite que les autres domestiques venaient souvent lui demander conseil, lui faire confirmer une tâche ou une autre.

La voiture de Sporck, plus légère, était loin devant nous, comme celle qui la suivait aussitôt, où voyageaient une jeune cousine, son secrétaire et un musicien.

Ce n'est qu'après le repas, le cocher menant les chevaux au grand trot pour disait-il rattraper le temps perdu à jaser sous les arbres, que je me rendis compte de l'état calamiteux de la route, dont mes compagnons me disaient qu'il n'avait pas changé depuis le matin.

Lorsque nous arrivâmes au crépuscule à Poděbrady, j'étais fourbu, et me sentais, ayant tâté du voyage en voiture pour la première fois de ma vie, comme je crois qu'on doit se sentir quand on a été roué de coups. Étant descendu le premier, je donnai, bien calé sur mes béquilles, à nouveau la main à celle qui me faisait la grâce de me regarder encore comme un enfant.

Nous dînâmes assez bien de ragoût, de pain frais et de bière.

Je dormis mal sur le galetas qu'on me donna. Adela me dirait le lendemain matin qu'il fallait m'estimer content, qu'il n'était peut-être pas bien épais, mais n'était au moins pas tout garni de puces.

Le lendemain, nous fîmes halte à Košice.

Le troisième et dernier jour de notre voyage, nous fûmes pris dans un orage qui donna des pluies violentes. Les chemins n'en furent que plus mauvais.

À mesure que nous approchions de notre destination, nous croisions toujours plus de grands équipages. L'état des routes était si effroyable que je fis la réflexion à Adela que le domaine de Kuks devait être un lieu bien extraordinaire pour que les aristocrates préfèrent subir le régime de ce voyage plutôt que d'en être privés.

Adela m'apprit que les seigneurs aussi avaient un tyran, celui de la mode, qu'ils lui étaient soumis à en être bêtes. Les bains étaient à tout prendre une mode moins imbécile que d'autres, que celle par exemple de ces perruques si lourdes, à s'en tasser le cou, de ces talons si hauts, à se rompre les chevilles. Et puis oui, me dit-elle, la vérité est que le domaine de Kuks est une chose admirable, et s'il y a une ville de bains qui vaut de supporter ce mauvais traitement en préambule, c'est bien celle-là. Tu vas voir.

Deuxième période

1724-1737

Ma vie a toujours balancé du plus amer au miel.

Dans une jolie vallée semée de bois de hêtres, Sporck avait bâti un petit paradis. C'est ainsi que Kuks m'apparut, tout empêtré de morts que j'étais, en ce mois de juillet 1724.

À la fin du siècle précédent, le comte avait fait analyser, par des professeurs de l'université Charles et de Baden-Baden, l'eau de trois sources qu'il y avait là, à proximité du grand fleuve de la Labe. Quelle drôle d'idée me direz-vous. Cela n'avait rien d'une lubie. Sporck croyait, pariait, voulait que ces eaux soient bénéfiques. Les bains étaient à la mode chez ses pairs, il voulait leur en offrir, pour leur plaire. Mais à quoi bon rechercher la reconnaissance de ce monde-là, me direz-vous, puisqu'il en était ?

Eh bien pas tout à fait.

Sporck était un des personnages les plus puissants du royaume, fin lettré et pas seulement « philosophe » de salon, connaisseur des arts, mécène et gentilhomme. Que cherchait-il à prouver ?

C'est signé « paysan » me direz-vous que d'avoir ce désir !

Précisément.

Les grands de l'empire, qui eux se tenaient grands sans ciller, n'avaient pas ce genre d'obsession, et faisaient à l'occasion souvenir à Sporck à tout un tas de petites indifférences, qu'il était en effet fils de paysan, d'un paysan excellent officier certes, récompensé par l'empereur pour avoir maté le réformé tchèque, mais paysan, qui avait gardé les cochons enfant, ce détail compte.

Son fils, « mon » comte, pouvait bien être riche, gérer intelligemment ses affaires, avoir créé l'ordre de Saint-Hubert dont il était évidemment le grand maître, organiser des chasses auxquelles l'empereur même participait avec plaisir, les gages ne seraient jamais assez bons.

Tchèque, j'étais le paysan de Sporck, Sporck était le paysan des princes. On est toujours le Tchèque de quelqu'un. De là peut-être que lui et moi nous comprenions si bien.

Les résultats des analyses des eaux ayant opportunément indiqué qu'elles avaient quelques vertus curatives, Sporck chargea le grand architecte Alliprandi de construire autour de ces sources une cité thermale qui serait « un petit Versailles », ainsi que ses voyages de jeunesse l'inspireraient à Sporck. Autrement dit, un piège à princes.

En quelques années s'élevèrent autour de la source bienfaisante tout un ensemble de bâtiments qui devaient suffire à tous les besoins des hommes, de la naissance au tombeau, de l'hôpital à l'église, du labyrinthe où se perdre à la bibliothèque où se retrouver. Sans oublier le théâtre.

Le plan de développement du site fut donné par la situation même qui veut que la vallée soit divisée en deux par le fleuve.

D'un côté on trouvait la berge des thermes, la taverne, la bibliothèque, et le château, dont l'escalier était flanqué de cascades. Leurs eaux confluaient dans la fontaine de Polyphène. Du corps du fils de Poséidon, montait une musique émanant d'un ingénieux jeu de tuyaux, par lesquels passait en chantant l'eau de la source.

J'allais souvent à la bibliothèque, immense. J'y feuilletais des ouvrages, qui ne m'intéressaient pas tant pour eux-mêmes que parce qu'ils m'ouvraient des portes vers mon maître. Aussi m'y trouvait-on souvent, à rêver de lui.

J'allais à la taverne du Soleil d'or. J'y fus quelquefois avec toute une compagnie de jeunes gens dont aimait s'entourer une vieille baronne. Mais j'y fus surtout avec Jan, le petit-neveu d'Adela, qui était devenu mon ami.

Seul, je n'étais à l'aise qu'à la bibliothèque ou à me promener dans les allées, ou encore assis sur un banc, à observer, comme c'était mon plaisir au marché.

Autrement, je ne savais trop où était ma place. Sporck, le maître des lieux, ne m'en avait pas donné.

Tous autour de moi avaient un rôle précis à tenir, du laquais au prince, du prêtre au jardinier.

Moi pas. J'avais voyagé avec les domestiques mais ma chambre au château, quoique humble, n'était pas dans leurs quartiers.

Qu'attendait-il de moi ? Que je la trouve seul, cette place ? Lui qui faisait encore à son âge tant de manières pour asseoir la sienne dans les hiérarchies compliquées du monde, comment espérait-il que je m'y retrouve à dériver sans attache entre cette vieille folle de baronne, les domestiques qui, loin de me traiter comme un seigneur, ne m'acceptaient pas non plus comme un des leurs, et les dames et messieurs du monde qui bien sûr m'ignoraient.

Cette place, je ne l'ai jamais trouvée. Je ne l'ai jamais cherchée d'ailleurs. Il n'y a qu'à Kuks que son imprécision me fit défaut. À Prague, rien ne me manquait.

Sur une berge, ainsi que je l'ai décrit, se trouvaient les plaisirs terrestres.

Sur l'autre rive, c'était l'au-delà ou presque, ses marches d'abord, avec la pharmacie et l'hôpital, puis le cloître et l'église de la Sainte-Trinité.

Sous l'église, se situe la crypte familiale de la famille Sporck. Pour trouver le repos, ceux d'un autre sang doivent monter encore, passer l'église, ultime effort avant le cimetière, la cour de la paix, disent les Allemands.

Bien que la cité de Kuks vous inclinât à rester en son sein, des escaliers à ses confins vous guidaient vers des sentiers de forêt. Quel que soit celui que vous empruntiez, et alors même que vous pensiez vous être engagé assez profondément dans les bois pour ne plus voir le paysage marqué de la main de Sporck, vous tombiez encore sur une fontaine, une autre statue, un ermitage. De ces ermitages, il y en avait aux quatre coins du domaine.

Sporck n'oubliait jamais Dieu, jamais, et si Kuks était une tentation à laquelle il voulait que les princes succombent, l'invitation à la purification, à faire contrition, était franche, insistante, jusqu'aux limites de la forêt.

Qu'on vienne à Kuks faire la belle et le galant, se flatter de nourritures fines, de parties de chasse, de lectures stimulantes, de grand air, de bonne eau, et de belle musique, il le fallait, et Sporck voulait être la source de ces plaisirs-là, mais pas question de manquer un office, et qui ne s'y rendait pas était sermonné. Je le sais, je fis les frais d'un sermon à mon seul usage.

Dans cette église, au-dessus de la crypte où il reposerait un jour, imaginer que Sporck se mêlait de prêcher lui-même !

Un esprit flottait sur Kuks. Je ferme les yeux.

Ce n'est pas celui de Sporck malgré tous ses efforts.

C'est l'esprit de Braun. Où que vous vous tourniez, après avoir passé le pont, ou au beau milieu de la forêt, un regard de pierre était posé sur vous. Le sculpteur avait été laissé libre ici d'aller selon sa fantaisie, sauvage, et je l'aimais.

Braun travaillait au domaine depuis 1712. Le premier souvenir qui s'impose est celui de sa collection de Vices et de Vertus, disposée sur une terrasse donnant accès à l'église et surplombant des champs qui descendaient vers la rivière. Dans l'état de manque et de solitude où j'étais encore, c'est la statue de l'amour qui m'arrêtait toujours.

J'ai écrit « fantaisie ». Des arlequins et des petites créatures surprenantes, grotesques, effrayantes même, longeaient le champ de course.

Brokoff est élégant, il sait faire sourire si le sujet convient, il sous-entend.

Braun ne sous-entend rien, il vous stupéfie.

Les créatures de Brokoff sont à notre image.

Et celles de Braun ?

Sous les corps qui se tordent et se vrillent, il y a notre âme.

J'ai écrit le mot « sauvage » à propos de Braun. Je pense à ses œuvres tardives. Je mets dans ce terme plus de rudesse que Rousseau, plus de puissance aussi.

C'est un aspect du vieux Braun, que je découvrirais bien plus tard dans la forêt nouvelle, lors de mon second séjour à Kuks.

Quand Jan, Adela ou d'autres connaissances que j'avais faites à travers eux étaient à leurs ouvrages et que je ne pouvais y aider, je me trouvais un poste d'observation un peu l'écart, devant la taverne, sur un coin de la terrasse aux Vices et Vertus. Sur un banc longeant une allée passante ou au bord d'une fontaine, un carnet et un charbon entre les mains, je dessinais vaguement, pour me donner l'air occupé à autre chose qu'à me laisser aller à mon penchant de regarder et d'entendre, par exemple ceux qui sortaient d'un office ou de la pharmacie.

J'essayais de faire du sens des jeux d'ombrelles de deux petites comtesses, notais les échanges vénéneux entre un cocher en belle livrée et un laquais qui disait que la sienne était plus belle encore, et les deux hommes d'en venir aux mains pour faire rendre gorge à l'autre de ce que, par procuration de son maître, c'est lui qui avait préséance.

Parfois la vieille baronne qui m'avait aperçu de loin m'envoyait chercher par un de ses protégés. Je n'osais pas refuser l'invitation à me joindre à la ribambelle de jeunes gens qui la suivaient jusqu'à la taverne. Fils d'hôtes prestigieux ou simples paysans, la dame n'y regardait pas. Je ne desserrais que peu les dents. Aucun des garçons de cette troupe ne me donnait envie de me lier. Ils étaient tous aussi ennuyés que moi de se trouver dans cette situation. La baronne non plus ne parlait pas, ou si peu, juste de quoi nourrir le petit feu d'une conversation polie. Les jeunes villageois pris comme moi dans la nasse étaient sidérés. Les petits princes ennuyés, hypocritement courtois. Eux faisaient un peu la conversation quand même, buvaient leur verre en songeant à comment se retirer. Cette curieuse baronne se contentait de nous offrir un rafraîchissement, de nous regarder surtout, un drôle de sourire aux lèvres.

Adela m'en dirait que la femme, excepté ces deux manies de se couvrir de dentelles à outrance et d'aimer avoir une escorte de jeunes hommes, avait la réputation d'être très honnête, et discrète pour toute autre chose. Sporck tolérait son caprice inoffensif, la preuve du contraire n'ayant jamais été faite.

Et puis elle était fille d'un général d'empire, compagnon de son père.

Il y avait à Kuks des artisans, dont un boulanger, un maréchal-ferrant. Il y avait des paysans. Autant de gens avec qui j'étais à mon aise.

Tout ce monde-là, naturel, se trouvait l'été noyé sous celui importé des domestiques au service des hôtes prestigieux du comte.

Drôle d'engeance que celle des domestiques, très diverse en soi, car qu'y a-t-il de commun entre la première servante d'une duchesse, dame de compagnie, aristocrate elle-même, et la souillon de la maison qui vide les seaux. Caste mal aimée des autres cercles de la société, enviée d'être privilégiée aux yeux des uns, méprisée parce que servile aux yeux des autres, toujours suspecte aux yeux de leurs maîtres qui bien malgré eux dépendaient intimement de ces gens.

Deux histoires à ce sujet me reviennent qui me laissent encore aujourd'hui mauvais goût.

Alors que je dessinais sur un banc que j'avais choisi isolé, et même caché, pour éviter d'être repéré par la baronne, j'entendis la conversation de deux hommes attachés au service de la maison du prince de X. Ils étaient parmi la poignée qui avait suivi le prince et la princesse aux bains. Ils disaient, sachant qu'ils pouvaient s'en remettre absolument l'un à l'autre, comme il était bon de pouvoir parler à son aise à Kuks, en tout cas mieux qu'au palais de Prague. Ils se lamentaient de ce que la princesse leur maîtresse, pour mieux contrôler ses gens, y avait instauré un système de surveillance et de délation odieux. Elle achetait leurs confidences. L'appât du gain encourageait la mauvaise foi et les inventions des serviteurs malveillants, qui voulaient se faire bien voir en plus de s'enrichir. Ce qui faisait que cette maison était pire qu'un nid de vipères et que tous les bons et honnêtes gens du service la fuyaient au bout de quelque temps, n'y laissant que les maladroits, malpropres et pervers.

La princesse, privée des meilleurs, était de plus en plus suspicieuse et se retrouvait à gérer une maison infecte à mesure. Ainsi les deux compères allaient-ils demander leur congé la veille du départ de Kuks, se consolant de ce que n'importe quelle autre place serait meilleure que celle qu'on leur offrait dans cette maison d'enfer.

Je surpris un autre jour une conversation, au cimetière. Derrière une pierre tombale, deux petites demoiselles étaient assises cachées. L'une pleurait beaucoup de ce qu'elle était régulièrement pincée et maltraitée par une servante de la maison, de qui sa grand-mère, la maîtresse, était entichée, et à qui elle s'en remettait pour tout sans que personne ne puisse y redire. La méchante ne pouvait avoir tort, alors qu'elle abusait de son pouvoir en martyrisant les autres domestiques, mais surtout les petits-enfants de la maîtresse des lieux, dès que leurs parents et elle avaient le dos tourné, ce qui était souvent.

Quels détestables rapports que ceux qui se jouent entre maître et serviteur. Moi qui me désolais parfois à Kuks de n'avoir pas de place dans le monde, je me dis alors que je préférais cent fois cela plutôt que l'une ou l'autre de ces deux-là.

Jan, ce neveu d'Adela devenu mon ami, était paysan. Il n'était pas souvent libre. Encore moins l'été que l'hiver. Avec mes béquilles, à moissonner, je n'étais bon à rien. Mais surveiller les bêtes au pré, je le pouvais, les traire aussi, et ainsi dès que j'en avais l'occasion, pour être en sa compagnie sans gêner, aidais-je aux travaux de la ferme.

Jan ne rêvait que de ville et de voyage. Je lui racontai, à sa demande, et bien dix fois, mes amours avec Françoise. Rejoindre Françoise à Strasbourg ! Et j'hésitais ? Il trouvait que j'étais fou.

Jan disait que, quand il n'y tiendrait plus, il s'enrôlerait comme soldat, pour partir, coûte que coûte.

J'avais une petite chambre au château mais logeais le plus souvent chez Jan. J'y apportais de la part d'Adela et pour le grand plaisir de la famille des restes des cuisines de la table du comte, des salades de fruits et des gâteaux, des viandes en ragoût ou rôties.

Chez mon ami, je dormais au grenier où il m'avait aménagé une paillasse, que j'avais recouverte d'un gros coussin et d'un drap empruntés à la maison du comte. Jan dormait dans un lit aménagé de même à côté du mien.

C'est là que survint une des aventures les plus émouvantes qui soient.

Une nuit, Jan ayant quitté quelques minutes auparavant notre grenier sans prévenir, je crus que c'était lui qui remontait se coucher.

Se coucher jusque dans mon lit ?

J'allais lui dire qu'il s'était trompé de paillasse dans le noir, quand une main de femme se posa sur ma bouche.

J'eus peur. Oh rien qu'un instant. Car dans le noir, cette personne fit aussitôt assaut de caresses, de celles auxquelles on ne sait que consentir.

La visiteuse de la nuit fut contente de moi, puisqu'elle revint.

Le jour, je la cherchais dans les filles que je croisais.

Ce fut le jeu délicieux de l'été, la caresser les nuits où par caprice elle me rejoignait sans jamais dire un mot sinon « chut », et tenter de la reconnaître le jour, à ses courbes, à ses cheveux.

Jan était dans le secret, et ne voulut pas même quand je prétendis l'étrangler me dire qui elle était. Il le savait bien puisque ce sont les nuits où il dormait ailleurs qu'elle me rejoignait.

Bien des années plus tard, lors de ma deuxième visite à Kuks, Jan me dirait qui elle était. Il fut bien forcé. J'étais tombé en arrêt devant cette toute jeune femme, qui ressemblait trop à ma mère pour que je n'en fus pas sidéré.

C'est la fille du tavernier, me dit Jan et il planta ses yeux dans les miens de telle façon que je sus de quoi il retournait.

Cet été de 1724, le tavernier et la visiteuse de la nuit étaient mariés depuis trois ans. Elle se morfondait de n'avoir toujours pas d'enfant, quand elle en voulait un absolument. Assez sûre que l'infertilité ne venait pas de son côté, elle avait supplié Jan de favoriser son plan. Elle voulait un père bien fait, étranger au village et dont il serait certain qu'il repartirait bientôt. Or je me trouvais là, à dormir seul dans le grenier d'à côté.

Me sachant malheureux de tant de peines, dont celle d'une fiancée en allée, Jan avait cru bien faire en la guidant vers mon lit, assez certain que j'en ferais mon profit.

À remplir le souhait de la belle, l'été avait suffi. Si tel n'avait pas été le cas, me promit Jan, elle aurait recommencé avec un autre curiste l'été suivant. Elle voulait cette enfant.

« Ah, regrettait-il, quand je te disais que j'en avais assez de ce village, qui m'interdisait ma belle voisine. C'est que j'aurais bien couché avec elle moi aussi. Et tu t'étonnais que je rêve de voyager, pour qu'il m'arrive de ces aventures gracieuses qui n'engagent à rien, ni enfant à endosser, ni foudres de mari cocu. »

Ainsi fus-je à Kuks bien diverti de mes deuils autant qu'on peut l'être par toutes les découvertes que j'y fis. De toutes, c'est celle du théâtre qui fut capitale, qui valait, disais-je à Jan, tous les voyages et mille vies.

Mes parents n'allaient pas au théâtre. Avant la représentation de l'opéra de Fux, donnée lors du couronnement, je ne connaissais en fait de musique que les chœurs des églises, les comptines de ma mère, et en fait de théâtre, celui qui se donnait dans la rue, tapageur et sommaire.

Quand je pense théâtre, je pense d'abord musique.

Je trouvais à cet art bien plus qu'un divertissement opportun à ma mélancolie.

L'écouter me procurait un apaisement profond. Elle excitait mes émotions sans me jeter dans la confusion. Bien au contraire. Elle me faisait tout éprouver comme depuis une hauteur. Je m'en sentais mieux humain. En tout cas, le temps qu'elle résonnait, j'étais en paix de l'être.

D'où vient que je ne suis pas devenu musicien ? Je la découvris trop tard peut-être, et me trouvai comblé rien qu'à l'entendre jouer.

Toujours, quand j'écoutais de la belle musique très intensément, mes absents étaient moins absents. Il me semblait alors qu'eux et moi étions d'une certaine manière réunis.

Quand je vous dis que mes oreilles et moi nous sommes toujours bien entendus, ou que pour le moins j'en ai toujours extrêmement dépendu.

Au printemps de 1724, une troupe de musiciens, vénitiens pour la plupart, d'une qualité dont aurait pu s'enorgueillir Londres ou Paris, avait obtenu de la lieutenance royale de Prague l'autorisation de s'y produire.

Pourquoi cette troupe voulait-elle venir à Prague, petite ville qui n'avait pas de cour à divertir ? Je ne le sais pas et ne m'étais avant ce jour pas posé la question. Son impresario avait-il eu vent de l'accueil fait à la représentation de l'opéra donné lors du couronnement ? La concurrence entre troupes était-elle si grande en Italie, dans les villes royales et impériales, qu'une troupe entreprenante veuille chercher à conquérir d'autres territoires jusque-là délaissés ?

Je crois que c'est l'impresario Peruzzi qui avait écrit à Sporck, l'ayant identifié comme un personnage central à Prague pour ce qui regardait ses affaires. Puisque le comte ne serait précisément pas en ville pendant l'été, ni d'ailleurs personne de la noblesse en cette saison, la troupe n'avait aucun intérêt à y rester faute de public. Peruzzi accepta donc avec empressement l'invitation de Sporck à venir rehausser encore la splendeur des étés de Kuks. Il les y invita avec d'autant plus d'enthousiasme que la princesse Schwarzenberg devait honorer les thermes de sa présence. Ce serait le coup d'éclat de l'été.

En fait de coup, il fut de théâtre, et on le trouva mauvais. La troupe après s'être annoncée pour juin ne rejoignit Kuks qu'en août, elle manqua la princesse et l'effet escompté.

La déception fut adoucie par la présence de la troupe du célèbre Radenim, qui régalait les spectateurs de comédies agrémentées de musiques et de danses. Je me souviens notamment d'une *Atalanta*, non pas de l'intrigue de la pièce, en vérité elles me semblaient sur le fond toujours un peu les mêmes, mais les costumes de celle-là, les maquillages, la vivacité du jeu, l'abondance de lumières m'enthousiasmèrent. Malgré le faux-bond des Italiens, juillet fut radieux tout de même, une fête perpétuelle. Ce n'étaient que bals, et feux d'artifice, dont au seuil de la nuit, je faisais réserve de bouquets.

La troupe vénitienne débarqua en août, et sa première représentation produisit un engouement tel parmi les invités que Sporck fut parfaitement consolé de son retard.

La compagnie, composée de vingt-trois musiciens dont treize chanteurs, nous régala de l'opéra *Orlando furioso*. Le spectacle était donné trois fois par semaine et j'y fus à chaque fois.

Quelques jours après mon arrivée à Kuks, Sporck m'avait envoyé un valet qui me conduisit jusqu'à une minuscule loge condamnée du théâtre, à la limite du parterre et de la scène, sorte de placard plutôt que loge, où l'on tenait quelques artifices de décor, des confettis et des guirlandes à jeter tel soir de fête dans la salle. Je pouvais m'y tenir, « discrètement », me faisait dire le comte, autant dire caché, car du beau monde qui assiste aux représentations d'opéras, je n'étais pas.

Quand, très vite, Jan et moi devînmes amis, j'osai faire passer par le valet de Sporck la demande suivante, est-ce que Jan, et je précisai qu'il était le neveu d'Adela, car je savais que le comte la tenait en estime, pouvait se tenir dans la petite loge aveugle à mes côtés aussi discrètement que souhaité ? La réponse nous parvint aussi vite que la pouvaient porter les foulées du jeune valet. C'était un simple mais suffisant « oui ». Nous courûmes le dire à Adela, que nous embrassâmes avec effusion pour l'occasion.

C'est ainsi que depuis le balcon prétendument aveugle, de derrière le rideau cartonné en trompe-l'œil aménagé de petits trous par lesquels Jan et moi pouvions voir la scène d'une part, et la salle d'autre part, nous fîmes nos débuts à l'opéra.

Nous arrivions très à l'avance avec, comme des enfants en pique-nique, quelques petits pains blonds et une gourde d'eau. Nous observions, à la lunette, fournie par un ami chasseur d'Adela, le monde choisi qui constituait le public. Monde rose, bleu, doré, de soie, de taffetas. Les hommes étaient montés sur talons hauts, avaient des bas d'un blanc ! Les décolletés des dames étaient profonds. Que de perruques. Et d'intrigues. Je n'en dirais qu'une, qui s'épanouit dès la première semaine, celle de Mlle X, très jeune, avec un certain comte, son cousin, et vieux qui plus est, dont l'épouse, une autre de ses cousines, était jalouse. D'où tenais-je que cette affaire amoureuse s'épanouissait ?

La loge armoire où nous nous tenions était originellement partie d'une plus grande, qui s'était trouvée coupée en deux. Dans une moitié, étions Jan et moi, et dans l'autre, qui serrait sans doute d'autres coffres de confettis, le couple d'amoureux.

Qui leur avait donné la clef du réduit minuscule, je ne sais pas. Ce que je sais est que le rendez-vous galant de la loge dérobée commençait à peine l'ouverture de l'opéra passée, et se développait à l'instar de l'intrigue sur la scène, à mesure, si ce n'est en mesure. La conversation introductive, pressée, entraînait quasi mécaniquement des étreintes échauffées. Jan et moi en étions fort troublés. Sans compter toutes les excitations, cris, rires et lumières sis sur la scène, qui auraient suffi à nous agacer les nerfs.

Notre trouble fit place en maintes occasions à l'angoisse froide qu'à force de s'aimer avec tant de fougue, ils ne mettent à bas la mince cloison qui nous séparait. L'autre inquiétude était qu'ils ne donnent l'alerte à la loge contiguë de l'autre côté par les soupirs de contentement qu'ils se donnaient, qu'ils s'efforçaient d'étouffer, mais je vous l'assure, pas assez.

Je suivais l'évolution de cette intrigue, de beaucoup plus loin et de jour, à travers les allées et venues des amants et de l'épouse jalouse.

Royal, si je peux m'exprimer ainsi, sur les mêmes allées, le comte Franz Anton von Sporck accompagnait sa femme à la promenade en bon bourgeois, parfaitement inconscient de ce qui se jouait dans son jardin et dans les loges de son théâtre le soir, convaincu que les passions, les drames et leur chaos avaient la scène pour exutoire, que c'était leur territoire un point c'est tout.

Je ne dis pas que Sporck était un innocent, il joua ses cartes dans le monde, et quand on voulut lui disputer sa place, il se battit comme un diable. Mais de mœurs, dans sa vie familiale et intime, je crois qu'il était authentiquement sage.

Je me suis écarté de mon sujet. Je voulais parler musique. Mais comment fait-on pour raconter un souvenir de musique ? Que je chantonne ne vous fera rien…

Que dire de cet opéra, *Orlando*, dont je m'entichai comme quasi tout le monde, malgré une intrigue assez confuse.

Le compositeur de la troupe, Bioni, me dirait, lorsque des mois plus tard j'oserais l'approcher, que pourtant il avait bien travaillé à la simplifier. Pour fabriquer l'*Orlando* de Prague, il avait choisi des arias d'un *Orlando* composé dix ans plus tôt, par un autre compositeur vénitien et ami de Denzio, du nom de Vivaldi. Bioni donc, après avoir élu les plus beaux arias de l'opéra de son compère, les avait reliés par des récitatifs éclaircissant tout à fait le quiproquo selon lui. C'est donc moi qui mettais de la mauvaise volonté à comprendre les destins des amours croisées et contrariées qui constituaient le cœur de l'intrigue.

Gardez à l'esprit que Jan et moi étions mis au défi de nous tenir appliqués à la suivre alors même que dans la loge d'à côté nos voisins amoureux s'échauffaient. Singulier double-fond au rideau en trompe-l'œil derrière lequel nous nous cachions nous-mêmes.

C'est depuis ma logette dérobée que, lors d'une représentation, alors que le personnage de Ruggiero, le chevalier de la pièce, chantait le « *Sol da te, mio dolce amore* », j'écrivis, vibrant de musique jusqu'à la pointe des cheveux, cette lettre à Françoise où je la rendais, les larmes m'aveuglant, à sa liberté. Je lui souhaitais d'aimer ailleurs, aussi bien que nous nous étions aimés.

Sporck, cet été-là, de bals en feux d'artifice somptueux, fut aux anges, je crois. Kuks était sa création, Kuks était un paradis. Après que ses hôtes avaient été reçus au son des trompettes et sous une pluie de fleurs, après qu'ils avaient pris les eaux, lu quelque livre édifiant à la bibliothèque, puis fait leur prière, ils pouvaient, s'ils se trouvaient encore gênés, aller s'enquérir à la pharmacie des herbes adéquates à infuser.

Pour clore la journée, ils iraient au théâtre s'élever encore l'âme à quelque musique ou intrigue certes passionnée, mais concluant toujours à l'avantage de la vertu. Bref, hygiène du corps, hygiène de l'âme, le tableau était complet. Et lui Sporck, pour l'animer.

Le comte savourait.

Je l'entendis dire à son secrétaire qu'accueillir cette troupe de vingt-trois talents vénitiens était autre chose tout de même que de s'enorgueillir d'accueillir ce célèbre, mais bien seul, joueur de luth, ainsi que le faisait le prince Lobkowicz... Victoire. Délice.

Mais Sporck n'a pas seulement sacrifié à la musique à la mode afin que ses pairs soient en la matière ses obligés.

Et l'on dira ici que je suis atteint de la même maladie que monsieur Schanz qui voulait toujours tempérer.

Tout de même, je tiens qu'il ne faut pas réduire cet homme à l'ambition. J'en veux pour preuve les deux faits qui suivent.

C'est lui qui a, de France, importé dans les pays tchèques l'instrument que l'on nomme cor de chasse là-bas, de forêt ici. Il a importé non seulement l'objet mais soutenu la formation d'instrumentistes qui ont ensuite transmis et diffusé l'art de le jouer.

Je nuance encore, conscient que sa passion de la chasse, au-delà de la musique, aura contribué à ce qu'il jette son dévolu sur cet instrument.

Mais comment considérer le fait suivant autrement que comme une marque d'amour pur de la musique. Sporck s'enorgueillirait à quelques années de sa mort de ce qu'un musicien inconnu sinon à Leipzig, lui ait dédié quatre messes en latin. C'est à Leipzig que les deux hommes s'étaient rencontrés. Haut-commissaire de Bohême à la cour électorale de Saxe, Sporck avait fréquenté pendant de longues années la bonne société de cette ville. Berceau de la religion réformée, elle rayonnait alors dans toute l'Europe par son université, ses libraires, ses imprimeurs, ses foires. Y vibrait un air de liberté dans les arts comme dans l'économie, que sans doute on ne respirait pas en Bohême. C'est dans cette ville où il était à l'aise que le comte rencontra ce musicien luthérien, qui lui offrirait, à lui le catholique, poursuivi par la vindicte jésuite en Bohême, quatre messes, en latin ! La combinaison est assez drôle tout de même.

Quelque temps avant sa mort, j'allai rendre visite à Sporck à son château de Lysa nad Labem où il s'était définitivement retiré. Il me montra ces partitions. J'entendis jouer ces messes à la chapelle de Lysa. Elles étaient de fait fort belles. Leur compositeur s'appelait Johann Sebastian Bach.

Le comte, à la veille de mourir, s'enflammait encore à l'idée de ce qu'un musicien inconnu, mais qu'il jugeait sublime, lui avait offert cette musique.

Alžbeta a manqué être nonne, puis s'est mariée, trois fois. « Mes maris me meurent de maladie, quand je les soigne avec tant de zèle et sur la recommandation des médecins ! »

Je me moque et la provoque que je la ferai veuve, en tout bien, tout honneur, une ultime fois.

Non mais vraiment elle est étonnante, elle sait parler raison, et soudain vous dit de ces sottises ! Elle médit par exemple des juifs à tout propos, ce qui serait assez commun, mais elle innove en ceci qu'elle leur trouve des défauts tombés de la lune, à éclater de rire malgré mon état. Elle prétend par exemple qu'ils attirent la pluie, comme les grands arbres le tonnerre, et que d'ailleurs, c'est un signe bien connu, le pain se gâte chez eux plus vite que chez les chrétiens.

Elle dit encore que les vampires, monstres véritables que ces morts qui ne veulent pas mourir, sont tous allemands, et que tout bon tchèque sait cela en naissant, et de se fâcher qu'à l'heure de ma mort je ris comme une vieille bête, et prétends l'ignorer.

Mais l'étonnement culmine en ceci, qu'après tout cela, Alžbeta trouve ridicule qu'on donne aujourd'hui des pièces de théâtre en langue tchèque. Elle s'entête à penser que ce n'est pas la place de notre langue que de résonner sur une scène publique.

Là je ne ris plus et nous nous bagarrons fort là-dessus.

« Je vous dis qu'à nous exposer nous y laisserons le peu qu'on a.

– Et qu'est-ce donc que ce petit trésor-là, madame !

– Ah mais ça est-ce que je sais moi ! Chacun sa place, allez ! »

L'autre soir, elle m'a claqué la porte au nez quand je lui ai dit que la cacophonie de sa vie et de ses sentiments me renvoyait curieusement à un être authentiquement musical bien que cacophonique, le comte Sporck lui-même, grand maître du paradoxe avant elle, et vampire à l'heure qu'il était, je le tenais pour sûr.

Sur ce, entre colère et épouvante, elle s'est enfuie, et de m'interdire de derrière la porte d'évoquer cette âme d'Allemand en sa présence, qu'il pourrait la reconnaître.

Elle dévalait l'escalier que je trouvai la malice dans mon état de la poursuivre encore de mes railleries. Imaginait-elle vraiment qu'elle avait Sporck aux trousses, en vampire ! À considérer la chose, j'ai manqué mourir de rire. Grand bien m'en aurait pris. Mais non, je suis toujours là.

Le comte Sporck en vampire. J'en ris encore.

Sporck, vampire ? Je le retire.

Mais grand maître du paradoxe. Je le maintiens.

Il tenait par exemple que l'ordre de la société existante était le meilleur, qu'il suffisait pour qu'il atteigne à la perfection d'améliorer la vie de chacun à la place qui lui était assignée, par l'enseignement au petit peuple de la lecture et du calcul, d'une saine morale et d'une bonne hygiène. Aux classes supérieures revenait d'être éduqué en philosophie, dans les arts et les sciences, et, vraiment, quant au reste il jurait qu'il ne fallait rien changer à l'architecture de la société et à ses principes.

L'entendre me dire cela, lui, frondeur, qui provoquerait la justice de l'empereur, les jésuites !

Ai-je mentionné que déjà en 1712 ils avaient fait fermer son imprimerie de Lysa nad Labem ?

Qu'importe. Il ferait imprimer les ouvrages qu'il voulait dans les villes voisines réformées, publierait ainsi des dizaines de livres traitant de philosophie, de théologie et d'autres thèmes encore. Les livres passeraient ensuite en contrebande en Bohême. Il irait jusqu'à faire passer toute une bibliothèque hérétique en provenance de Silésie ! Pris ? La sentence pouvait être la mort.

Mon maître, le père František, savait le comte séduit par des pensées non orthodoxes. Ses craintes, concernant Sporck, lui avaient échappé un jour. Il m'avait parlé à son propos de quête, entêtée, qui pourrait bien un jour le mettre sérieusement en danger, tout grand personnage qu'il était.

Sporck avait le catholicisme austère, aussi puis-je concevoir qu'il ait été séduit par le jansénisme, qu'il n'ait pu résister de le faire connaître en Bohême malgré le danger. M'avancerai-je à dire deux raisons pour lesquelles, je crois, il avait pu être séduit par cette école ?

L'une en est tout bêtement la mode, la mode du jansénisme chez les aristocrates, une préciosité.

L'autre raison, plus profonde, est que les jansénistes avançaient, à l'instar des calvinistes, que Dieu avait déjà tranché à votre naissance si vous étiez de ceux qui seraient graciés. À la liberté de l'Homme de pouvoir accéder au paradis par l'exemplarité de sa vie, la pensée janséniste opposait la toute-puissance de Dieu, ne laissait à sa créature aucune espérance, sauf celle de s'en remettre absolument et aveuglément à lui.

Parce que cette proposition est une folie, qu'une vie d'Homme est trop brutale pour qu'il puisse la mener sans espérer que tel acte qu'il commet, plus ou moins beau, plus ou moins laid, fait au bout du compte une différence, il est légitime qu'elle manque son but et même le travestisse. Ainsi je crois que Sporck travailla comme un forcené à briller au premier rang des hommes « bien nés » parce que dans cette reconnaissance il voulait voir le gage de ce que Dieu l'avait admis parmi ceux qui seraient graciés.

Le fait qu'étant si ambitieux et frondeur de nature, il eût la tentation de croire à la prédestination, qui dit que les jeux sont faits avant d'être joués, illustre bien selon moi les contradictions de cet homme.

C'est bien parce que les jansénistes partageaient avec les calvinistes cette affaire de « grâce » que les jésuites les maudissaient, eux qui voulaient que chaque catholique espère son salut sous leur tutelle exclusive.

Après donc le premier coup de semonce de 1712 et la fermeture de l'imprimerie de Lysa, ils attendraient patiemment que Sporck l'hérétique commette le faux pas final.

Mais en attendant, cet été de 1724 semblait devoir ne jamais finir.

L'opéra depuis l'Italie avait conquis toute l'Europe. Cet art gourmand en musiciens, danseurs, chanteurs, décors, costumes, engloutissait beaucoup d'argent, et exigeait donc d'avoir de très riches protecteurs. Prague était petite, trois fois moins peuplée que Vienne ou Venise, assommée par un siècle d'épreuves. Qui aurait été assez fou pour la doter d'un théâtre permanent, coûteux ?

Mais Sporck, voyons !

Porté par le succès de la saison théâtrale d'été de Kuks, le comte conçut le projet de poursuivre l'avantage. Il proposa à la troupe italienne de s'installer dans son théâtre de Prague, et sans attendre la fin de la saison des bains donna depuis Kuks les ordres nécessaires à sa rénovation. Il était entendu qu'après cette restauration, transformant le théâtre de comédies en une scène digne d'opéras de qualité, que l'exploitation, la réclame, la vente des billets serait de la responsabilité de l'impresario.

Le succès de l'opéra de Fux, lors du couronnement, avait si agréablement frappé la ville, que la lieutenance royale avait reçu avec plaisir, pendant l'hiver de 1724, l'offre de Peruzzi d'y installer sa troupe. Prague rêvait, méritait, se devait d'avoir un théâtre moderne qui soit consacré à l'opéra. Elle le désirait désormais tellement que, même sans Sporck, elle se serait organisée pour l'obtenir. Mais le fait est que Sporck réagit le premier.

J'entendrais le comte un jour dire à Denzio, l'impresario qui prit la suite de Peruzzi à la tête de la troupe des Vénitiens, qu'en offrant un théâtre à la belle société de la ville, il lui faisait faire une économie de 2000 gulden, somme qu'elle aurait dû verser s'il avait fallu qu'elle dote Prague d'un théâtre équivalent au sien.

Mais aussi, puisque le comte pensait devoir s'agiter pour tenir son rang, et ne pas retomber dans le néant d'où il était issu, eh bien qu'il s'agite. La noblesse mi-amusée, mi-agacée, regardait faire.

Il n'en tira pas avantage autant qu'il l'aurait pu, car la vie lui ferait passer bientôt par deux coups du sort successifs l'envie même d'assister à des opéras.

Mais nous sommes à l'apogée, jouissons-en.

Un poids, que je ne savais même pas avoir porté tout l'été passé loin d'elle, me tomba des épaules lorsque depuis la voiture, je vis les clochers sombres de ma ville onduler sous le ciel. Bientôt ses murs, ses odeurs, ses bruits familiers m'enveloppèrent. Le corps de ma ville. Ceux de mes parents couchés dans sa terre. Je sus décidément, et mon cœur se serra une dernière fois au souvenir de Françoise, que jamais je n'irais vivre à Strasbourg, ni ailleurs, à moins de ne plus être mon maître.

Je pensais en arrivant me précipiter retrouver Antonin et Pavel, mais depuis la cour du palais de Sporck où pénétrait la voiture, le tableau des ouvriers qui allaient et venaient par la petite porte du théâtre donnant sur l'autre bout du jardin, m'arrêta. Je me dirigeai vers eux et les observai travailler. Je contemplai ce tableau, attendais-je d'en voir émerger mon père ? Un groupe de menuisiers s'engouffra dans le théâtre, je les suivis.

Je m'avançai par l'allée latérale vers la scène.

Comment se pouvait-il que le spectacle, selon ce que m'avait dit Sporck, se donnât le soir même ? Je voulais bien ne pas m'y connaître, mais je ne voyais pas la troupe des Italiens arriver dans ces circonstances sans que le théâtre passe du désordre, dans lequel il était, au chaos. Le comte serait contrarié. Tenu de diriger la rénovation, le maître charpentier, qui se tenait sur la scène au centre du désordre, redoutait avec raison son arrivée, et à l'évoquer l'homme se lamentait haut en se frottant le front. Je savais moi qu'elle était imminente, la voiture de Sporck nous suivait de peu.

J'allai m'asseoir à l'écart sur un des sièges dans un coin du parterre.

Le théâtre sentait bon la peinture fraîchement tirée, couleur ivoire ombrée de rose. Les étages des balcons étaient de cette même couleur et rythmés, de loge en loge, de piliers dont les couronnes seules étaient dorées. Les flancs des balcons étaient décorés de scènes champêtres. Des peintres y travaillaient encore du haut de leurs échafaudages. Ils venaient de terminer le plafond, bleu, semé de cors et de lyres.

Un vieil homme vint chuchoter à l'oreille du maître charpentier. Ce dernier lui fit écho en levant les bras au ciel. Il venait d'avoir confirmation que les décors ne seraient pas prêts non plus. Ah décidément, disait le pauvre homme ! Et monsieur le comte qui va arriver !

Justement, on entendit sa voiture battre les pavés de la cour.

Sporck vint tout droit au théâtre, où sur la scène on lui faisait la révérence très bas et très à l'avance. Le maître d'ouvrage donnait mille explications, tout en suivant le comte qui allait de gauche et de droite. Je les entendis des coulisses descendre quelques marches. La voix assourdie mais irritée du comte me parvenait de dessous la scène.

Sporck en remonta convaincu que la première représentation dont la réclame avait pourtant déjà été faite ne se donnerait pas ce soir-là en effet.

Il donna dix ordres à chacun, et prévint qu'on y passerait la nuit, mais que le spectacle se donnerait le lendemain. Il allait se rafraîchir, revenait aussitôt pour voir si ce qu'il avait demandé était engagé.

Comme il descendait de scène, et allait le sourcil froncé regagner le palais, je me levai, pensai ce faisant que le moment était mal choisi de me faire connaître, qu'il n'aurait pas le temps de s'occuper de moi, mais c'était trop tard. Il me vit, s'arrêta net et me salua.

Je le remerciai de l'été passé à Kuks, et lui dis que je reviendrais le voir un de ces jours prochains, au sujet de mon avenir.

Il me dit : « Pourquoi remettre, alors qu'en avez-vous retenu ?

– De quoi, monsieur ?

– De ce séjour à Kuks ?

– Que ce fut un privilège. J'y ai tout apprécié, particulièrement de pouvoir aller au spectacle aussi souvent, et d'écouter la musique.

– Bien, alors, est-ce que travailler ici, où tu en serais entouré, te conviendrait ? »

Il varierait toujours avec moi du vous au tu sans que je comprenne pourquoi.

« Pour quelle charge ?

– Gardien du théâtre. Et tu t'assureras de la bonne marche des machines qui placent les décors. Je ne te demande pas de les manipuler toi-même, mais d'y veiller, de rappeler l'impresario à leur entretien, de veiller aux risques d'incendie. Et je souhaiterais que tu t'occupes des lumières. Les bougies sont à ma charge. Sans de bonnes lumières, pas de théâtre. N'est-ce pas toi le premier qui l'avais remarqué ? Si je laisse aux Italiens le soin d'animer le lieu, les décors et les machines sont les miens, je veux quelqu'un de ma maison pour y veiller… Il faut te présenter à celui qui tenait seul cet office avant la rénovation. Alors, c'est dit ? »

Je crois que j'ai dit oui.

« Reste ici, je vais te le faire appeler. »

Je restai debout, là où Sporck m'avait laissé.

« Il » allait venir. J'entends, la créature au teint foncé, aux yeux de glace, l'habit de cuir roux grand ouvert battant le vent.

Anton Brož entra dans le théâtre, marcha droit sur moi. Il se présenta, et me demanda sans préambule de le suivre. Je le suivais déjà qu'il me précisait qu'il voulait me montrer la réserve où l'on garderait désormais les bougies.

Le père d'Anton Brož était forgeron, et ami d'un compagnon tzigane qui exerçait avec beaucoup d'art le même métier que lui. Les forgerons étaient nombreux et souvent excellents chez les gens de ce peuple.

Ce compagnon avait une sœur jolie. Le jeune Tchèque en tomba amoureux. Elle était chrétienne et devint sa femme.

Même lorsque Anton naquit, les grands-parents tchèques ne voulurent pas pardonner l'aventure, qu'ils s'obstinèrent à considérer injure à leur sang.

Je ferais partager à Brož ce que mon maître m'avait appris au sujet du peuple de sa mère, toutes choses qu'il ignorait. Et moi, sans mon maître, n'en aurais-je pas été réduit quant à l'histoire du mien au même point ?

Ainsi je lui appris qu'au début du XVe siècle, l'empereur du Saint-Empire et roi de Bohême Sigismond délivra aux Tziganes présents sur ces terres des lettres de protection. Forts de ces lettres éditées chez nous, ils arrivèrent en France, d'où le nom de Bohémiens qu'on leur donna là-bas.

Sigismond y exigeait qu'on fasse preuve envers eux de la même fidélité dont on faisait preuve envers lui, qu'on les protège, et accorde toujours à Ladislav, ainsi que le roi nommait le chef des Tziganes, le droit, s'il se trouvait un voleur dans sa communauté, d'être le seul à pouvoir le juger.

Brož là-dessus rêva, et ce rêve lui tint chaud bien des heures.

Notre siècle n'aime plus le peuple de Ladislav. Les seigneurs, les bourgeois, les paysans, l'Église, tous lui donnent à porter malheurs et méfaits, pêle-mêle, quand il n'y a pas de quoi.

Je n'ai ni le sens, ni le goût de trancher sur la valeur des hommes et des femmes selon la couleur de leur peau, de leur langue, de leur pays ou de leur rang. Si j'avais dû prendre ce pli imbécile, je n'aurais pas eu le privilège de connaître Brož qui était très seul hors notre amitié.

Brož disait qu'il se trouvait assez heureux tout compte fait d'avoir une physionomie étrange, une physionomie d'étranger à ses ancêtres mêmes, tchèques comme bohémiens, car ainsi n'avait-il pas à choisir entre les deux. De fait, cet homme irait dans la vie semblant toujours déguisé aux yeux de son prochain, quand il portait moins de fard que quiconque.

Les bohémiens l'auraient peut-être accueilli en leur sein avec moins de manières que les autres, mais sa mère étant morte quand il était enfant, il n'avait pas eu le temps de se lier avec sa communauté. Il n'avait connu d'intimité qu'avec son père, que ce mariage, par-delà la mort de son épouse, avait tenu isolé. Et avec cette femme qu'il avait pour amie.

Il lui rendait visite les dimanches, passait la nuit chez elle, c'était leur arrangement. Tout vieux qu'il était, à près de soixante-cinq ans quand je l'ai connu, il se préparait à ses rendez-vous avec soin, et revenait de chez la dame encore plus beau qu'il ne s'y était rendu. Baigné, rasé de frais, le cheveu soyeux, la chemise propre ou même neuve, et du tissu le plus fin qui soit. Un jour, il revint avec une paire de bottes neuves, les mêmes que la veille, mais neuves. « Celles-là seront bonnes jusqu'à la fin. » À ces détails des soins et cadeaux que lui prodiguait son amie, je savais que la dame était riche. Je n'apprendrais que le jour où il tomba malade qui elle était.

Pour le comte Sporck, Brož aurait donné sa vie. L'homme l'avait employé au métier de confiance de gardien de son théâtre. À cette charge étaient liés une chambre où dormir, sur un vrai lit quoique un peu petit, et le couvert, qui grâce à Adela lui était servi bon et solide. S'il n'en avait tenu qu'à ce poison de cuisinière en chef, il n'aurait pas fait gras souvent.

Comment est-ce que je sais que nous fûmes amis quand nous ne partagions rien d'intime ? Pas même nos repas, car il aimait manger seul et sans qu'on le voie. Comment le sais-je quand il n'évoquait rien de son passé, ne parlait jamais du lendemain, seulement au présent et pour agir dans l'instant ? Peut-être à cette habitude que nous prîmes d'aller ensemble à la promenade. Toujours la même, le but en était le pont de pierre. Le traverser et revenir.

Il aimait ce pont autant que moi.

Mis à part ses sorties du dimanche, ces promenades-là étaient les seules qu'il faisait hors du palais.

J'étais bien conscient, sans aucun doute l'était-il aussi, que la paire que nous formions attirait singulièrement le regard. Deux Pragois, plus libres que les autres, comme à la parade, le long de ce qui est un peu, peut-être, notre galerie des Glaces à nous.

Lorsqu'un voyageur me dirait bien plus tard que derrière ses palais pleins de fantaisie, Prague était une ville triste au fond, je penserais à notre pas de deux, à Brož et moi, sur le pont de pierre, le visage sévère, quand dedans nous riions.

Nous brûlerions environ quatre cents bougies par représentation. Sporck requérait qu'elles soient de la meilleure qualité. Pour s'en assurer, il prendrait sur lui cette dépense.

Il disait préférer voir le théâtre fermé plutôt que ses hôtes soient insupportés par la fumée noire des mauvaises chandelles et autres lampions à mèche, trempée dans de l'huile de pied de bœuf ou de poisson. L'odeur, que même les parfums des grandes dames n'auraient su masquer, et pourtant elles en avaient de violents, en était détestable, à vous dégoûter d'entendre les plus beaux vers, disait-il.

Quant aux acteurs chantants, quel intérêt de faire venir les meilleurs et depuis aussi loin que Venise pour que d'infâmes fumées leur attaquent le gosier. Non, si l'on prétendait recevoir dans ce théâtre jusqu'à l'empereur, les bougies seraient irréprochables. Aussi le comte ne jurait-il que par la cire d'abeille qui était très coûteuse. Acheter une seule de ces bougies aurait privé un homme du peuple de manger pendant des jours.

S'il les achetait à un marchand de Leipzig, cette cire venait d'Afrique. Savoir que cette lumière venait d'Afrique !

Les toutes premières années, trois lustres de trente-six bougies chacun éclaireraient le parterre. Au fil du temps j'imposerais qu'il ne soit plus autant éclairé. Je trouvais qu'il n'y avait que des avantages à cet arrangement. Une grande dépense serait évitée, la scène, où était ce qu'il y avait de mieux à voir en principe, n'en brillerait que mieux par contraste et face à des gens moins distraits à poser et se lorgner entre eux.

Dix lustres de douze bougies chacun éclairaient le dessus de la scène seule, et cinquante bougies la rampe. Sur toute la profondeur de la scène et de chaque côté, cinquante bougies étaient placées à hauteur d'homme pour illuminer les acteurs.

À cela s'ajoutaient encore les cinquante bougies qui couraient devant les décors de fond de scène.

Je ne parviendrais pas toujours après Sporck à éclairer mon théâtre avec les moyens que j'aurais aimé avoir. Il me faudrait alors retourner à la chandelle et embaucher des petits moucheurs point trop maladroits, car ce métier-là, avec mes béquilles, ou même assis sur ma chaise roulante, étant donné la configuration du théâtre, je n'aurais su le faire.

De jour, nous ouvrions les volets qui voilaient les trappes au plafond. Pendant les spectacles, un maillage de laiton laissait par là s'échapper la chaleur concentrée de tous ces corps et les fumées de combustion.

C'est à la lumière de ces trappes que j'installerais mes bougies. Il me faudrait une longue journée de travail pour toutes les mettre en place. Leur durée de vie était de cinq heures. Les spectateurs devaient être installés, le spectacle joué et le monde reparti dans ce temps-là.

Si l'installation des bougies était laborieuse, l'allumage était très rapide, grâce à ce fil d'amadou qui reliait leurs mèches et que Brož m'enseigna à placer.

Ce fil d'amadou, il allait l'acheter dans la ville juive.

J'y ai passé la nuit en songe. Dans la ville juive.

Antonin me moquerait de ce que je n'étais l'ami que de gens qui craignaient le feu pour le provoquer plus souvent qu'à leur tour, les boulangers, les gens du théâtre, et les juifs.

Je veux m'y arrêter un peu. À la ville juive.

Je me répète peut-être.

C'est que le corps me fait mal ce matin et empêche ma tête.

La ville juive est cet autre membre du corps de Prague, greffé sur la Vieille Ville.

Avant cette affaire de fil d'amadou, je n'y étais allé qu'une seule fois, enfant. J'accompagnais mon père. J'étais infirme déjà. Depuis peu. Dans les rues, la presse était telle qu'on aurait dit jour de marché à l'heure de la plus grande affluence. Mon père m'assura que c'était dans la ville juive l'état normal des choses.

Josef rendait visite à un sculpteur qui vivait au rez-de-chaussée d'une maison derrière la vieille-nouvelle synagogue, juste à côté du cimetière. C'est là que nous trouvâmes l'homme au travail, à tailler une pierre tombale.

Maître Hoffman portait des bas, une culotte, une grande blouse, noirs, le tout voilé de poussière blanche. Il avait décidé de me faire rire, y réussissait très bien, à coups de petites plaisanteries qu'il faisait moitié en allemand, moitié en tchèque. Il réussit même le tour de force de me faire chanter, « à condition que vous ne me regardiez pas », lui avais-je dit, « d'accord », avait-il répondu, et de me placer de telle façon, que me tournant le dos il me voyait par ricochet dans un bout de glace qu'il avait dans l'atelier. Quand je m'aperçus de sa supercherie et qu'il me regardait fixement les yeux bien écarquillés, je ne sus que rire, lui aussi, et mon père, en chœur.

Au théâtre, quand je plaçais ces petits miroirs dont je voulais qu'ils magnifient la lumière des bougies, je penserais toujours à lui.

Mon père et maître Hoffman décidèrent de se rendre sur le chantier qui était au centre de leur préoccupation. Alors le tailleur de pierre se saisit d'un long plumeau dont il s'épous-seta, en exécutant une danse si comique. Et rien que pour moi. Ah comme il me fit rire encore, de si bon cœur.

Il fixa sur ses épaules un col jaune pendu à un clou près de la porte, posa une calotte noire sur sa tête. Nous quittâmes la ville juive, traversâmes le pont de pierre pour nous rendre sur le Petit-Côté.

J'aurais voulu marcher entre maître Hoffman et mon père, main dans la main.

Mais je tenais déjà mes béquilles.

Je ne le revis jamais.

Que savais-je, enfant, de la ville juive ? Que ses portes étaient ouvertes au matin, et que les populations des deux confessions se mélangeaient de jour assez, que les portes étaient fermées le soir, que le nombre des juifs était si grand qu'ils seraient bientôt les plus nombreux dans Prague, qu'il faudrait bien un jour pour avoir la paix les chasser comme Vienne l'avait fait, en manière de bonne purge ! Voilà ce que j'entendais enfant.

Bien sûr, j'étais vaguement inquiet, je m'enquérais auprès de mon maître František de leur nombre réel. Il m'enseigna que les gens de la ville juive constituaient un bon quart des habitants de toutes les villes de Prague.

Je crois qu'ils sont moins nombreux aujourd'hui qu'alors.

Le père František me dirait encore que les juifs étaient installés à Prague depuis des siècles et des siècles, qu'ils y avaient eu leurs heures de gloire, et des hommes d'esprit, de grand talent, mais qu'ils attiraient, plus souvent que la paix et la louange, les foudres de la colère des chrétiens, et les horreurs de la peste, qui prenait chez eux aussi vite que le feu. Aussi les hommes de cette communauté étaient-ils connus pour être les plus efficaces dans l'art de maîtriser les incendies. À cela personne n'avait rien à redire. Ainsi conclut mon maître.

Parler des Tziganes à l'occasion de nos leçons sur l'histoire de la Bohême, lui était à l'évidence, comment dire, plus naturel. Sur le sujet des juifs, il ne s'étendrait pas.

Cette affaire d'incendie me ramène à mon fil d'amadou.

Brož, en même temps qu'il m'enseignait la façon de le placer, me dit où il allait le chercher et aussi de tenir ma langue à ce sujet, car le cordelier de la ville juive où il allait m'amener ne se contentait pas de le tresser. Il le préparait pour plus d'efficacité encore en l'enduisant d'une certaine matière inflammable, sur laquelle il valait mieux ne pas trop en dire, pour la tranquillité du cordelier au sein de son quartier.

Sporck était au courant de la préparation de ce fil et approuvait tout à fait son usage, qu'il considérait comme un progrès. Il en assurerait, comme des bougies, le financement pour le théâtre, avec l'accord empressé de Denzio, l'impresario.

Brož et moi gardions les réserves de fil d'amadou dans un coffre cerclé de dalles de pierre, fermé à double tour.

Je pénétrai dans la ville juive à la suite de Brož par la porte près de Tyn. Il poussait notre brouette. Il y avait mis un sac avec dedans une corde.

Le nombre de gens, dans l'enceinte de cette ville, était encore plus grand que dans mon souvenir d'enfant. Se succédaient échoppes de tailleurs, cordonniers, forgerons, bouchers, barbiers. Et tout ce monde de se croiser sur leurs seuils. Du fond des ruelles, me parvenaient ici des plaintes de violon, là un air vif de flûte.

Les chrétiens ne voulaient plus que la ville juive s'étende, les murs devaient ne plus bouger, jamais. Mais comment ? Quand dedans la vie était ce bouillon.

Plusieurs jeunes femmes m'apparurent non seulement très belles mais magnifiquement vêtues, quand j'étais habitué, lorsqu'elles allaient à leurs affaires dans les autres villes de Prague, à les voir habillées de façon terne, sauf un foulard jaune barrant leurs fronts. C'est qu'on ne voulait pas que les juifs soient beaux et à leur avantage au milieu des chrétiens, aussi ne devaient-ils sortir de leurs murs qu'habillés humblement, et en se signalant d'un voile, d'un ruban, d'un col, toujours jaunes, cette couleur leur étant assignée. Ils allaient déguisés en somme. Quel théâtre que le monde.

Se convertir aurait pu être une issue pour ne plus avoir à tenir ce rôle d'otage que la chrétienté leur réservait. Certains s'y résignèrent, et parfois le désirèrent contre la volonté des leurs, ainsi du jeune Simon, tué des propres mains de son père, ou était-ce son oncle, pour avoir voulu se faire chrétien. Le mien de père était enfant lorsque cette cruelle histoire enragea l'Église.

Sur cette persévérance à rester juif au fil des siècles, un Tchèque d'une lignée comme la mienne ne pouvait que s'interroger. Les juifs avaient tenu là où les réformés tchèques avaient renoncé. Qu'avaient-ils de plus que mes aïeux pour tenir ainsi tête à Rome ? Pour vivre à Prague, depuis des siècles et des siècles, sans rien en rabattre. On les exile ? Ils reviennent, inchangés. Ces gens-là tiennent à leur religion comme à leur sang. Je le sais bien, j'y ai laissé un amour. J'y viens.

Le cordelier avait son atelier rue du Saint-Esprit. Nous passâmes ce salon de liqueur, de mauvaise réputation chez les chrétiens, je crois simplement du fait qu'il était ouvert le dimanche, nous passâmes encore un atelier de luthier, une friperie, un chapelier enfin, et atteignîmes l'échoppe du cordelier. Elle était fermée. Il neigeait. La porte de l'atelier du chapelier d'à côté s'ouvrit.

Eva nous pria d'entrer nous y mettre à l'abri, le temps que le cordelier revienne de sa course.

La fille du chapelier ne ressemblait à personne, ni femme ni homme que je connaisse, que j'aie connu depuis. Non pas que comme Brož son apparence ait été spectaculaire. Elle était menue, peut-être jolie, mais surtout, comment le dire, si vive.

Là où les questions des gens sont en général fermées, à un seul verrou, Eva, en une question, déverrouillait mille choses. Elle ne demandait pas où vous étiez né, quand, dans quel quartier, de quels parents, elle demandait : « Et vous monsieur, comment avez-vous échappé à la peste ? », alors vous lui racontiez, où, avec qui, comment, à quel âge et bien plus. Il en allait ainsi de tout.

Elle disait : « Vous ne parlez pas comme un élève de jésuite, pourtant vous êtes allé à l'école, n'est-ce pas ? », ou encore,

« À la manière dont vos jambes se tiennent, je ne crois pas que vous soyez tombé. Une calèche vous aura brisé les genoux, monsieur ? La calèche de qui ? »

Vous penserez qu'elle était effrontée, et tout autre qu'elle, qui vous aurait demandé cela, vous aurait pressé intolérablement. Mais comme Eva avançait déjà par magie ou talent vers la réponse à mesure que la question naissait dans sa tête et sur ses lèvres, son regard compatissant planté dans le vôtre, vous vous entendiez faire une réponse qui ne paraissait être que le prolongement de sa pensée.

Par ses questions et mes réponses, bien que courtes, elle sut tout, que le théâtre pour lequel nous venions chercher des « cordes » était celui de Sporck, celui qui avait envers moi une dette dont il aurait eu la liberté de ne pas se croire redevable, que le précepteur piariste dont je lui avais dit qu'il avait été mon maître avait sans doute été financé par ce même comte, car mon père, maître d'ouvrage, ainsi que je l'avais décrit quand je répondais des circonstances dans lesquelles j'avais vécu la peste, malgré toute sa bonne volonté de père aimant, n'aurait pu payer un précepteur. Et ainsi en était-il de ce petit bijou de femme, qui m'étourdissait et me faisait danser à son gré. Et vous direz que déjà j'étais fait, pris, amoureux.

D'Eva émanait quelque chose de si affranchi que j'en restais bouche bée. Des gens qui ont ces airs de liberté sans façon ni impertinence, il ne doit pas s'en rencontrer beaucoup par le monde, en tout cas pas dans mon pays.

En jupon de laine rose, en petite veste cintrée de velours noir, elle entretenait la conversation, assise sur le bord de la table, balançant ses jambes l'une après l'autre, comme une enfant. Je voyais tour à tour ses chevilles mignonnes dans des chaussures de princesse qui jamais, pour les raisons honteuses que j'ai dites plus haut, n'avaient foulé les rues des chrétiens.

Nous parlions en allemand et un peu en tchèque. Elle le parlait, comme maître Hoffman, bien mieux que Sporck.

Brož ne disait pas un mot, regardait la neige tomber par la fenêtre, sa brouette s'en remplir. Eva le prenait à témoin de notre conversation parfois, quand il voulait bien que son regard croise le sien.

Mais il n'écoutait pas. Cet homme n'était qu'à une chose à la fois, d'un bloc, et en l'occurrence il était à attendre le cordelier pour y prendre son fil d'amadou.

Le chapelier rentra dans son atelier. Tout en nous présentant à son père, Eva prit la cape qu'il lui tendait, en fit tomber la neige sur le coin de l'âtre, l'accrocha à un clou sur le côté de la cheminée. Il nous dit que le cordelier et lui étaient revenus de leur course ensemble, que notre homme venait de rejoindre son échoppe. Brož s'anima, remercia d'un mot, salua d'un geste et je le suivis. Je quittai Eva sans avoir pu m'assurer de quand je la reverrais.

Nous nous rendîmes chez le cordelier, qui tenait notre commande toute prête. Le fil d'amadou dans le sac, le sac sur la brouette, notre corde alibi posée dessus en évidence cette fois, nous quittions la ville juive. Eva nous guettait derrière la fenêtre. Je m'arrêtai, le temps de lui sourire, comptant bien qu'on ne m'ait pas menti à prétendre que ce sourire était un appât. De fait, son visage s'éclaira de telle manière en réponse que je sus que je n'étais pas le seul à souhaiter une prochaine rencontre.

Je la quittai ne vivant déjà plus que pour la revoir, ne jurant déjà plus que par ce fil d'amadou qui me donnerait l'occasion de revenir sous ses fenêtres.

Comment ne pas s'étonner de ce que deux communautés voisines depuis des siècles se connaissent si mal, soient chacune entretenue dans la défiance de l'autre.

Eva me raconterait que ses frères de confession avaient assez bien vécu au siècle qui avait précédé le nôtre, que l'empereur Rodolphe recevait au Château le grand rabbin Low.

L'empereur Ferdinand lui, les récompenserait même de leur fidélité à l'empire. Pour l'avoir démontrée tout au long de la guerre qui avait duré trente ans, les juifs furent autorisés à construire un clocher sur leur hôtel de ville, privilège autrement des églises. Tout en haut de la flèche, ils purent arborer les armoiries qu'en sus l'empereur leur offrit, constituées d'un casque suédois pris dans l'étoile de David. Car quand ceux-là vinrent à la curée, les juifs défendirent Prague.

Je connais des Tchèques, issus comme moi de lignées de réformés, qui un siècle après, en voulaient encore aux juifs d'avoir si bien servi l'empire pendant la grande guerre qui les avait écrasés.

Si à l'heure où j'écris, les temps semblent leur redevenir favorables, quand j'étais jeune, la fidélité dont les juifs avaient témoigné à l'empire un siècle plus tôt ne valait plus grand-chose. Notre empereur, disait Eva, n'aime plus les juifs. Et de fait, Charles était menaçant.

Avant de connaître Eva, je craignais la ville juive et les juifs eux-mêmes, affublés de cette réclame jaune, qui est une couleur qu'on n'aime pas. Mais à compter de ma rencontre avec elle, quand je mettais le feu au fil tressé d'amadou, que j'observais avec ravissement la lumière courir, illuminer peu à peu le théâtre, j'étais heureux, de la lumière pour la lumière, d'Eva pour Eva. Et si j'ajoute à cela le souvenir de maître Hoffman et ses jeux de miroirs, la ville juive n'a plus rien de sombre pour moi. Elle brille.

Mais c'est l'hiver.
Je m'y perds.
Il faudra bien si je veux que mon récit trouve sa fin,
et je ris de la farce que je viens d'écrire,
car je sais trop bien comment tout cela va finir,
que je passe mieux la bride à mes digressions,
sinon à force d'insister à me divertir, je vais perdre le fil.

C'est que la douleur est de plus en plus maligne.

Je dois revenir en arrière. C'était l'été.
Le comte le voulait, tout devait être prêt pour la représentation du lendemain.
C'est là où j'étais avant le détour par la ville juive.

Mais la bougie s'éteint et l'encrier est vide.
Cinq heures d'affilée que j'écris, accroché à une plume.

J'en étais au tout début de mes débuts comme gardien du théâtre, à ce premier après-midi.

Brož venait de me faire découvrir le trésor de nos bougies et la resserre où il tenait l'amadou.

Il me fit d'abord monter sur scène, où je n'avais aucun rôle à jouer. Sauf que tout rayonnait d'elle, les coulisses, l'au-delà des décors, l'en deçà, l'au-dessus, accessible par un escalier en haut duquel se trouvait un palier, d'où un treuil descendait et remontait les décors de fond.

Pour le spectacle du lendemain, l'*Orlando* devrait se contenter des deux seules toiles qui étaient peintes.

Je découvris encore les réserves de décors latéraux, qui eux étaient tous prêts, cachés derrière les pendrillons. Ces décors étaient associés à ceux du fond de scène, enfin le seraient, une fois au complet.

Les décors latéraux étaient eux actionnés depuis le dessous de la scène. Nous y descendîmes, là je découvris cabestans, tambours et poulies, entrelacs de cordes.

Je sais que les Français n'emploient pas au théâtre ce mot de corde, y préfèrent le mot de fil, non plus ce mot de poulie, auquel ils donnent le nom de moufle, car s'ils usaient de ces mots, le théâtre risquerait… la foudre ! Seulement je ne suis pas français.

J'étais là-dessous très mal à mon aise.

Dans cette cale sous la scène, je ne pouvais tenir debout avec mes béquilles. Je n'avais pas la ressource de me courber, comme même les plus petits ouvriers le devaient. Bien que Brož me redise que ma fonction était de contrôler le bon état et fonctionnement du théâtre et que cela n'impliquait pas que je manipule les machines, il me semblait que je devais être en position, non seulement de descendre pour faire mon inspection, ce qu'à ce stade je ne pouvais pas, mais aussi d'actionner les cordages si besoin. Car j'avais de bons bras, bien forts, et l'idée de ne pas pouvoir m'en servir me déplaisait.

Décidément, que ce soit pour placer les bougies, comme pour le reste, j'avais besoin de ma chaise roulante.

C'est cette évidence qui me fit me précipiter dans mon quartier, où je retrouvai Pavel et Antonin.

Je leur demandai de m'accompagner à la maison.

Il y faisait un froid malgré l'été à crever le cœur. Je pris ce dont j'avais besoin et m'enfuis comme un voleur.

Mes compagnons obtinrent la permission de quitter leur ouvrage deux heures.

Ils me ramenèrent au théâtre.

Antonin poussait la chaise avec moi dessus, pendant que Pavel jouait à l'infirme avec mes béquilles.

Sur le parterre je pourrais aisément me déplacer sur ma chaise roulante, m'asseoir sur le rebord de la scène et la hisser moi-même. Je pourrais aussi, mes mains libérées, tirer les cordes pour descendre les lustres, placer les bougies, faire mon travail enfin. Si bien que ce fauteuil ne quitterait pas le théâtre avant l'année 1737.

Les dessous de la scène restaient un problème, ma chaise ne m'autorisait pas de me déplacer dans le monde d'en bas.

Puisque j'en suis à ce sujet, lorsque le comte quelques jours plus tard viendrait s'enquérir de comment j'avais pris mes fonctions, je lui démontrerais que pour y accéder, je n'avais pas besoin d'une chaise coûteuse, qu'un tabouret sur roue suffirait, que ce siège resterait toujours dans ce réduit, au pied de l'escalier, qu'ainsi j'y serais parfaitement indépendant.

Sporck m'envoya dès le lendemain un charpentier avec qui je conçus un siège sur roue tout exprès pour me mouvoir dans ce petit espace.

Pavel et Antonin, déjà émus de découvrir le géant Brož, le théâtre, la débauche d'ouvriers, furent abasourdis lorsque la troupe d'Italiens débarqua avec costumes, instruments, et leur langue, sonore. Et des cris. Abasourdi, je le fus aussi, quand j'aurais voulu devant mes amis jouer déjà l'affranchi.

Il fallut bien éconduire musiciens et chanteurs, leur dire que la représentation du soir ne se donnerait pas. Tout ce monde fâché ajouta pour un temps au chaos, avant qu'il ne fût résolu entre le comte et l'impresario que les musiciens rapporteraient leurs instruments, mais que les chanteurs pouvaient distribuer dans quelques loges leurs costumes, et qu'on placerait, la maison restant ouverte à tout vent la nuit du fait des travaux, quelqu'un pour y veiller jusqu'au lendemain.

Les costumes et accessoires furent montés à l'étage.

Habits de soldat ou de prêtre romain, de chevaliers, de sauvages, robes de reine, étoles dorées, argentées, plumes rouges, peaux de tigre.

En plus des costumes, il faudrait prendre grand soin des faux bouquets, lances et guirlandes, drapeaux, arquebuses, canons et boulets de carton.

Des trésors.

Brož et moi prîmes avec gravité nos tours de garde.

En prévision de la fin du jour, j'ai garni mon chandelier.

Je ne sais pas pourquoi je tourne autour de cette première représentation comme un prédateur autour d'une proie.

Toute la nuit se passa dans une grande effervescence.

Sporck lui-même ne nous quitta que fort tard.

Au matin, il fallut préparer les lumières pour la représentation du soir.

Pour la première fois, je fis descendre au bout de leur corde les grands lustres du parterre, pris place sur ma chaise à roues d'où je les garnis, en m'aidant d'un tisonnier qu'Adela m'avait fourni pour placer les bougies les plus éloignées. Je cherchais en toute chose à être indépendant de Brož. Pour cette raison encore, j'irais aux écuries m'enquérir de deux grandes besaces, que l'on me dénicherait. Au théâtre je les porterais toujours en bandoulière. J'y tiendrais tout objet que je devais, et avant tout mes bougies.

Pavel et Antonin étaient retournés à leurs logis avec la promesse de revenir me voir le lendemain, ce à quoi Brož donna son accord, et il fut, je le notai, surpris et flatté que je m'enquière de son approbation.

Mes amis m'avaient tendu, quand ils allaient partir sans plus y penser, une lettre qui était arrivée pour moi au marché au charbon.

Elle était de Françoise. Elle m'y disait avoir beaucoup pleuré quand elle avait lu que mon père était mort, mais que pour le reste, elle était contente, surtout que je me sente libre autant qu'elle l'était, car justement, elle venait de se fiancer à un garçon très bien, d'une condition telle que l'autorisaient les charges récentes et importantes de son père.

Ainsi, concluait-elle, tout était pour le mieux. Elle me souhaitait bien du bonheur, comme elle ne doutait pas que je souhaite le sien.

Ai-je dit que pour créer l'illusion nous disposions d'un appareil à imiter le vent ? Et d'un autre le tonnerre ? Produit au moyen de boulets de bois grossièrement taillés, que l'on faisait rouler à grand fracas le long d'une goulotte pentue depuis l'escalier latéral.

Deux toiles de fond étaient prêtes. L'*Orlando* du soir devrait se contenter de l'enclos de cyprès et du paysage de bord de mer. Elles furent montées sur leurs cadres.

Les autres toiles, un paysage de ville antique, un boudoir, un salon d'apparat, seraient livrées dans la quinzaine.

Il ne restait plus qu'à tirer l'imprimeur du lit.

Quelques heures plus tard, de nouvelles affiches étaient placardées dans Prague, annonçant le spectacle de ce lundi 23 octobre 1724.

Orlando Furioso
Drama per musica
Da rappresentarsi nel rimodernato Theatro
Sporck
L'autunno Del Anno 1724
Consecrato
Alle Dame é Cavaglieri dell

Reggia Citta di Praga

En dessous la même chose était écrite en langue allemande.

Alors qu'on la placardait en ville, un exemplaire de l'affiche tout humide encore d'encre entre les mains, je m'installai dans le fauteuil de la loge centrale du premier balcon.

J'admirai les effets en trompe-l'œil créés par le peintre sur la gigantesque toile placée en fond de scène.

Je voyais la mer, et le port au loin.

Assis sur ce fauteuil de velours rouge, et moelleux, où le comte serait le soir, j'essayais de me souvenir de ce que mon maître m'avait décrit pour être le parfum de l'air au bord de la mer. Épuisé, sur l'illusion d'y être, je m'endormis.

Au fil de l'après-midi, au milieu des derniers arrangements, coups de marteaux et retouches de peinture, Denzio d'abord, puis les musiciens et les chanteurs de la troupe, prirent possession du théâtre.

Des chanteurs et danseurs s'habillaient au vu de tous et sans gêne. Grande, très excitante affaire, et je dirais émouvante même, de voir ces nus trop maigres ou trop gras, fragiles en tout cas, passer des cuirasses fantastiques ou des toges dans lesquelles dès lors qu'ils en étaient parés, ils devenaient sublimes.

Ces costumes étaient à la discrétion des artistes et de leur impresario. Qui d'ailleurs était de moins en moins Peruzzi et de plus en plus Antonio Denzio, le ténor phare de la troupe. Car l'aventure à peine commencée, ces deux-là étaient déjà fâchés. Je m'épargne des détails pour écrire seulement que Denzio aurait gain de cause auprès des autorités de la ville et reprendrait les destinées de la troupe en main.

Peruzzi quitterait Prague pour Breslau, dont il animerait là-bas le théâtre.

Enfin donc, sur les cinq heures et demie, les premiers spectateurs prirent place.

Certains de la noblesse, échaudés de la veille, ne revinrent pas, mais la plupart se présentèrent à nouveau, pour le plaisir de la découverte, ou pour avoir déjà goûté au talent des musiciens italiens, à Kuks peut-être, où à Prague même. La troupe de Peruzzi et Denzio était en effet rentrée de Kuks quelques semaines avant nous, et s'était donnée, en attendant de s'installer au théâtre de Sporck, à entendre et voir, à la salle Manhardt ou à celle du Petit-Côté, je ne sais plus. Ainsi la réclame avait-elle été faite.

Sur les six heures un quart, Brož me tendit le briquet au moyen duquel je mis le feu au fil d'amadou. Le théâtre s'illumina. La représentation n'avait pas débuté, pourtant je dis qu'à ce moment déjà le spectacle avait commencé.

Sur les six heures et demie, les musiciens s'installèrent dans la fosse.

À sept heures, le spectacle commença.

L'*Orlando Furioso* avait encore meilleur goût ici qu'à Kuks. Les visages blancs, les joues roses, les lèvres carmin des chanteurs, les plumes et les toges, le port au loin, brillaient sous une lumière qui me devait quelque chose. C'était bien peu, et le premier venu aurait pu le faire, mais j'étais content, me sentais, pour la première fois depuis la disparition de mon père, bon à quelque chose, à être quelqu'un, au-delà d'un orphelin.

Brož se tenait au seuil du théâtre, veillait à ce que tout le monde entre dans le calme, arrêtait les fraudeurs. Certains parvenaient pourtant toujours à s'infiltrer dans la presse. Ceux-là, je devais les confronter au deuxième palier, aussi discrètement que possible.

Quand le public était installé, ce premier soir comme les suivants, Brož s'asseyait à l'entrée du théâtre, et restait là, continuant de monter la garde tandis que je rejoignais ma loge armoire.

Il ne voulait pas que nous changions les rôles. Il n'aimait pas être enfermé, disait-il, dans le théâtre avec tout ce monde, et encore moins dans la loge minuscule que je rejoignis ce soir-là pour la première fois.

Elle était conçue sur le modèle de celle de Kuks. Elle surplombait la rampe, côté jardin. Depuis cet endroit, on pouvait observer sans être vu, lancer des confettis, des fleurs à une actrice.

Invisible derrière la grille en maille de cuivre à trois pans verticaux, dont je laissais ouvert le dernier volet, je surveillais la salle, les loges. J'irais m'enquérir d'une dame que je verrais s'évanouir, éteindre une querelle avant qu'elle ne gâche la fête.

Cette logette, je l'appellerais « mon nid », parce que je m'y sentirais mieux chez moi et à l'abri que n'importe où ailleurs pendant des années.

De ce nid, j'observai ce soir-là particulièrement Sporck, assis dans la loge centrale, au premier balcon.

Comme il bombait ce torse que ma mère avait battu un jour comme drap mouillé.

Le sourire ne quittait pas ses lèvres. Le parterre et les loges étaient pleins du plus beau monde, et Denzio chanta le « *Nel profondo cieco mondo* » mieux que jamais.

Je connaissais l'*Orlando* maintenant par cœur, notai ce fait curieux, que plus on entend un air, à moins qu'il vous rebute dès la première fois, plus vous y êtes attaché. C'est comme un chemin dont avec le temps vous percevez de mieux en mieux les détails, les points de vue.

La représentation prit fin à dix heures et demie sous des applaudissements à tout rompre, que Sporck prit sans doute un peu pour lui. Comble de la reconnaissance, la princesse Lobkowicz et la comtesse Martinic vinrent lui payer compliment et lui exprimer leur gratitude.

La bonne idée que le compositeur Bioni avait eue d'aller piocher dans les arias de ce Vivaldi !

Ce ne serait pas la seule fois, loin s'en faut, Denzio y pousserait souvent, car ce musicien, par ailleurs son ami, enchantait les audiences d'Italie, et Prague succombait à son tour sous ses tableaux sonores, expressifs et saisissants. De cette force de conviction, le coûteux théâtre d'opéras dépendait. Vitale que cette affaire de bas argent à la magie d'une scène. Je le comprendrais très vite, dès le lendemain de ce premier soir, à la hâte fiévreuse qu'avait Denzio de faire les comptes de la recette de la veille.

Puisque j'en suis venu à parler argent. Voici une petite variation sur les rapports qu'entretenait avec lui le comte. Elle pourrait s'intituler, *d'où je sus que cet homme ambitieux et libéral ne se serait pour autant jamais ruiné par orgueil.* Ce qui est vertu, pour un paysan allemand…

Donc, Denzio me confierait que Sporck avait investi quelque 500 gulden dans la rénovation du théâtre. Sachant qu'une loge s'y louait au mois 70 pour les moins chères, 160 pour les plus en vue, sachant encore que l'année comportait trois saisons et que chacune durait trois mois pleins, je déduisis que le comte n'avait peut-être pas été dans cette affaire aussi fougueux qu'il l'avait semblé.

Non pas que Sporck, qui avait fait construire à ses frais bien sûr ce théâtre vingt ans plus tôt, rentrerait jamais dans ses frais, encore moins qu'il en tirerait profit, puisque la troupe de Denzio l'animait seule, mais vous aurez calculé comme moi que les plus fidèles et fortunés spectateurs y laisseraient à l'année près de 1 500 gulden, quand Sporck ne payait pas sa place. Ce qu'il aurait fait beau voir !

Prague vivait à l'heure de Venise, et qu'elle soit un peu en retard de mode sur la cité des Doges ne comptait pour rien, elle l'ignorait.

Les airs les plus plaisants étaient repris en ville, répandus par les domestiques des aristocrates qui fréquentaient le théâtre de Sporck. Chaque noble personnage ayant payé sa place pouvait amener avec lui un de ses gens, dont l'entrée au théâtre était libre. Depuis le coin des loges, des côtés du parterre, ce sont eux qui semaient les airs dans nos rues, les plantaient dans les têtes, dès lors investies comme coucou dans le nid.

Sporck subissait le premier les effets de cet engouement, au point de ne plus nommer autrement Denzio qu'Orlando, du nom du rôle que l'impresario et chanteur y tenait, et de ne plus appeler la demoiselle Bianchi que « La Bradamante ».

Bien sûr, il y eut quelques fâcheux qui trouvaient que ce n'était pas assez bien, qui disaient ah si seulement la musique avait été allemande, le théâtre de Sporck aurait pour le coup autrement mérité la gloire ! Car enfin comment, pensaient ceux-là, préférer des Italiens à Telemann ou Haendel ? Et ces gens méprisant tout sauf l'allemand, de conseiller à Sporck d'aller plutôt chercher ses compagnies à Hambourg.

S'il aimait la culture allemande dont il était l'enfant, Sporck n'était pas fou, il n'y avait aucun prestige à gagner par là. L'opéra alors était italien.

De Sporck, on aurait pu dire qu'il était allemand autant que français par les lettres, et italien par la musique.

Et tchèque ? En quoi ? Eh bien c'est un fait, je ne sais pas.

Mais enfin, malgré ces quelques protestations, le comte Sporck avait remporté son pari. La modernisation de son théâtre et l'accueil de la compagnie de Denzio furent l'élément artistique majeur à Prague cette année-là et au-delà.

Comme à Kuks, l'*Orlando Furioso* fut donné avec succès et le serait jusqu'à la mi-décembre. Jamais aucun autre opéra donné par cette troupe à Prague n'aurait plus de succès que celui-là.

Je prendrais bientôt beaucoup de plaisir à mettre au point des jeux de poulies, à faire descendre, remonter, cache-lumières et boules de verres colorées sur mes bougies, pour changer d'un coup tout le paysage de la scène. Denzio, très tôt, m'encouragerait à ces petites folies. Je les manipulerais moi-même, depuis la chaise à roues de mon père, bien assis.

À l'ouverture de la saison d'hiver, l'on donna *L'Innocenza giustificata*. Cet opéra eut un grand succès mais moins que l'*Orlando*.

Lucio, je crois, fut le titre de l'opéra suivant, et un échec complet.

Ainsi, en moins d'un an, je fus au fait de ce qu'est une salle où des spectateurs se lèvent de leurs sièges portés par l'extase au beau milieu d'un aria.

Je vis ce qu'est une salle qui reste sage, mais s'en retourne somme toute contentée.

Et je vis enfin une salle où il ne se passe rien, où les bougies de la meilleure cire peuvent brûler, les spectateurs sont éteints et s'en retournent chez eux sans le bénéfice qu'ils étaient venus chercher, d'être quelques heures arrachés à leurs vies.

Ou plus prosaïquement à leurs rages de dents.

Ah pour moi, ce ne sont pas les quelques dents qui me restent qui me blessent, mais cette grosseur au cou qui m'aspire et me vide !

Mon docteur n'aurait pas dû chercher à voir de quoi cette grosseur qui me pousse était faite.

L'incision qu'il a pratiquée ne lui a rien appris, et l'entaille ne guérit pas. Il n'a fait que provoquer un abcès sur la grosseur. De plus en plus grosse. Me voilà maintenant en plus du reste affublé d'une canule par où la plaie suppure. Ah ça, je dois être beau !

C'est un crève-cœur de devoir décourager mes amis de me venir voir.

Ainsi, ce médecin, au lieu de l'alléger, a alourdi ma croix !

J'y ai au moins gagné qu'il ne me rationne plus mon laudanum.

Chère potion.
Je me garde de toi.
Le soulagement que tu me procures me prive de conscience,
sans laquelle je ne suis pas plus maître de moi-même,
que lorsque je suis abandonné à la douleur.
Alors je taille la plume de l'oiseau,
dresse la bougie, l'allume,
et que toutes deux me tiennent bien éveillé,
puisque si j'éteins la lumière,
dans le face-à-face où je serais seul avec mon corps,
je sais assez qui de nous deux va gagner.

Quelle merveille de chanteur que ce Denzio. Quel homme ! Un homme à tout faire ! Un enfant chaque année à sa femme, trois spectacles au bas mot par saison, dont une création et deux opéras fabriqués sur fond d'arias brillants glanés ailleurs. Le plus souvent, Denzio irait puiser ces airs dans le répertoire de ce Vivaldi ou chez un autre compositeur ayant fait ses preuves en Italie. Pendant que lui cousait le livret autour d'airs disparates, un musicien, qu'il avait choisi excellent, liait en musique la mosaïque.

Cela n'était rien. Denzio chantait, répétait, apprenait les rôles, dirigeait les partitions des autres, répondait aux requêtes des chanteurs, des musiciens. Ceux-là voulaient rester, d'autres partir. Il fallait écrire en Italie pour en faire venir de nouveaux, et des meilleurs, et penser déjà au prochain spectacle, le tout à force de nuits blanches, toujours pressé par deux ou trois personnes accrochées à son habit, toutes voulant quelque chose de lui.

Mais aussi, il l'avait bien cherché, avait assez voulu la place au détriment de Peruzzi.

Malgré l'échec du *Lucio*, l'année 1725 fut une année faste, à chaque spectacle le parterre et les loges étaient presque toujours pleins. Sporck était content, assistait aux répétitions, prétendait donner son avis sur un crescendo, suggérait telle modification à tel costume et demandait à Denzio s'il était content de moi. Denzio, en courant, acquiesçait à tout vivement.

Des bals suivaient les représentations. J'y assisterais parfois avec la complicité d'Adela, de derrière une porte de service. Mais je le fis rarement. La frustration de ne pouvoir moi-même danser y était trop grande. Ce n'est pas que j'aurais voulu danser au milieu des princes. J'aurais voulu danser tout court !

Cette frustration ne m'était pas commune. Au théâtre, à regarder les ballets sur la scène qui se donnaient en intermède, je n'avais pas ce sentiment.

Sporck lui, ayant encore ses deux jambes, dansait, tout vieil homme qu'il était.

Une nuit, il dansa avec la princesse Kinsky jusqu'à l'aube. Il se vanta beaucoup de l'exploit.

Oui, l'homme était content. Il en aurait presque oublié ses querelles avec les jésuites.

Je le vis beaucoup dans cette période, il nous rendait souvent visite au théâtre, me plaisantait en me donnant du « monsieur l'ingénieur », du « monsieur le maître des lumières ». Il est vrai que je ne me contentais plus de placer les bougies sur les lustres, de descendre ou monter mes verres colorés ici ou là.

Je m'amusais à placer des miroirs, à un, deux ou trois pans, à jouer de leurs tailles, de leur inclinaison, de manière à ce que la lumière des chandeliers des côtés de scène soit renvoyée vers le visage des chanteurs, ou de toute autre pièce du décor vers lequel on voulait attirer l'attention des spectateurs. Denzio me ferait en la matière vite confiance, et lorsque je lui dirais que tel chanteur devait pendant tel air se positionner là plutôt qu'ailleurs, il me suivrait.

Je faisais tous ces efforts pour moi, par goût, autant que pour lui, Sporck.

Je l'admets, et cela me gêne.

L'hiver fut très froid cette année-là, mais la noblesse ne le sentit pas. Charmée de théâtre, elle se pressait dans sa chaleur et ses lumières. Quelle plus belle façon en effet de passer l'hiver.

Je sortais du théâtre le moins que je pouvais. Voir mon peuple le dos raide de froid ne me plaisait pas. Ni risquer de briser le mien en glissant sur la terre glacée.

Si je sortais, c'était pour rejoindre le quartier des boulangers où Antonin, encore apprenti, travaillait au fournil. Je passais avec lui de belles nuits, à l'aider en quoi je pouvais, et causer pendant qu'il travaillait. Dans la chaleur du four et les parfums dont ma mère disait qu'elle leur devait son bon caractère, quelle plus belle façon de passer l'hiver.

Et rêver d'Eva.

Brož et moi nous rendions chez le cordelier de la ville juive pour nous approvisionner en fil d'amadou toutes les trois semaines environ.

Deux fois, nous y étions retournés ensemble, mais je n'avais pas revu Eva, pas osé me présenter à l'atelier pour m'enquérir d'elle auprès du chapelier, que j'épiais par la fenêtre occupé à former un chapeau ou recevoir une cliente.

Cette fois-là, par un froid qui brûlait comme l'enfer, j'avais dû me rendre sans Brož à notre rendez-vous, car il était alité avec la fièvre. Les garçons d'écurie m'avaient fait un autre de ces grands sacs de toile que j'attachais en bandoulière pour rapporter, sans l'aide de personne, ce que je devais.

Je me disais, n'y pense pas, elle n'y sera pas, tu as lavé tes cheveux pour rien, et puis à quoi ressembles-tu avec ces glaçons qui te sortent du nez, espère au contraire qu'elle n'y soit pas.

Mais elle y était. C'était comme si elle m'avait guetté debout derrière sa vitre. Place bien inconfortable. Aussi fort que grondât le feu dans sa cheminée, elle devait être glacée.

Il en alla comme du premier baiser à Françoise, alors que je m'étais fait mille contes sur les circonstances dans lesquelles nous nous reverrions, nous fûmes seuls côte à côte de la manière la plus naturelle du monde. J'entrai, elle m'offrit de m'asseoir. Elle me fit signe que son père était dans l'atelier sur la cour et sa mère à l'étage, murmura que le cordelier l'avait avertie que je passerais ce jour-là.

Ses parents fussent-ils entrés qu'elle m'aurait présenté pour qui j'étais. Je me serais levé et aurais pris congé. C'était le plan. Mais par bonheur nous ne fûmes pas dérangés.

Je la regardais attiser le feu dans l'âtre, et me retrouvais heureux d'un bonheur qui semblait le plus légitime et naturel du monde, celui qu'on a à être aux côtés de sa bien-aimée. Quand avant de passer cette porte tout à l'heure encore je désespérais de tout ce qui nous séparait.

Elle fut moins bavarde que la première fois. C'est moi qui parlai, qui racontai que j'étais venu quand elle n'y était pas, qui racontai en quoi consistait ma vie au théâtre. Viendrait-elle m'y voir ?

Comment arranger cela ? fut la réponse en forme de question qui me combla.

Nous ne trouverions le moyen d'organiser la chose qu'au printemps. Elle assisterait je me rappelle à une répétition de la *Fortunata sventura*, un drame oriental, avec tout ce qu'il faut de bateaux, de roi d'Algérie, de marchand grec, de princesse de Constantinople et de sérail.

Mais je dois attendre ce rendez-vous, n'est-ce pas. Nous ne sommes qu'en février, et il fait encore froid.

Cette année 1725, des travaux importants seraient encore entrepris au théâtre, bien plus conséquents que ceux de l'automne précédent. La maison fut cette fois rehaussée de tout un étage de loges. Denzio comptait bien qu'elles débordent de gens, comme ses coffres, c'était l'idée, car l'impresario, malgré le succès, déplorait déjà la façon dont l'argent lui coulait entre les doigts.

La décoration serait encore améliorée, la sécurité mieux pensée, Brož et moi y avions beaucoup travaillé. Pour protéger la maison en cas d'incendie et faire passer les secours, le théâtre de bois serait doublé de brique, les couloirs élargis, et huit cuves d'eau prévues pour faciliter l'extinction d'un feu éventuel.

Si Sporck mit une nouvelle fois la main à la poche, Denzio le dut aussi.

Que dire encore de cette première année de ma nouvelle vie et de celle de notre théâtre ?

Qu'en dehors des drames qui se jouaient sur la scène, il y en eut d'autres, de coulisses. Ceux-là manquèrent vraiment d'être sanglants. Les querelles au sein de la petite armée indisciplinée des chanteurs et danseurs, auxquelles je ne comprenais, moi benêt, absolument rien au commencement, m'émerveillaient beaucoup, à moins que je ne voie un joli minois pleurer, ou Denzio malheureux.

Ces querelles étaient passionnantes à observer en ce que tout semblait oublié le temps du spectacle. Caresses et œillades de biches. À peine le rideau baissé, ce n'étaient de nouveau plus que coups de griffes.

La hiérarchie entre les membres de la troupe allait comme le serpent ondule.

La mieux payée des chanteuses était Anna Maria Giusti, je le sus par Barbara Bianchi, moins bien lotie, et qui me fit pour s'en plaindre le détail de son propre contrat.

En plus de son salaire, un costume au moins devait lui être financé. Ses dépenses de voyage jusqu'à Prague et pour s'en retourner le moment venu, comme de son logement et de son couvert, avaient été et devraient être prises en charge par Denzio. Et non seulement cela, mais comme son père l'accompagnait, la même assurance lui fut donnée en tout. En retour, le contrat stipulait que Barbara devrait chanter en costume d'homme ou de femme, comme Denzio le commanderait.

Elle trouvait, au vu de la difficulté des rôles qu'on lui donnait et des costumes qui étaient lourds, et même parfois laids, qu'elle aurait bien mérité d'être payée autant que la Giusti, qui la veille avait mal chanté, ne l'avais-je point comme elle noté ?

Enfin, le tableau de cette année faste de 1725 n'aurait pas été complet sans son scandale, c'est encore notre chère Barbara qui en fut l'artisane. Elle et un certain baron eurent une liaison. La fille était jeune, le baron en vue, et Sporck choqué par le scandale au point qu'il me confierait se sentir atteint personnellement par cette affaire, que sa maison avait malgré lui nourrie. Mais là encore l'homme ne fut pas méchant, quand le père de la jolie chanteuse mourut, il accepta qu'on l'enterrât sur l'un de ses domaines.

Au début de l'année 1726, l'épouse du comte Sporck tomba malade. Denzio, Brož ou moi-même n'y vîmes pas aussitôt les implications que cela aurait pour notre théâtre.

Mon attention était toute tendue vers les quelques rendez-vous qu'Eva et moi réussissions à nous ménager. Les stratagèmes que nous étions tenus d'inventer pour nous rencontrer nous maintenaient dans un état de communion et d'exaltation extraordinaires.

J'achetais les services d'un commis de la taverne proche du chapelier pour lui transmettre mes billets. Je convainquais aussi le cordelier de servir nos amours, bien malgré lui le pauvre homme. Il craignait de me déplaire au point où le théâtre irait trouver ailleurs le service qu'il rendait. Jamais je ne jouai de cette crainte, mais il est vrai que cette ambiguïté me servait.

Nous trouvâmes enfin un moyen d'assurer nos rendez-vous.

Une chapelière, avec qui Eva travaillait souvent, du Petit-Côté, avait eu la bonne idée de s'installer dans la Vieille Ville, rue Celetna, soit entre la ville juive et le théâtre de Sporck. Mieux : son atelier était merveilleusement situé tout près de la maison Manhardt, cette salle de spectacles où travaillaient des amis de Brož.

J'étais allé rencontrer la chapelière, l'avais si bien charmée, apitoyée sur nos amours, fait valoir surtout l'intérêt qu'elle aurait à les servir, que nous tombâmes d'accord. Eva serait remplacée dans son ouvrage, viendrait passer la journée avec moi. En contrepartie, la dame se verrait ouvrir l'accès à notre théâtre. Pour une journée chômée d'Eva, un opéra pour elle. Tel fut notre accord.

Eva quittait la ville juive le matin, entrait chez la chapelière où elle revêtait un autre manteau et une autre coiffe, puis elle se glissait dans la maison Manhardt où un ami de Brož qui travaillait à l'entretien de la salle de spectacle et un autre larron la transportaient en chaise à bras jusqu'au théâtre de Sporck où je l'attendais. Les gens de nos quartiers pensaient à une chanteuse ou une danseuse, allant d'une répétition à une autre.

Une fois au théâtre, nous passions le plus clair de la journée ensemble dans ma loge armoire, serrés l'un contre l'autre.

Je ne connus pas d'aventures ces années-là, ni avec une jeune, ni avec une plus vieille que moi, ni avec une soubrette, ni une baronne, avec personne. Je restai chaste, occupé la nuit à échafauder des plans abracadabrants qui aboutiraient à ce qu'Eva et moi vivions ensemble.

Je rêvais des enfants que nous n'aurions pas. J'y passais mes nuits. Filles, garçons, ce qu'ils auraient d'elle, ce qu'ils tiendraient de moi, combien nous en aurions, ce que seraient leurs vies.

Quand elle était près de moi, je m'enivrais de nos seules mains enlacées, de ma tête abandonnée dans son giron, de ses baisers sur mon front.

Après avoir commencé assez tôt ma vie d'homme, je vécus entre l'âge de dix-sept et vingt ans comme le dernier des puceaux.

Eva vint un après-midi assister aux répétitions de l'opéra *Porsena* que nous donnâmes à la saison de carnaval, encore une histoire de fiancée empêchée.

Petit bout de femme, vive, cela est toujours le mot qui me vient.

Eva, vive, d'intelligence, de grâce, me donnait le sentiment que même mon maître ne me donna jamais, qu'elle savait tout des mystères du monde et de nos âmes. Ah cette manière qu'elle avait en une question drôlement tournée de tirer de vous des vérités que vous ne saviez même pas receler.

Nous riions beaucoup ensemble, parlions anecdotes, pour ne pas parler d'avenir, de ses parents qui ne voudraient pas d'un chrétien pour père de leur descendance, pour ne pas parler des chrétiens pour qui une bonne juive était une juive convertie à leur foi, et encore.

Pourquoi ne pouvions-nous imaginer de nous aimer comme les autres ? N'avions-nous pas grandi au sein de la même ville, n'avions-nous pas respiré le même air, bu la même eau, n'étions-nous pas morts des mêmes pestes, des mêmes guerres ?

À propos de guerres, mon maître m'avait relaté celle qui, dans un conte, italien je crois, déchirait deux familles. Un anglais, homme de théâtre, en avait fait une pièce très belle dont les deux héros qui meurent à la fin s'appellent Juliette et Roméo. Par Sporck, je me la procurai et la lus. Je ne la fis pas lire à Eva. J'eus peur.

Eva m'était sacrée. Je me tenais, bien que nous n'ayons pas échangé de vœux, pour son fiancé. Un fiancé sans mariage pour horizon.

Ma conduite serait légère plus tard, débauchée même, mais jamais je ne me forçai à être fidèle à Eva le temps que nous fûmes ensemble.

Un jour, Brož me dirait que la juive m'avait ensorcelé. Fâché, je l'accusai d'être une sale mule sans patrie.

Nous nous réconcilierions à l'occasion d'une de nos parades, sur le pont de pierre.

Mes autres récréations, en rapport, paraîtront fades. Elles consistaient par exemple à observer, tenter de démêler les raisons des disputes entre Denzio et les membres de la troupe.

Je ne voyais au début à ces chicanes qu'une sorte de spectacle dans le spectacle, une manière qu'ils avaient d'être entre eux, une affaire entendue que ces chassés-croisés entre ceux qui voulaient déjà retourner en Italie, ceux qui voulaient partir retrouver Peruzzi à Breslau. Je ne voulais voir qu'un jeu dans les plaintes maladroites de ces musiciens qui poursuivaient Denzio pour des restes de compte dont il tardait déjà régulièrement à s'acquitter.

Pourtant, il travaillait comme un acharné à bâtir son avenir et celui de sa troupe à Prague, mais le sol semblait se dérober sans cesse sous lui. Peut-être participait-il par sa personnalité à saper le terrain lui-même ?

Ce qui est certain, c'est que nos excellents chanteurs se faisaient payer fort cher, que chaque spectacle se devait pour faire face aux dépenses d'être un succès franc. À demi-succès seulement, la dette grossissait, en dépit de l'investissement que Denzio avait fait dans les loges en étage. C'est ce qu'il découvrait.

Bref, la petite musique du chaos, un bruit de fond encore, mais qui irait *crescendo*, s'amorça dès cet hiver-là.

Mise à part la jolie Bianchi, je ne fréquentais pas les chanteurs et les musiciens. Ils parlaient entre eux évidemment leur langue, l'italien, que je ne connaissais pas. Certains parlaient un peu de français, avec ceux-là, nous pouvions nous entendre, c'était le cas de Barbara, qui était par ailleurs simple et charmante. Tous les autres semblaient isolés dans leur monde, qui était le spectacle, la troupe et ses querelles.

Barbara trouverait en moi un confident peut-être, une épaule où pleurer lorsque son affaire avec le baron prit un tour triste.

Elle était une grande chanteuse, expressive, avait une voix très pure, souple. Il est difficile de faire renaître en mémoire une voix. Je le peux, en me concentrant beaucoup. C'est un jeu. Réentendre Barbara, par-dessus la douleur qui m'afflige à l'instant.

Je veux encore avant de dormir peut-être, écrire, que j'avais autrement Antonin et Pavel, amis de toute la vie, qui me ramenaient par leur seule présence au chez-moi d'autrefois, bien mieux que la maison de mon enfance où je ne voulais pas retourner, et que, sur les conseils de mon tuteur, conseils dont je pus très vite me passer puisque depuis le mois de juin précédent j'étais en âge de le faire, j'avais effectivement louée.

La veille du jour où mon locataire devait emménager, j'étais passé à la maison dans l'intention de prendre quelques effets. Je n'étais ressorti qu'avec, cachée sous mon habit, la bible de ma mère, et dans ma main le rouleau écrit par mon maître relatant l'épopée d'Ulysse.

À part cela, prendre quoi ?

Le théâtre, depuis l'automne précédent, semblait avoir perdu la recette du succès quand, au début de la saison de carnaval de 1726, nous reprîmes espoir.

La *Tirannia Castigata*, spectacle constitué, comme l'*Orlando*, d'airs de Vivaldi, eut un grand succès. J'en fus d'autant plus content que mes illuminations étaient particulièrement réussies. Ce n'est pas être présomptueux que de l'écrire, c'est un fait, on me le dit.

Mes avis étaient de plus en plus sûrs quant à la manière de remplir ma charge aux lumières. Ainsi, je jugeais désastreuse la façon commune dont les acteurs étaient éclairés sous le nez par les bougies de la rampe. Leurs traits s'en trouvaient alourdis d'ombres grotesques, les arcades de leurs yeux paraissaient des gouffres, et leurs bouches des caves. Je favoriserais toujours les lumières latérales, ne laissant celles projetées de bas en haut qu'aux personnages méchants et aux spectres.

Je voyais dans la lumière non plus le seul moyen d'y voir clair, mais d'y voir autrement.

Je perfectionnai encore les placements des miroirs et des chandeliers fixés sur les côtés de la scène, qui donnaient un beau relief aux acteurs.

J'imaginai de grands éventails. Je les essayai pour la première fois lors de ce spectacle de la *Tirannia*. Ils étaient peints côté salle, mais d'un blanc éclatant côté scène. J'y faisais ricocher la lumière, qui projetait un halo lumineux extraordinaire sur la personne ou l'objet que nous voulions souligner.

Je ne me souviens pas de l'opéra suivant, mais je sais qu'en avril, la comtesse mourut.

J'imaginais que, le temps de l'accablement passé, le comte nous rejoindrait bientôt au théâtre, qu'il se reposerait à ses lumières, ces lumières que je m'ingéniais à inventer pour nous rendre, nous les hommes, plus beaux, plus grands, plus forts que nous sommes. De quoi trouver un peu d'élan ?

Mais Sporck, détaché déjà depuis le début de la maladie de sa femme, une fois l'âme de la comtesse montée au ciel, se mura à Lysa.

Ses visites à Prague se firent de plus en plus rares, et quand il y était, il arriva qu'il ne traversât même pas la cour pour saluer Denzio, les chanteurs. Encore moins assistait-il à une représentation.

Une fois, de peur sans doute que le comte ne reparte pour des mois sans même qu'il l'ait vu, Denzio se rendit lui-même au palais payer sa visite. Sporck le reçut, l'écouta avec bienveillance, lui souhaita une issue favorable à tous les projets qu'il avait pour sa troupe, à toutes les difficultés auxquelles Denzio lui dit en longueur qu'il était confronté, et termina l'entretien en réitérant ses souhaits de succès et de prospérité aux Vénitiens.

Denzio ressortit de son audience l'air égaré, se parlant tout seul en italien, prenant le ciel à témoin que ce n'était pas tant de souhaits dont il avait besoin mais d'un soutien sans faille, transformé en bon argent trébuchant si par malheur la prochaine saison ne voyait pas les loges bien louées !

Je sais bien dans quel état était Denzio au sortir du palais, j'y étais. J'attendais après lui mon tour pour être reçu.

Je le fus affectueusement, j'ose le dire.

Au bord de mourir, je cherche encore à comprendre ce qui nous lia, le comte et moi, au-delà de cet accident de carrosse qui me coupa en deux. L'expression est radicale, mais parlante.

C'est en tout cas ainsi qu'enfant je m'éprouvai, même si grâce au docteur Zítek, je ne fus pas amputé.

C'est ainsi que je parlais de mon état. Ma mère reprendrait cette expression après moi.

C'est ainsi que je me suis toujours senti.

Et voilà que je pressens, qu'accident ou non, cela n'aurait rien changé à ce sentiment. L'idée m'effraie.

Ai-je mentionné qu'il était né en 1662 ? Dire que c'était quasiment déjà un vieil homme quand je le connus.

Je réalise ici à me remémorer ce que je sais des grands moments de la vie du comte, que quand son père mourut, il avait le même âge que moi lorsque je perdis le mien.

Il fit un long voyage en Europe après ses études de droit et de philosophie, comme le faisaient les jeunes hommes de sa condition. À l'époque, la Bohême subissait une vague de peste calamiteuse, je parle de celle de 1680, donc cet éloignement tomba très bien.

Je sais qu'il est allé en Italie, en Espagne, à Paris, qu'il séjourna encore à Londres, puis à La Haye avant de rentrer en Bohême.

Il dut s'y ennuyer, piaffer de n'être pas encore en âge d'avoir tout pouvoir sur sa fortune, car il retourna à Paris. Il y contracta définitivement le goût de la littérature française, et celui du jansénisme aussi.

De retour en Bohême, étant en âge de prendre la destinée de ses domaines sans frein, se trouvant riche et indépendant, il épousa une dame de culture allemande, cela va de soi. Aux rares fois où je les vis ensemble et par ce qu'Adela me raconta, je sais qu'ils vécurent en paix l'un avec l'autre, sans doute même heureux.

Peut-être est-ce là un autre de ces liens mystérieux entre lui et moi, qui fait que d'une drôle de manière nous nous entendions, celui d'avoir vécu au sein d'un foyer uni.

Ils eurent deux filles d'abord et dix ans plus tard, un fils, qui mourut peu de temps après sa naissance.

Sa fille aînée mourut à son tour, jeune femme. Nous nous connaissions déjà, c'était en 1717 je crois. Je ne le voyais pas ces années-là, mais le sus par le père František qui mentionna ce deuil à mes parents.

Sporck adopta le mari de sa seconde fille.

Il lui est arrivé lors de nos conversations de m'appeler « mon fils ».

Il y avait une douleur à l'endroit du fils, chez cet homme.

Ai-je déjà mentionné qu'il avait créé l'ordre de Saint-Hubert et organisait notamment à Kuks des chasses qui étaient courues par les grands personnages de l'empire, jusqu'à l'empereur lui-même ?

Et qu'il avait aussi créé une branche de la franc-maçonnerie de Bohême ? Encore une dent que les jésuites auraient contre lui, en plus de son incurable liberté d'esprit, et, ou, son entêtement de paysan allemand. J'exagère à toujours le ramener à ce trait que la vieille noblesse lui décochait par-derrière. Mais il y a de cela, il y a de cela au fond.

Dans les années qui suivirent son mariage, le comte fut nommé à des charges prestigieuses, notamment celles de gouverneur, de conseiller particulier de la ville de Prague, et de haut-commissaire de Bohême en Saxe.

Bien que ces charges se vidèrent au fil des années de pouvoirs réels, comme il y tenait à ces titres !

C'est peut-être pour compenser leur perte de substance qu'il éprouva la nécessité de recouvrer autrement le pouvoir perdu, en s'imposant entre autres grand patron des arts, à Kuks et à Prague.

Le théâtre aurait mieux tenu le vent, ayant déjà Vivaldi dans sa manche, avec l'enthousiasme intact du comte. Ces deux forces-là cumulées à l'énergie de Denzio, nous aurions mieux contredit ceux qui disaient que Prague n'avait pas le public de Venise ou de Londres pour entretenir un tel théâtre, une troupe à demeure et de cette qualité, que Denzio s'y casserait les reins, qu'à moins d'aller chercher les petits barons assoupis dans la province et de les convaincre de louer les loges au mois, le compte n'y serait pas.

Ces rumeurs circulaient déjà, quand le théâtre était si beau, les travaux liés à sa sécurité terminés, les dorures des balcons lustrées, les décors aboutis, ceux qui les manipulaient, et j'en étais souvent assis sur mon tabouret à roues dans le dessous de scène, bien au fait maintenant de ce que nous avions à faire.

Au moment dit, quand grondait le tonnerre, ou que sonnaient les trompettes de l'orchestre, les décors latéraux et de fond glissaient en chœur sur leurs costières hors de vue des spectateurs, tandis que les nouveaux apparaissaient. Rien que cela valait un ballet.

Nous avions même mis au point un nouvel engin. Une poutre avait été installée au-dessus et transversalement à la scène. Tout le long étaient fixées des poulies, à diverses hauteurs. La corde était reliée à une sangle passée autour de la taille et des hanches d'une danseuse menue toute vêtue de gaze. Elle traversait l'espace de la scène, ondulant de bas en haut comme un oiseau se repose sur le vent. Sa grâce et la fluidité féerique que donnait à ses mouvements la qualité de notre arrangement faisaient pousser des ah d'admiration à l'audience. Au moins cela. Car pour le reste, la saison d'automne ne fut pas bonne.

L'année 1726 aura été une année inquiétante, du fait que je dus prendre l'habitude de l'absence de Sporck, et parce que c'est l'année où notre empereur Charles VI édicta contre les gens du peuple d'Eva une nouvelle loi, qui visait à limiter leur nombre dans les murs de la ville juive. Elle imposait que seul l'aîné des frères d'une maison pouvait se marier, les cadets devant choisir l'exil, ou compter sur l'extinction d'une lignée au sein des murs de la ville juive.

Une famille qui n'avait que des filles était considérée comme une lignée éteinte.

Si Eva n'était pas directement menacée, cette loi n'en désespérait pas moins le père de mon aimée, fille unique. Elle ajoutait même à sa volonté farouche de ne jamais la laisser épouser un chrétien. Il disait qu'il la tuerait comme Simon avait été tué, plutôt que de voir sa lignée doublement niée, par l'empereur et par moi.

Eva me dit un jour, alors qu'elle quittait ma loge déjà : « Nous savons que nous devrons renoncer, n'est-ce pas, soit à notre amour, soit à d'autres fidélités, qui nous sont tout aussi essentielles. Je le sais, tu le sais, et ni toi ni moi n'y sommes encore prêts, alors à notre prochain rendez-vous, Slávek Sýkora. »

Nous vécûmes une année encore dans cet état de… résignation exaltée, si une telle chose existe.

Nous rêvions chacun à part nous, sans en parler, qu'un miracle viendrait nous sauver, qu'Eva n'aurait pas à être la cause du désespoir d'un père deux fois sacrifié, ou que je n'aurais pas moi à me prosterner devant un Dieu plus obscur encore que celui de mes ancêtres, qui exigerait si je faisais un pas vers lui que je me dépouille du nom même dont mes parents en me mettant au monde m'avaient baptisé.

Mais je suis un vieux fou, qui va donner le sentiment qu'Eva et moi étions tristes, non, je l'ai dit, nous riions beaucoup puisque nous ne parlions pas d'avenir.

Ce n'est qu'au temps du carnaval de 1727 que le succès revint au théâtre, la représentation de *Tullo Ostilio* piqua l'intérêt du public, et puis il y eut ce spectacle d'*Il confronto dell'amor conjuguale*, où je jouai un rôle inattendu.

Pour la première fois sur une scène d'opéra, on chanterait un aria dans notre langue tchèque. Denzio me demanda d'en faire répéter la prononciation à la chanteuse Tereza Peruzzi.

Extraordinaire… de considérer cette bouche, agile certes, mais qui n'était pas faite au moule de notre langue, pour aborder ces successions de consonnes ! Qui laissaient la chanteuse bien désemparée.

Cette expression de stupeur la première fois qu'elle la vit écrite ! Et devant la dire !

Jsme veselí a zpíváme, / nous sommes heureux et chantons
nic my žádnému nedáme, / nous ne donnons rien à personne
Jako pták mezi obilím, / comme un oiseau parmi les grains
tak nám ten život oblili, / cette vie nous donne l'abondance
ale pták utíká, chyť ho, / mais l'oiseau s'envole, attrape-le
mily, běž za ním. Sněz ho. / chéri, cours après lui. Mange-le !

Je ne me souviens pas ce qui avait poussé Denzio à envisager cette nouveauté, sinon la volonté de flatter un certain public pragois ? Celui qui ne venait pas encore assez nombreux, mais dont il aurait voulu qu'il vienne au théâtre ?

Le soir de la première, quand vint le tour de mon élève de chanter son air, j'étais dans mon nid, derrière le paravent en maille de cuivre, caché comme une femme chez les Turcs derrière le volet ajouré du harem.

Je chantais tout bas en écho avec Teresa, qui ne quittait pas mes lèvres des yeux.

Ce fut un grand bonheur d'entendre la langue tchèque habiter le théâtre. Le théâtre de Sporck. Je ne lui accorderais ici que le fait que cela se soit passé chez lui.

S'il avait appris un peu de tchèque enfant, ainsi qu'il était d'usage pour les mâles des familles de grands domaines, il n'avait jamais cherché à le parler bien. Pour quoi faire ?

Par cette affection qui me lie à lui et souvent me gêne, j'aurais aimé que l'homme ne puisse être épinglé commun en rien. En ce qu'il parlait mal le tchèque, il l'était.

Mais comme toujours avec lui, il fallait qu'il soit en avance de quelque chose, ainsi, s'il n'avait pas mis plus de zèle que les autres à apprendre le tchèque, il avait voulu que sortent de son imprimerie de Lysa des ouvrages destinés aux gens de ses domaines, dans notre langue, afin qu'ils apprennent à lire et compter. C'est ce qu'il répondit à la question que je venais de lui formuler, qui était la suivante, pourquoi les musiciens tchèques, dont je commençais à réaliser l'existence et la qualité, semblaient-ils condamnés à n'être entendus que dans les églises ? Vous me direz, c'est absurde, il n'y a aucun rapport entre la question et la réponse qu'il me donna ! En effet. Ou plutôt si. Dans sa bouche, elle se voulait quitus.

La vérité est qu'à ses yeux, le fait tchèque n'entrait pour rien, nulle part. Je ne suis pas sûr qu'il eût quelque chose contre. Il l'ignorait. Et vous me direz que c'est peut-être pire.

Denzio non plus n'aurait jamais eu l'idée de favoriser des compositeurs locaux. Le prestige était lié à l'opéra italien. Si même les gens, dont Sporck était entouré, essayant de faire valoir l'avantage de la langue et de la musique allemandes, se voyaient rejetés, imaginez-vous la musique tchèque.

Pourtant, ce fut Denzio le premier qui attira mon attention sur la qualité de la musique d'un Zelenka. Je ne le connaissais pas, comment l'aurais-je pu. Ce Zelenka, parmi les premiers musiciens d'Europe, avait écrit à l'occasion du couronnement de Charles VI une belle pièce, le mélodrame de saint Václav. Denzio ayant obtenu une copie de cette partition, l'orchestre du théâtre de Sporck nous en joua, une matinée, pour nous, gens du théâtre, de longs extraits.

Il me faudrait attendre les années soixante de ce siècle pour entendre la langue tchèque commencer de prendre sa place au théâtre, notamment avec le grand Mysliveček, que l'Italie nommait le divin de Bohême. Car ce musicien vécut et composa en Italie où il se fit connaître. Il ne revint à Prague, en 1768, que pour superviser la représentation de ses opéras *Farnace*, et *Semiramis*, dont la première aurait lieu dans notre ville, celle-là. Puis il s'empresserait de rentrer en Italie, où il est mort il y a de cela sept ou huit ans.

Mais de même Zelenka n'avait-il pas travaillé le plus clair de sa vie à Dresde, Tuma, que j'aime particulièrement, à Vienne. Et Benda, l'excellent violoniste ? Chez les Prussiens.

À l'exception de Brixi, qui fut l'un des rares Bohémiens à rester au pays natal, tous s'exilèrent. C'est que lui obtint la prestigieuse chaire de l'orgue de Saint-Vit.

Je comprends qu'il fallait bien que ces musiciens excellents vivent de leur art, et qu'à Prague, ils ne l'auraient sans doute pu.

Consolons-nous donc de ce qu'on leur tendît les bras et ouvrît les bourses ailleurs, consolons-nous puisque plusieurs d'entre eux inspirèrent le jeune Mozart.

Je ne suis pas mauvais joueur, c'est juste que la musique rend heureux, et que j'aurais voulu que mon peuple en profite mieux.

En mars 1727, je fus de la noce de deux chanteurs de la troupe.

Antonia Laurenti et Felice Novelli se promirent l'un à l'autre fidélité jusqu'à la mort.

Amoureux exalté que j'étais, et il le fallait pour supporter mon ascèse, je pleurais comme un âne pendant toute sa célébration, d'où que je m'en souviens si bien.

Et la deuxième raison pour laquelle sans doute cette noce s'impose à mon esprit, c'est que celui qui la célébra était le prêtre Bohuslav Cernohorsky, grand musicien et professeur de certains que j'ai cités plus haut. Et là encore il fallut que ce soit Denzio, le Vénitien, qui me le dise.

Vénitien, tchèque, allemand, on entend bien à leur musique que les Européens ne sont qu'un même peuple.

Peu de temps après les noces des Italiens, je dînai avec Sporck au palais, en tête à tête, comme toujours lorsqu'il me conviait. Il m'annonça qu'il passerait le printemps à la cour. Il devait y faire ce séjour bien malgré lui, car il ne rêvait plus maintenant qu'il était vieux que d'être dans ses domaines. Mais vieux ou non, n'était-ce pas là qu'il s'était toujours senti le mieux. C'est la réflexion qu'il fit.

Le comte devait à Vienne s'assurer de ses protections. L'heure était à compter ses amis.

Il disait avoir des ennemis à la cour parmi les plus grands de l'empire et capitaines d'Église, tous gens qui n'avaient jamais aimé ses postures hardies en général, et ses options frondeuses en matière de religion en particulier. Une certaine dame de l'entourage de l'empereur l'aurait même, lui avait-on rapporté, qualifié d'hérétique. C'était à ce point. Il fallait qu'il fasse ce voyage.

Sporck pensait y rester deux mois à peine. Il n'en reviendrait que tard dans l'été.

Si ses amis, car il en avait quelques-uns de fidèles, firent bien leur office, s'il rencontra le couple impérial à plusieurs reprises, et que leurs échanges furent aimables, ce voyage pour finir serait un échec. Il ne changerait rien à l'équilibre, ou plutôt au déséquilibre, de la balance.

Ses ennemis resteraient inflexibles à lui faire payer ses extravagances le moment venu.

Ce qui serait bientôt.

Eva.

L'invraisemblable est que plus notre amour semblait sans issue, plus nous étions exaltés par lui, à la façon d'un corps qui peut d'autant mieux se coucher sans tomber sur un vent contraire que celui-ci est de plus en plus puissant.

À l'automne, *La fede tradita*, comme le spectacle suivant, *Il tradimento traditor*, furent de grands succès.

Notre public était transporté, il flottait au théâtre comme un parfum d'*Orlando*, et Denzio se reprenait à rêver.

Moi, j'étais content pour le théâtre mais autrement inquiet.

Eva riait moins volontiers. Je la pressais de me confier ce qui la troublait.

Elle m'avoua enfin que son père menaçait de quitter la ville à la suite d'un neveu, cadet de fratrie, qui avait choisi l'exil plutôt que d'être condamné à ne pouvoir fonder de famille.

Ainsi le chapelier était-il repris d'un regain de rage contre cette loi qui prétendait interdire à un homme de devenir père, la plus scélérate des lois qu'on pût opposer à un juif.

Eva m'assurait que ce regain de désespoir passerait, comme toujours.

Nous ne pûmes nous voir à Noël, n'échangeâmes que des billets par l'intermédiaire du cordelier.

Nous nous vîmes en février de 1728, et puis une autre fois au printemps. Je ne me rappelle pas quel opéra nous jouions, seulement que nos baisers brûlaient. Mais nous restions chastes. C'était à nous en évanouir.

Quand j'y pense, cet état d'abstinence exaltée était proprement de la folie.

Je me demande même si elle n'était pas une forme de poison, consenti, une façon d'opium généré par le corps même, abandonné à sa confusion. Ce n'est qu'une proposition.

En juin, je reçus une lettre de Sporck m'invitant à venir passer l'été à Kuks. Je refusai l'invitation parce qu'au début de juillet j'avais rendez-vous avec Eva, et que, la troupe jouant en province, nous aurions le théâtre pour nous seuls.

Nous aurions même, oh merveille, trois jours entiers pour nous.

La chapelière, de plus en plus férue d'opéras, et moi étions convenus que, contre une soi-disant embauche d'Eva de trois jours, je lui ouvrirais les portes du théâtre pour quatre représentations à la saison prochaine. C'est que je me découvrais excellent maquignon !

Il fallut encore attendre qu'une commande de chapeaux exceptionnelle, ou pour le moins conséquente, se présentât dans les faits pour donner un tour vraisemblable à l'affaire, car entre chapeliers tout se sait.

Et enfin au début de juillet, l'opportunité d'une commande d'une série de chapeaux d'été pour toutes les dames et demoiselles d'une certaine grande famille sembla devoir nous sauver.

Au jour et à l'heure dits de ce rendez-vous, que j'attendais jusqu'au délire, Eva ne se présenta pas.

J'allai trouver mes complices de la salle Manhardt, les amis de Brož à la chaise à bras. Ils ne l'avaient pas vue.

Je me rendis chez la chapelière. Elle me fit la même réponse.

Je m'en fus comme un fou à la ville juive.

La boutique du chapelier était fermée. Les volets posés.

Je frappai chez le cordelier, qui vint m'ouvrir aussitôt, l'air désolé. Il me fit asseoir, et me tendit une lettre qu'Eva avait rédigée pour moi, en tchèque. Je la connais encore par cœur.

« Nous aurons quitté Prague lorsque tu liras ces mots. Mon père a annoncé notre départ tout à l'heure, les portes étaient déjà fermées. Quand bien même auraient-elles été ouvertes, aurais-je eu le courage de fuir ? Au matin, dès qu'elles se rouvriront, nous partirons. Il ne m'a pas dit où il m'emmenait, mais ce sera loin de toi et de l'empereur, c'est certain.

Nous le savions, n'est-ce pas, que je ne renoncerais pas à la foi de mon père, que je n'aurais pas la force de manquer à mes parents et à mon peuple.

Pour que nous puissions vivre ensemble, je ne doute pas que tu aies eu le désir cent fois de me rejoindre dans ma foi, comme je l'ai eu cent fois de me vouer à la tienne. Mais au moment de l'admettre, le paradis promis se sera fait abîme ? Et tu te seras repris ? Comme je me suis reprise.

Mon aimé, n'aie pas de regrets, comment aurais-tu pu être un bon juif, obéir à un Dieu sévère et inconnu, quand tu ne sembles déjà pas très sûr du tien ?

Ne t'accable pas, je te le demande, cela m'est essentiel. Comment resterais-je forte n'ayant devant moi qu'un avenir scellé par ton absence si je te sais désespéré, moi qui veux faire bonne figure. »

Je tombai deux fois entre la ville juive et le théâtre. Jamais je n'étais tombé depuis que j'étais infirme.

Le théâtre en ce début juillet était parfaitement vide, même Brož était invisible. N'y résonnait que le son sec de mes béquilles et le frottement mou de pieds ballants que je ne trouvais plus la force de soutenir. Je me réfugiai dans la loge minuscule, j'y mangeais, un peu, et y dormais même.

Quand Brož réapparut, il me sortit de là, et comme il m'interdisait d'y entrer, je ne vis plus qu'un endroit où me réfugier, le fournil d'Antonin.

C'est là que je fus tout l'été, dormant moitié de jour, observant la nuit mon ami pétrir, enfourner, défourner. Et je suais, je suais à grande eau, je suais ma peine.

Antonin. Juste le voir, l'entendre, indécrottable que j'étais à ne pas trouver d'autre excuse ou raison à cette vie que l'amour et l'amitié, et de me nourrir de ce qui m'en restait comme un nourrisson du lait de sa nourrice, sous peine de mourir de la plus désespérante et vaine des morts.

Je m'exhortais à ne pas m'accabler de lâcheté, comme Eva me l'avait demandé. Et puis aussitôt, je m'y abandonnais. Que m'aurait coûté d'adorer ou prétendre adorer son Dieu, je croyais si peu à celui de mes pères. Ah que ne l'avais-je fait ! Et puis me revenait le « Ne t'accable pas, je te le demande ». Je me reprenais. Je souriais. Et Antonin, comme Pavel qui nous rejoignait autant qu'il le pouvait, me voyant changer d'humeur du tout au tout à chaque instant, croyaient que je tournais fou.

Mais quand débuta la saison d'automne, gavé d'amitié et de bon pain, je repris pied.

De colère et de rage, ou pour conjurer ces démons, ou tout simplement de force virile trop longtemps contenue à n'avoir pu aimer celle que j'eus voulu, je ferais cette année théâtrale-là abus de femmes.

Brož jurerait que dans une année j'avais semé une bonne dizaine d'enfants par la ville.

Avec un sérieux et une sobriété « à la Brož », il tenait les comptes, c'était son expression, de mes aventures et de leurs suites éventuelles, me rapportant les ragots du quartier du théâtre, de celui des marchés, rapportant que la fille de tel aubergiste, que j'avais fréquentée en octobre, était partie à la campagne, que telle brodeuse avait quitté la Vieille Ville et sa mère fâchée pour le Petit-Côté où vivait sa sœur, et même que telle baronne, quatre mois après sa dernière visite dans ma petite loge, avait quitté Prague pour Pilsen et prévenu qu'elle ne reviendrait pas de six bons mois, après Noël.

Que j'aie fréquenté ces dames est un fait, du reste je ne sais rien. Aucune ne s'est plainte des suites de nos ébats. S'il y en eut, des suites, les maris les auront endossées. Ni la baronne, ni la brodeuse, ni même la fille de l'aubergiste ne sont jamais venues me voir. Une seule, qui n'était pas mariée, m'a demandé compensation pour son état. J'admis de la lui faire, j'avais de quoi grâce au loyer que je recevais de ma maison. Et bien que ce soit elle qui m'ait fait des avances. Mais nous nous étions si franchement aimés que je trouvai tout naturel de partager encore en quoi je pouvais.

Je me gardais normalement des jeunes filles, par exemple des servantes de la maison de Sporck, préférant les dames mariées, plus habiles à ne pas tomber grosses, moi aidant en cela autant que je pouvais. Mais cette année-là, il semble que rien n'y fit, elles tombaient enceintes de mon fait sans pouvoir s'en défendre et malgré toutes les précautions d'usage que l'on sait qu'on peut prendre.

Le compte de dix enfants est impressionnant, mais à dire vrai, je baisai tant de femmes cette année-là et la suivante, alors que Brož s'était découragé de compter depuis longtemps, qui sait combien d'enfants je semai par la ville.

Et cela vraiment me laisse rêveur. D'ailleurs je vais y rêver un peu.

Aujourd'hui que mon chagrin d'avoir perdu Eva est adouci par une profonde gratitude, pour l'avoir connue, alors donc que je suis là, vieux, le corps tout ramassé sur lui-même, fripé, et que ce cul sur lequel je suis avachi ne me sert plus à rien d'honnête, vraiment je m'inquiète plus que je ne m'émerveille de ce qui m'est arrivé ces deux années-là. D'où, comment, autant d'opportunités de trousser des femmes, comme s'il en pleuvait ?

J'en tombai malade bien sûr, et dus faire à plusieurs reprises abstinence. Après trois semaines, à peine guéri, ma boulimie me reprenait. Aucune ne semblait pouvoir l'assouvir. À peine avais-je consommé l'acte que s'il n'avait pas été assez satisfaisant, il me fallait recommencer avec une autre pour compenser, et si le moment partagé avait été parfait, il me fallait en dénicher une autre pour retrouver cette perfection. Et j'en dénichais une dans l'heure, sans même avoir le sentiment de la chercher.

C'est que les belles aussi savaient bien me trouver, quand par miracle je ne les cherchais pas.

En ce temps-là, elles venaient à moi. J'étais un bel infirme. Une curiosité. Une belle bête.

Bref, il me fallut bien admettre que, cette fois encore, je n'étais pas mort de chagrin. Je vivais, mal ou bien.

Je m'agitai et m'échauffai beaucoup comme on l'a vu, pourtant je me rappelle que l'hiver qui suivit la disparition d'Eva fut froid, autant que celui-ci, qui verra ma mort.

Il fut surtout singulièrement long, nous poursuivit jusqu'en mai.

Les difficultés financières du théâtre devenaient pressantes. C'était infernal que cette course au succès. L'*Astarto* d'Albinoni fut très applaudi. Mais comme je l'ai déjà écrit, il semblait acquis qu'à moins de remplir toutes les loges à chaque représentation, le théâtre était condamné à ne pouvoir faire face à ses dépenses, qui allaient comme va la gangrène.

J'entendais Denzio se plaindre tout haut dans sa loge, en se maquillant, de ce que lui coûtaient les prétentions de tel chanteur, et la retouche d'un décor, et les costumes, et cet huissier qui le poursuivait.

Je voyais tout cela et me trouvais de ce côté bien impuissant, pour le reste je m'occupais de mes lumières et de veiller à la sécurité du théâtre, je n'y manquai jamais. À peine l'ouvrage fait, la rage d'aimer les femmes se reprenait à me manger.

Aimer en musique est encore plus plaisant et inspirant qu'au naturel. Le *Silface* de Porpora qui ouvrit la saison de carnaval fit merveille, l'opéra suivant, *Amore trionfante*, de même. L'excitation liée à cette atmosphère de succès grossissait à chaque représentation, les esprits allaient s'enflammant, et les dames émoustillées venaient toujours plus nombreuses gratter de l'ongle à ma porte. C'était folie. Cet âge où le sexe est tout semble pure fantasmagorie, d'où j'écris.

Assis sur le succès de la saison de carnaval, et désespérant pourtant de voir ses coffres se remplir, Denzio obtint des autorités de la ville de laisser le théâtre ouvert en période de carême, à condition qu'il donnât un sage oratorio.

Ce fut *Samson*.

Denzio s'appliqua à nous ramener au temps de l'Ancien Testament.

Des chants juifs envahirent le théâtre.

Les répétitions me laissèrent de marbre. Y compris l'ultime. Pendant que les chanteurs et musiciens travaillaient, j'arrangeais mes lumières car telle était ma charge. Rien de plus, rien de moins. Je ne vis pas la crise venir.

C'est lors de la première représentation que je me fis prendre.

Ces chants juifs, dont on aurait dit que je n'avais pas eu connaissance avant, dès lors qu'il y eut un public pour en témoigner… j'allais écrire, qu'ils me « *crucifièrent* ». Je l'ai écrit.

Je verrouillai ma loge, n'y voulant plus voir personne.

Je m'affaissai à terre comme une poupée de chiffon.

Les mailles de cuivre de ma petite fenêtre vibraient à ces chants. Je fus pris de sanglots, entrecoupés d'accès de fou rire, à considérer les cheveux que je m'arrachai, comme l'oiseau son duvet. Fou, je riais de les voir s'accumuler par terre. Mon nid resterait stérile. Eva n'y viendrait plus.

Je me reprenais déjà à l'idée que ma mère, de je ne sais où, me voie dans cet état, quand Brož, alerté par mes voisins de loge des cris de douleur qu'ils entendaient, vint frapper.

« C'est passé », lui dis-je.

Le succès de *Samson* fut immense.

Denzio restait fébrile, ces succès, ce n'était pas assez, les dettes poussaient derrière, couraient devant. Il demanda à la lieutenance de la ville la faveur de prévenir la compétition des troupes itinérantes. C'était la condition, avançait-il, pour qu'il continuât d'offrir un spectacle digne des plus grandes capitales dans notre petite Prague.

Qu'au moins la ville interdise tout autre divertissement en français et en italien !

Des comédies allemandes, il voulait bien qu'on en donne autant qu'on voulait.

Si les autorités permirent à Denzio de prolonger son activité pour deux années encore, ses membres refusèrent de considérer l'argument de compétition.

Et le malheur est que le spectacle qui suivit celui de *Samson* ne plut pas à notre public.

Denzio s'exclama, me croisant entre deux portes :

« Slávek, je me noie, parle au comte pour moi, mon ami ! Parle au comte ! »

Alors j'écrivis à Sporck une missive que j'envoyai à Lysa.

J'y avais écrit :

« *Voilà, monsieur, ce que Denzio m'a lancé l'autre jour, je vous livre son appel tel qu'il me le livra. "Slávek, je me noie, parle au comte pour moi !"* »

La réponse fut celle-ci :

« *Cher Slávek, je souhaite à monsieur Denzio tout le bien du monde. Je lui ai ouvert les portes de mon théâtre, qu'il l'anime ! Je comprends qu'il lui soit difficile de garder à Prague des chanteurs de grande qualité, par ailleurs très demandés. Il fera les compromis nécessaires.*

Autre chose, si la ville et au-delà la noblesse tiennent à ce théâtre, qu'ils participent à le faire vivre à leur tour.

C'est à mes intérêts que je dois veiller en ce moment, mon enfant.

On me dit provocateur, on me voit comme une menace. Je n'ai aucun mal à me plier devant la loi, lorsqu'elle est juste. Et l'on dira que je suis arrogant.

Je ne sais pas faire autrement qu'être libre. On m'y a, en voulant toujours me singulariser, poussé.

La liberté est un travers bien fatigant.

Mais qu'on m'attaque injustement et l'on verra que je ne connais pas meilleur stimulant.

Je serai bientôt à Prague et me réjouis à l'idée que nous soupions ensemble. »

Je l'y vis, en assez bonne forme, content surtout de reprendre le chemin de Kuks où il passerait l'été à parfaire son paradis.

En fait de paradis, dans la nuit du 26 juillet 1729, une division militaire vint occuper Kuks.

Sporck se vit remettre un décret impérial autorisant la séquestration de tous ses livres. La bibliothèque, où j'aimais l'été de mes deuils m'asseoir en communion avec l'esprit de mon maître, fut vidée, les 30 000 livres placés dans des coffres. En un cortège invraisemblable de voitures, que Jan me décrirait, ils furent transportés à Hradec Králové pour être examinés, un par un.

L'affaire était grave. Les ennemis du comte à la cour avaient convaincu l'empereur. Sporck était accusé d'hérésie, de propagation de celle-ci, et de possession de livres mis à l'index.

La punition qu'il encourait était rien moins que la perte de ses droits, de ses domaines, une amende de 100 000 pièces d'or, l'autodafé de tous ses livres et l'emprisonnement à vie.

Les jésuites tenaient leur homme. Celui qui les défiait depuis des décennies, ce janséniste masqué, ce souffleur de polémiques qui les aurait toute sa vie gênés, cet hérétique doublé d'un faiseur de francs-maçons était enfin tombé dans la nasse.

Pendant que Sporck entamait la lutte contre ses accusateurs, les jésuites en tête, ceux-là célébraient en ville, non pas d'avoir ferré le comte, quoique je ne doute pas que certains aient dû saisir l'opportunité, mais la canonisation de Jean Népomucène, avancement que voyait déjà venir ma mère du temps de la peste.

Le peuple, de bon cœur, adorait ce saint. Il aima aussi beaucoup les huit jours de fête ordonnés pour l'occasion à la moitié d'octobre.

Prague fut, pendant une semaine, parcourue de paysans en costumes brodés de couleurs vives. Ils affluaient des campagnes sous les carillons des églises, où des milliers de messes étaient données en cascade. L'effigie du saint flottait sur des banderoles portées en tête des ordres en procession. Des fanfares séparaient les cortèges des hommes en aube, blanche, noire, grise, séparaient ceux des moines de ceux des corporations, ceux des gens de l'université de ceux des prêtres en chape rouge, sans oublier les riches personnages arborant des chapeaux illuminés de plumes.

Et tout ce monde de faire vibrer la ville de *pater* et d'*ave*.

Mais j'oublie, en tête de la procession, l'archevêque lui-même portant la relique, soit la langue, comme vive, du saint, mort depuis trois cent cinquante ans.

Que je vous raconte l'affaire de cette langue, et que Dieu me transperce à l'instant le cœur si je mens.

Au XIVe siècle, Jean Népomucène, chanoine du couple royal, fut condamné, torturé et jeté dans la rivière du haut du pont de pierre. On nous dit que c'est pour avoir refusé de trahir la confession de la reine, ce que le roi exigeait.

Il y aurait eu d'autres raisons, mais enfin c'est le chef d'accusation qu'on nous faisait valoir. Les Tchèques ont donc fait de Jean Népomucène un grand martyr, le martyr du secret.

Que mon peuple se soit épris plus que d'un autre de celui-là ne m'étonne pas.

Que les jésuites soient allés réveiller son souvenir à la fin du siècle dernier, valorisant le sacrifice qu'il avait consenti par fidélité à l'Église, contre un roi qui voulait qu'on ménageât Hus, ne m'étonne guère non plus.

On s'était un jour furieusement entiché d'*Orlando*, voilà qu'on se pâmait d'adoration maintenant devant l'effigie de Jean Népomucène. Il était à la mode. Ni plus ni moins que les vampires, qui commençaient d'agiter les esprits les plus… sensibles.

Si je suis cynique c'est que j'ai mal, et vous direz que je compare ce qui n'est pas comparable ?

Je n'en suis pas si sûr.

Quand j'étais enfant déjà, Jean Népomucène était aimé. L'on gravait son effigie dans l'épaisseur de nos murs, églises, simples maisons, chacun voulait attirer sur son toit ou son autel la bénédiction du saint homme.

La passion qu'inspirait son souvenir obligea, c'était en 1719 je crois, des maîtres de l'université et des chirurgiens à examiner le squelette qui était enterré à la cathédrale Saint-Vit. Là, stupeur et merveille, ces gens savants découvrirent, enveloppé de lambeaux d'étoffe, le squelette intact, bien que fendu en plusieurs endroits pour avoir heurté dans sa chute un pilastre du pont. Voilà des détails qu'on ne peut inventer, que je livre comme on nous les livrait, détails véridiques qui soutiennent le crédit de ces gens, qui vont bientôt révéler des faits miraculeux. Le fait que le squelette soit si sain, si un pareil attelage de mots peut se faire, n'est rien. Les sages, après avoir nettoyé le crâne, découvrirent dans la cavité buccale, mêlée à de la terre, c'est ce qu'on nous rapporta, une langue toute rose et fraîche encore.

Miracle. La béatification s'imposait. Elle eut lieu en 1721.

Quand, en 1725, alors que cette langue qui n'avait pas trahi était à nouveau inspectée par de nobles personnages de l'église qui n'y tenaient plus, voilà qu'elle se prit à s'emplir et battre d'un sang miraculeux. Pour le coup, à moins d'une canonisation, ni Jean ni la Bohême ne trouveraient la paix.

D'où les festivités d'octobre 1729 que j'ai racontées.

Pendant ce temps, Sporck l'hérétique allumait dix contre-feux à la fois, fourbissait ses armes. Il récuserait l'accusation sur la forme, la récuserait sur le fond, compterait ceux qui témoigneraient qu'il était un catholique fidèle, paierait des avocats et à la fin tous ceux qui pourraient l'aider d'une manière ou d'une autre, laisserait s'envoler textes polémiques, satires et chansons contre le parti de ceux qui le poursuivaient. Un de ces airs brodait sur le thème des cochons…

Il se battait, le diable de vieil homme, et aimait cela au fond.

Sporck n'était, semble-t-il, pas devenu militaire à l'instar de son illustre père parce que sa santé n'était pas assez bonne. Je m'étais déjà fait la réflexion que, s'il aimait tant la chasse, s'il avait créé l'ordre de Saint-Hubert, ce n'était que par frustration des vrais champs de bataille.

Lui, affirmait qu'il ne se battait qu'au nom de son *motto*, Vérité et Justice.

La justice… allez savoir les contours qu'elle prend dans la pensée d'un puissant qui peut l'acheter.

Sporck menait le combat non seulement pour sauver sa tête, mais son héritage, l'œuvre de toute une vie.

Je crois véritable sa volonté de se battre aussi contre l'hypocrisie des jésuites et de ses pairs, qui les avaient suivis dans cette affaire, pour des motivations qui avaient on peut le parier bien peu de rapport avec la foi.

Le comte fut soutenu dans la volonté qu'il avait de se défendre, quand, quelques mois après que le régiment commandé par l'inquisition avait débarqué chez lui dans la nuit, le duc de Lorraine, promis de la future impératrice Marie-Thérèse, passa par Prague.

Ce soir-là de novembre, on donnait au théâtre *Aristeo*, dont je ne garde aucun souvenir sauf que le duc assista à la représentation, sauf qu'il fut escorté jusqu'à la loge de Sporck par le Grand Burgrave, député du roi à Prague en l'absence de celui-ci, et qu'il se montra en tout point galant et attentif au comte.

Cette visite lui fut un réconfort, un moment de répit dans la position où il était tenu de se défendre contre ses accusateurs. Il goûta chaque seconde que dura l'entrevue.

Le combat durerait cinq ans.

Je reprends mon journal après quelques jours où je fus très mal. L'accès est passé. Je ne pouvais tout de même pas laisser mon récit et le comte sur un procès en train.

Si jamais il est quelqu'un pour me lire, et monsieur Casanova, qui a la bonté de m'écrire ce matin une lettre, me promet que ce sera le cas, il faudra que ce quelqu'un me pardonne si parfois je n'écris pas droit.

Monsieur Casanova écrit qu'il passera peut-être dans une quinzaine à Prague et qu'il voudrait m'y voir.

Alžbeta vient d'emporter le billet où je lui réponds que je suis bien malheureux de le manquer, mais que je n'y serai pas.

Plutôt que de me plaindre de cette visite qu'il ne me fera pas, je veux me souvenir de lui, de moi, penchés au tout nouveau théâtre de Nostitz, sur le berceau du *Don Giovanni* de Mozart.

C'était il y a six mois ? J'ai du mal à compter.

Lui, ajoutait son sel au livret de son ami Da Ponte, moi j'étais aux bougies.

Cet opéra est comme fait au moule de la vie du géant italien. Allez savoir jusqu'où, au fond, ses aventures n'auront pas inspiré le livret de Da Ponte, au-delà de ce vieux conte dont Molière aussi a joué.

Casanova était à la première, à côté de moi, en coulisse, où l'on est plus libre de soi.

Est-ce de mentionner tous ces Don Juan, me revient le souvenir de cette lettre, que m'envoya une conquête retournée à Hambourg. Elle est flatteuse, surtout de là d'où j'écris.

« ... *J'ai fait un croquis de vous, vous y apparaissez sur votre trône de cuir rouge, à ce point du palier où vous aimiez vous tenir. Votre regard sur nous, public allant en troupeau prendre sa place devant la scène, nous faisait acteur un instant, le temps de monter ces quelques marches vers vous.* »

Quel rôle elle me donnait.

Il est vrai que c'était toujours ma place, que depuis ce palier j'observais la foule converger vers moi, avant qu'elle ne se scinde, qui vers le parterre, qui vers les étages. Là, je repérais par exemple les trouble-fête notoires, à qui on ne pouvait interdire l'entrée mais dont nous préférions savoir d'emblée où ils se trouvaient. Là, je prenais les billets qu'on me remettait, requête au comte, message pour Denzio. Des admirateurs me demandaient la faveur de remettre à telle danseuse ou chanteuse un mot, que sais-je encore.

Et je profitais bien sûr de cet observatoire pour gager, aux regards échangés ou non, aux sourires, s'il y avait auprès d'une dame quelque avantage à poursuivre.

Certains me voyaient, comme mon amie, d'autres ne me voyaient pas et parlaient sans gêne, piétinant à ma hauteur. Je surpris là bien des saillies dont Sporck et son procès étaient l'objet. Il se trouvait des gens pour admirer la manière qu'il avait eue tout au long de sa vie de s'opposer à ce qu'il n'aimait pas, quelle que soit la puissance de ces intérêts. Mais la plupart s'amusaient de ses déboires.

À la saison de carnaval 1730, on donna *La Pravita Castigata*. C'est le même fond d'histoire que *Don Giovanni*, encore lui. Le même séducteur y joue à aimer. Je l'envie moi qui en la matière n'ai jamais su jouer. Car du temps de mes débauches, j'étais franc, ne prétendais rien d'autre qu'être débauché.

Denzio, pour forcer l'approbation de cet opéra, donné comme *Samson* l'année précédente en période de carême, y avait écrit une fin bien morale comme il l'avait promis aux autorités. Pour faire bonne mesure, il s'était engagé aussi à écrire un livret fondé sur la vie du saint Népomucène, dont comme on l'a vu, l'Église et la ville étaient tout entichées. Ce dernier livret ne verrait jamais le jour. Pour être inspiré à propos de saints, il faut être serein, et le pauvre Denzio était aussi loin de la sérénité qu'on peut l'être. Il n'espérait plus qu'en la venue prochaine de son ami compositeur Vivaldi pour nous sauver de la ruine.

La *Pravita Castigata* donc, ce *Don Giovanni* première façon, reçut un bel accueil. J'aimai ce spectacle particulièrement. J'avais vingt-trois ans. Les choses nouvelles étaient à mon goût. Cet opéra était une nouveauté, en ceci par exemple que l'intrigue se situait dans mon temps. Je ne savais pas encore qu'on pouvait rêver cela en opéra.

Et puis les personnages y étaient traités selon leurs sentiments et non en fonction de leur rang. Ainsi le personnage de Rosalba, bien que de rang inférieur, y tient-il un rôle sérieux, or s'ils devaient être représentés au théâtre, les petites gens l'étaient, il me semble, toujours dans des rôles de bouffons.

J'étais transporté par cette invention, moi, petit-fils d'ouvriers, fils de maître par miracle, éduqué par accident comme un prince…

Dois-je ajouter à cette liste les circonstances singulières qui me liaient à la maison du comte, sans que j'en sois domestique.

Bref, j'étais un original, et tout concourait à faire de moi une anomalie dans la grammaire de la société.

Pour toutes ces raisons je crois, je lus cet opéra de la *Pravita Castigata* comme on lit un oracle.

En exposant au théâtre des personnages d'hommes et de femmes qui vivent et se croisent comme dans la vie, comme dans ma vie, où les frontières entre ordres et rangs se franchissent parfois, le théâtre me renvoyait enfin à une liberté qui m'était certes échue plus que je ne l'avais choisie, mais qui n'en était pas moins mon quotidien. Un quotidien où je n'avais eu jusque-là aucun miroir.

Vivaldi était là, Denzio ne courait plus, il volait, exultait, son ami prestigieux, le Maestro était là. Le théâtre était sauvé.

Sauf qu'à peine Vivaldi était-il arrivé, qu'un soir d'avril 1730 alors qu'allait se donner *Farnace*, opéra du grand maître, la fête fut gâchée, voici comment.

Ce soir-là, le théâtre était plein et il sembla à Brož qu'il ne pouvait laisser passer plus de gens sans mettre en danger la sécurité de tous et du théâtre. Voyant qu'il avait clos l'entrée au public, je quittai mon poste d'observation au premier palier pour rejoindre mon nid, quand un brouhaha, et bientôt des clameurs me parvinrent depuis l'entrée. Je fis demi-tour aussitôt. La bagarre et le chahut étaient déjà si virulents que je ne pouvais passer. Ceux du parterre hurlaient que des bandits avaient forcé l'entrée, qu'on les voulait détrousser. Tout ce monde se mit en branle et allait se piétiner ! Pour prévenir cela, il me sembla que le plus pressé était d'ouvrir la porte sur le jardin pour faire évacuer les gens qui perdaient la tête.

Il se passait que certains domestiques avaient mal pris l'interdiction de Brož d'entrer, qu'ils avaient forcé le passage, armés d'objets divers, de piques et de tous les instruments qui purent leur tomber sous la main. Leur intrusion violente et folle avait créé un mouvement de panique équivalent au feu.

Quand je pus enfin me frayer un passage jusqu'à Brož, je le trouvai gisant inconscient dans le vestibule.

Le géant fut conduit à sa chambre où je pénétrai pour la première fois. Étrange endroit. Vaste salle grossièrement dallée, contiguë aux cuisines et donnant sur la cour, pourvue d'une cheminée, où j'allumai le feu pendant qu'un médecin pansait la méchante blessure que mon ami avait à la tête. Je soufflais sur le petit bois à m'en étourdir pour ne pas penser à ce qui se passait sur le grand lit. Ou plutôt ce qui ne s'y passait pas. Brož ne revenait pas à lui.

Sporck arriva à Prague le lendemain et vint le voir. Brož était toujours alité inconscient. Le comte ne dit rien. Moi non plus. Il me posa la main sur l'épaule en partant, ce qui eut pour effet de libérer mes larmes. Il ne se retourna pas. Il fit bien.

Dans la nuit de samedi à dimanche, Brož, enfin, murmura quelque chose. Je m'approchai, il répéta.

« Dimanche. Madame X. Elle m'attendra… Petit-Côté. » Et il sombra à nouveau.

Au petit jour, j'allai la chercher. Pour cela, je passai à la maison Manhardt voir mon ancien complice. Lui et son compagnon m'amenèrent dans la chaise à bras qui avait servi à Eva. La dame s'y glissa et ils la portèrent au théâtre de Sporck. De là, elle passa dans la cour du palais, et de là au chevet de Brož. Elle y resta toute la journée, et la nuit.

Au matin, je frappai à la porte pour demander des nouvelles, elle m'apparut souriante. « Justement, il vous demande. »

Il me dit : « Alors petit, combien aujourd'hui ? »

Ce à quoi je répondis : « Combien de quoi ? De qui ?

– De belles dans ta loge ? Don Giovanni…

– Sans toi pour tenir les comptes l'ami, Don Giovanni a perdu jusqu'à l'envie.

– J'arrive », dit-il, et il se rendormit.

Après un mois à être resté alité, Brož se releva, vieilli. Il aurait jusqu'à la fin de terribles maux de tête des suites du coup scélérat qu'on lui avait porté.

Cet accident marqua la fin de ma débauche. C'est ainsi.

Les autorités de la ville fourniraient deux grenadiers à Denzio, afin que l'incident d'avril ne se reproduise pas. Mais c'était à l'impresario de les payer. Une charge de plus.

Vivaldi fit du mieux qu'il put pour le consoler, et le temps qu'il fut à Prague, il y fit miracle.

En mars de 1731, l'ami Brokoff mourait de la maladie des tailleurs de pierre.

Après ses funérailles, j'allai me recueillir sur le pont, en souvenir d'une certaine promenade.

Quelle perte. De quels beaux portraits de pierre il nous aurait encore enchantés s'il n'était mort si jeune.

En écho à mon deuil, la fin de la saison de printemps 1731 vint à bout de l'optimisme de Denzio. La situation financière semblait cette fois le condamner. Si même la présence de Vivaldi n'y avait rien fait, alors…

Avant de se résoudre, ce mot et ce qu'il cachait lui faisant horreur, il voulut une dernière fois en appeler à Sporck. Il mettrait en avant tel projet, ferait venir tel musicien par l'intermédiaire de Vivaldi, il relancerait l'intérêt des Pragois pour un opéra renouvelé, et Sporck s'enthousiasmerait comme hier.

Il se rendit à Kuks pour soumettre tout cela au comte, fort du soutien de gens très importants. Le comte serait flatté. Denzio le convaincrait. Il le fallait.

Mais le comte était si accaparé par son procès que rien n'y fit, pas plus que les fois précédentes.

Rien ne me revient de l'année suivante, sinon cette tension dans laquelle baignait Denzio, disposition qu'il imprimait à tout le théâtre. Rien ne me revient, sinon de glisser mollement de loin en loin, d'un amour à l'autre, amours sereines et vaines.

Mais j'avais ces nuits passées au fournil près d'Antonin et Pavel.

Belles nuits, quand rires et silences viennent à leur heure, quand les propos naissent et meurent sans urgence, sans regret. Conversation d'amis qui pourrait durer la vie, comme celle qu'on se fait à soi-même honnêtement et sans gêne.

Les maux de tête obligeaient souvent Brož à garder la chambre. Dès qu'un rayon de soleil perçait l'hiver, il nous trouvait côte à côte, assis sur ce banc de pierre dans la cour du palais. Nous ne parlions jamais beaucoup, sinon de choses quotidiennes. Où en étions-nous de la réserve de fil d'amadou ? De bougies ? Adela avait-elle dit à l'un ou à l'autre quelque chose de la santé de Sporck, de son procès ?

Je lui demandais les lundis si son amie gardait une bonne santé, ce à quoi il répondait : « Oui, assez, Dieu merci, et qu'il fasse surtout que je parte avant elle. Vois, fils, comme j'ai le courage des lâches. »

1731, 1732 passèrent ainsi. J'installais mes lumières, les allumais, le spectacle passait, alors j'attendais le lendemain quand je pourrais recommencer.

Et puis ce fut le miel.

En mars de l'année 1733, Sporck, s'il fut condamné, le fut bien moins lourdement que nous ne le craignions tous. Il le fut à la fin pour ne pas avoir respecté l'interdit impérial sur les livres imprimés, qui imposaient qu'ils passent d'abord par la censure, et à payer une amende de 6 000 pièces d'or, ainsi que les frais relatifs au procès. Bagatelle au regard de ce qu'il avait risqué.

Et puis ce fut l'amer, l'incendie, qui survint le soir du 19 avril.

Au troisième acte de l'opéra le feu se déclara en coulisse. Il semble que des plumes montées sur un chapeau de papier, qu'on agitait là où il n'aurait pas fallu, aient pris feu. Le danseur qui le portait s'en débarrassa comme il put. La guenille donna contre une toile de décor qui à son tour s'enflamma.

Dieu que j'enrageai d'être infirme !

De ma loge, je béquillai au plus près du foyer, trouvai un endroit où me poser pour dégager mes bras, criai des ordres, que quelques-uns dans la panique finirent par entendre.

Heureusement les grandes cuves d'eau étaient toujours bien pleines, j'y veillais. À défaut, le théâtre aurait brûlé en entier.

Nous ne vînmes à bout du feu qu'au bout de trois heures.

Mais où était Brož ?

Il y avait un moment que, dans l'urgence, je ne l'avais plus vu.

Nous le trouvâmes étendu mort, la tête écrasée par une poutre, la seule qui avait cédé.

Denzio pleura beaucoup la mort de Brož, pas tant l'homme qu'il connaissait peu, mais étant la première personne qu'il ait croisée quand il avait mis les pieds cet été de 1724 dans le théâtre, il lut dans la mort du géant un méchant augure.

J'allai avertir son amie au Petit-Côté.

Officiellement, ce fut le comte qui prit en charge les funérailles de Brož.

En vérité, je crois que tout fut financé par madame X.

Sur la pierre tombale, elle fit faire une sculpture d'elle-même. Je sais que c'est elle. Elle est si ressemblante.

C'est la figure d'une femme qui attend.

Malgré les finances malades du théâtre, Denzio engagea le décorateur Gaspari pour peindre de nouvelles toiles de fond de scène en remplacement de celles qui avaient brûlé. Certes il était l'un des meilleurs, mais aussi des plus chers. Notre impresario était ainsi, il ne pouvait se résoudre à moins.

Alors, ce qui devait advenir advint. Devant le gouffre de dépenses creusé par la remise en état du théâtre après l'incendie, certains chanteurs perdirent l'espoir de jamais voir leur argent et portèrent plainte pour non-paiement de leurs gages devant les autorités.

Rien qu'à cette chanteuse nommée Anna Cosimi, Denzio devait 1 418 gulden. La somme était colossale. Raison pour laquelle je me souviens de ce nombre qui encombre autrement mon cerveau pour rien.

Malgré leurs griefs envers l'impresario, elle et d'autres chantèrent aux spectacles du printemps. C'était leur intérêt. Ils étaient pris. Si le théâtre n'avait vécu sa vie, comment auraient-ils pu espérer être remboursés !

Cependant la plus acharnée à se voir payer son dû, Margherita Perini, préféra voir Denzio enfermé plutôt qu'il continue, disait-elle, à se moquer de sa patience. La loi prévoyait en effet que si un créditeur voulait l'emprisonnement de celui qui lui était endetté, alors celui-ci l'était. L'impresario fut emprisonné pour dettes à la tour de Dalibor. C'est un point que j'avais oublié de préciser, Sporck y avait séjourné aussi dans ces jeunes années, plutôt que de payer une dette dont il maintenait ne pas être redevable, quoi que la loi de prime abord en dise. Déjà s'opposant, déjà entêté.

Endetté, Denzio l'était pour une valeur de plus de 5 000 pièces d'or, et lui l'admettait tout à fait, tout en pleurant qu'il avait tenté l'impossible pour ne pas l'être.

Alors que Denzio languissait en prison, le gros de la troupe, la Perini en tête, requit l'autorisation de se produire à Prague et de jouer à la maison de bal du Petit-Côté.

Ils durent s'engager à prendre grand soin de la salle, à employer les meilleurs musiciens, à produire des spectacles dignes de la noblesse pragoise, ainsi qu'il en était allé au théâtre de Sporck.

Je m'inquiétai.

Comme la ville interdit à la troupe d'utiliser les décors qui venaient d'être refaits après l'incendie, et qui dormaient au théâtre de Sporck, c'est un peintre tchèque que je connaissais par mon père qui en exécuta trois, pour point trop d'argent.

Mais même à ce bon prix, la Perini s'affola. Elle commençait à comprendre.

Elle me demanda de veiller aux lumières. J'acceptai, par fidélité à la troupe, et fis du mieux que je pus avec le petit budget qu'elle m'alloua. À grand renfort de mes éventails, je magnifiai le peu de lumière que j'avais, et produite par de mauvaises bougies encore.

Denzio implorait les autorités, et c'était une grande pitié de le voir réduit à cela, de le laisser sortir de prison pour prendre soin de sa nombreuse famille. Il donnerait des spectacles, il ne savait aucune autre façon d'acquitter ses dettes, que de chanter, écrire des livrets et mener une troupe de grands musiciens, ce qu'il avait fait avec honneur à Prague, bien que ce fût une petite ville. Il assurait encore que son économie aurait pu être d'aussi belle tenue que ses spectacles si seulement les gens de sa troupe avaient été raisonnables, car quant à lui, il se payait bien mal pour tout le travail qu'il faisait.

Finalement, la Perini et Denzio trouvèrent un accord. La plaignante leva sa demande de mise sous les verrous, à condition que toutes les représentations qu'ils organiseraient iraient au remboursement des dettes.

Denzio délivré, la troupe émigra de nouveau du côté de chez Sporck, la Perini en tête.

Le théâtre rouvrit ses portes.

Deux ou trois opéras seraient encore donnés au printemps de 1735. Je mis un grand soin à travailler mes lumières et leurs effets.

Qui le vit ?

Ces représentations auront au moins permis à Denzio de régler les dettes les plus pressantes.

Cet homme ne méritait pas de quitter la ville éreinté. Il aura beaucoup donné à Prague, bien au-delà du chiffre froid de cinquante opéras.

Il se battrait encore pour, s'il devait partir, le faire de façon honorable, c'est ainsi que, jusqu'en 1737, il louerait ses talents dans des spectacles qui n'étaient pas les siens, à Prague, en province, chez des grands du royaume.

Pendant cette période, le théâtre de Sporck serait ouvert à d'autres troupes. Denzio y revint aussi se produire quelquefois, mais dans des spectacles bien plus humbles que ceux qu'il y avait un jour créés. Nous aurions le plaisir alors de retravailler ensemble.

Je ne sais pas s'il parvint à payer toutes ses dettes, j'en doute, mais il aura essayé. Et ces dettes étaient-elles vraiment les siennes ?

Je dormais souvent au théâtre, plutôt que dans la chambre qu'avait occupée Brož au rez-de-chaussée du palais, derrière les cuisines, et que j'avais annexée depuis qu'il n'était plus. Je dormais dans ma petite loge, pour veiller à l'intégrité de la maison, car les comédiens itinérants qui s'y succédaient désormais l'auraient volontiers gentiment pillée.

J'ai voulu avancer dans le destin de Denzio et du théâtre, pour mieux me réserver, faire la place à ce qui vient, le miel du miel. Pour cela, il faut que je revienne un peu en arrière, à cette année de 1735, au printemps, quand, au lendemain de la dernière représentation du dernier grand opéra que donna Denzio au théâtre de Sporck, au milieu de l'après-midi, la sœur d'Antonin se présenta.

Des membres de la troupe défaite remballaient leurs dernières plumes, moi je recomptais ma réserve de bougies. Il me semblait qu'on m'en avait pris. J'étais inquiet et en colère.

Et donc soudain elle fut là, cette Kateřina, à qui je n'avais jamais prêté attention de ma vie. Qui prête attention à la petite sœur d'un ami ?

Je me rappelais d'elle, vaguement, comme d'un petit être blond et transparent.

Je savais qu'Antonin la bousculait les derniers temps pour qu'elle se marie. Il la trouvait d'humeur morose. Il s'en prenait à cela, qu'elle était en âge de changer de vie, mais l'entêtée s'obstinait à refuser les propositions que quelques-uns déjà lui avaient faites. C'est que la sœur d'un boulanger est un parti enviable, surtout la sœur d'un Antonin.

Quand je la vis, j'eus peur que quelque chose ne soit arrivé à mon ami. Dès qu'elle m'eut rassuré, je fus mécontent d'elle, enfin de moi, mécontent qu'elle me surprenne à compter ces bougies comme un vieil avare. Que veux-tu, Kateřina ?

Elle rougit. Bien sûr. Kateřina était timide. Antonin s'était toujours moqué de ses joues au teint pâle, semées de son, qui s'embrasaient d'un rouge à la fraise au moindre embarras.

« Approche-toi, Kaťenko, viens me dire. Que puis-je pour toi ? Tu n'as qu'à demander. »

Elle s'approcha.

Je crus qu'elle allait pleurer tant elle paraissait émue, alors en grand frère, je lui tendis la main. Elle la prit.

« Antonin veut que je me marie, dit-elle en baissant les yeux.

– Oui, eh bien, c'est une bonne idée.

– Si je dois l'être, c'est avec toi. »

Et elle s'enfuit.

Je crois bien que j'ai ri. De la blague que je ferais à Antonin en lui annonçant cette visite et son motif. D'ailleurs quel était-il ? Avais-je rêvé ?

Je repris le décompte de mes bougies mais sans plus de colère, mon inquiétude ravalée.

Pourtant le théâtre était vide.

Les Vénitiens étaient partis, avaient tout emporté, jusqu'au dernier sabre de bois.

Je ne sais comment expliquer ce qui suit. Je vais écrire ce que je n'ai jamais dit à quiconque.

Le lendemain matin de ce jour-là, au réveil, j'entendis de la musique. *Orlando*.

Je crus que Denzio était revenu, et toute la troupe avec lui ! Je me levai, m'habillai et me précipitai au théâtre. Il était vide. Pourtant cette musique, cet air de Denzio, je veux dire d'Orlando chanté par Denzio, je l'entendais toujours.

Nel profo o o o ondo, cieco mon o o o on... do, si precipiti la sorte, già spietata a questo cor.

Je sortis du théâtre par l'entrée principale. Il n'y avait si tôt le matin aucun musicien nulle part dans la rue.

La vérité, aussi extravagante et épouvantable qu'elle me paraisse, est que cette musique était enfermée dans mon cerveau, et qu'elle jouait fort. Je voulus la faire taire, n'y parvins pas, me crus fou.

À la fin de cette journée que je passais enfermé avec moi-même dans ma chambre, j'avais démêlé que si je ne pouvais arrêter le flot, je pouvais changer l'air à force de volonté, c'est-à-dire qu'entre plusieurs qui m'envahissaient en même temps, ou tour à tour, je pouvais choisir le plus doux.

Sol da te mio dolce amore, questo core avra pace, avra conforto, avra pace, avra confor o o o orto, avra conforto.

Et ainsi être consolé d'avoir tout de même pu commander à quelque chose.

A-t-on jamais entendu des choses pareilles.

Ce projet d'écrire pour faire la nique à ce corps qui me tire vers la tombe, me divertir de la douleur qu'il m'impose pour finir, nécessite souvent un effort de pensée.

Mais dans le cas de cette musique que j'entendais, je ne l'appelais pas, elle s'imposait à moi sans détour, et cependant parfaite dans sa forme. Tout l'orchestre et les voix y étaient, morceaux que je connaissais bien pour être mes favoris, mais d'autres aussi qu'il me semblait ne pas connaître. Et puis je réalisais que je les avais entendus, mais à une seule occasion. Comment pouvaient-ils s'être gravés dans mon cerveau aussi bien que des morceaux que j'avais cent fois entendu, avec tous les instruments, fioritures et *crescendo* de la partition. Comment cela était-il possible ?

Après les longues heures passées à voir mon père tourner cadavre, dix ans plus tôt, je fus sur le point une nouvelle fois d'abdiquer, de m'en remettre à Dieu.

Je passai trois jours assez seul, domestiquant comme je pouvais cette étrange et nouvelle compagnie.

Adela me crut malade. Je n'osais lui dire, pas plus qu'à quiconque, malgré ses questions pressantes, ce qui m'arrivait.

Pendant ces trois jours, tandis que j'apprivoisais mon nouvel état, l'idée de Kateřina me traversait régulièrement l'esprit, battait une nouvelle mesure.

L'ingénue avait planté une petite graine en moi.

La pensée d'elle me distrayait de cette musique accrochée à mon cerveau, cette musique qui me tourmentait, que je n'avais pas choisie.

Je ne suis pas sûr d'avoir choisi de penser à Kateřina non plus. Mais choisit-on jamais vraiment ?

Quand je fus mieux habitué à cette musique qui assiégeait ma tête, et elle m'obsédait d'autant moins que j'étais engagé dans une réflexion ou une action qui ne la concernait pas, je me décidai à aller rendre visite à Antonin au milieu de la nuit, à l'heure où il arrivait au fournil.

Je m'assis dans mon coin, l'observai travailler, me berçai de ses gestes tout en lui racontant que Denzio et sa troupe avaient cette fois déserté mon théâtre pour de bon.

Antonin écoutait, ponctuait mes propos de « Ah » et de « Vraiment », respirait fort, au rythme des mouvements de tout le corps qu'il faisait pour pétrir.

La pâte levait. Les apprentis prenaient le relais. Nous buvions une bière.

La pierre blanchissait tout autour de la porte du four, signe qu'il avait atteint la bonne température.

Alors le blond Antonin enfournait.

Dans la lumière rouge du four ouvert, portée sur lui, je découvrais que Kateřina lui ressemblait.

J'allais lui dire qu'elle était passée me voir, qu'elle avait, si je n'avais pas rêvé, demandé ma main ? Je me retins. L'enfournage du pain est sacré.

Pour se rendre du quartier des boulangers au palais de Sporck, il faut passer par le marché au charbon. C'est ce que je fis ce matin-là en quittant le fournil. Je passai donc devant chez moi et constatai que j'étais prêt à y retourner vivre.

J'avais deux amies, qui passaient de temps en temps me voir au théâtre. C'est là que je les recevais galamment. Je ne pouvais pas faire passer ces dames devant les cuisines du palais pour rejoindre ma chambre l'air de rien, et que la dame dise bonjour à Adela, puis, deux heures plus tard, au revoir.

Eh bien je compris ce matin-là, que si j'avais pu franchir dès cet instant le seuil de ma maison, ce que je ne pouvais car elle était louée, je n'aurais pas voulu que ces deux amies y mettent le pied.

Alors je rompis le jour même avec elles deux nos habitudes.

Antonin me dirait, je t'ai vu plus souvent en deux mois que je ne t'avais vu de toute l'année dernière. C'est qu'en le regardant vaquer à son ouvrage, au fil des nuits, je cherchais à savoir quoi faire de l'intérêt que sa sœur avait planté en moi et qui poussait comme un lierre.

Il y avait aussi que Kateřina passait souvent au fournil au matin, comme je retournais garder le théâtre.

Elle tenait les comptes de la boulangerie maintenant que la mère était morte.

Elle redoutait le mariage prochain d'Antonin. Son épouse prendrait la place.

Antonin disait qu'il y avait tant d'ouvrage que Kateřina ne serait jamais de trop, qu'elle s'inquiétait pour rien.

Je l'interrogeais sur elle, il s'en étonnait parfois.

Tout ce qu'il m'en disait m'allait.

Les matins quand je la croisais sur le seuil du fournil, alors que je partais comme elle commençait sa journée, nos regards se parlaient de mieux en mieux.

Oh, elle n'était plus la petite fille transparente que je voyais sans voir autrefois.

Elle avait vingt et un ans. Et moi vingt-neuf.

Elle était très jolie, je ne sais pas par quelle folie je ne l'avais pas vu. Ses cheveux fins, d'un blond blanc, encadraient un front assez grand et des pommettes hautes. Au-dessus de ses yeux en amande, vert pâle, un soupçon de sourcil. Son menton était pointu, oui. Son sourire, d'une douceur…

Et c'est ainsi que moi qui n'avais jamais regardé la sœur d'Antonin, désirai bientôt Kateřina, mieux, la voulais près de moi, toujours.

Je lui parlai en tête à tête une seule fois, et ce fut pour lui demander si ce qu'elle avait affirmé au théâtre quelques mois plus tôt était toujours son désir.

Mon ange dit que oui, ses yeux plantés dans les miens et cette fois sans rougir.

Je me penchai vers sa bouche et la baisai. Infirme, je ne pouvais étant debout la serrer contre moi sans tomber. Je mis dans ce baiser pour compenser toute la conviction qu'on peut imaginer.

J'en sortis moi les joues en feu. Elle ? Un voile ardent se levait lentement de ses yeux que j'avais grande hâte à refaire tomber.

Je demandai la main de Kateřina à Antonin, et l'obtins, dès que mon ami se trouva remis de la nouvelle. Ah que j'étais heureux. C'était comme si je rentrais à la maison, comprenez-vous ?

Qui m'entend ?

Notre mariage eut lieu en janvier 1736 à l'église de Tyn. Ce fut un double mariage. À côté de nous, Antonin épousait Jana.

Antonin avait offert à sa sœur un collier de perles de grenat qu'elle avait enroulé trois fois au ras de son cou.

Une coiffe noire ourlée d'un ruban blanc soyeux barrait le haut de son front. Cette coiffe sertissait son visage, ne dévoilant au passage que ses lobes mignons. Ma mariée portait une veste de laine grise, comme son jupon, et sur ses épaules une courte cape de fourrure de lapin blanc.

Moi j'avais ciré mes béquilles. Non, je me moque de moi-même. En vérité j'en avais changé, les avais fait faire chez le fils du menuisier qui avait fabriqué ma première paire sur les instructions de… mon père. J'étais vêtu de mon éternel pantalon de cuir noir, coupé tel que ma mère l'avait conçu. Je portais une cravate blanche, un gilet gris, un habit bien ajusté d'un gris plus soutenu dans un beau drap de laine qui donnait l'effet du velours et dont j'étais très content.

Les gens nous regardaient avec envie, nous trouvaient beaux. Je béquillai avec l'élégance et l'insolence d'un prince. Plus rien ne pouvait m'arriver. Voilà le sentiment que j'avais. Ce jour-là valait pour tous ceux que j'avais vécus, tout trouvait sens ici, aux côtés de cette femme, ma femme.

Sporck, souffrant, était resté à Lysa mais il nous fit parvenir ses cadeaux, un service de table pour six en porcelaine, et des verres, le tout bon pour un palais, un châle de cachemire, deux pièces de tissu de coton aux motifs fleuris pour faire des robes à Kateřina, deux lots de drap de laine, un noir et un bleu, pour moi.

Je n'ai pas parlé encore du caractère de Kateřina ? Elle était sereine plutôt que franchement gaie ou drôle. Elle parlait peu mais chantait souvent en faisant son ouvrage, comme ma mère.

Elle réservait sa parole pour nos nuits. Nous parlions beaucoup la nuit. Nous nous obligions à nous taire pour prendre un peu de sommeil.

Souvent, je la remerciais de ce qu'elle soit venue à moi, de ce qu'elle m'ait ouvert les yeux. Elle riait de mes mercis, disait qu'elle en avait eu assez de m'attendre, qu'elle n'avait fait que précipiter une union qui pour elle devait être, et ainsi était son sentiment depuis aussi longtemps qu'elle se souvenait de moi.

Elle avait une manière de faire à sa guise, tout en ne vous contredisant jamais, comme ma mère.

Je sais bien que dans le petit logement de la rue Skořepka où nous vivions elle et moi, je me glissais parfois dans la peau de mon père, essayais des mots qu'il avait un jour adressés à ma merveille.

Eva et moi, nous nous aimions terriblement. Notre passion ouvrait en nous et autour de nous des abîmes, de fidélité, de trahison, à nos pères, à Dieu, le précipice de l'exil. S'exiler pour être libre ? Qui croit ça ? Pour survivre peut-être, mais il y a tant de choses dont l'exil ne libère pas.

Kateřina, je l'aimais en paix, aussi absolument et sans ombre que j'aimais ma mère.

Mon ange pouvait bien être aussi blonde que Ludmila était brune, cette ténacité tranquille, jusqu'à sa manière d'être et d'aimer, je les reconnaissais. Deux merveilleuses ? Pour moi ? Que ce bonheur m'échoie une deuxième fois ? Comment ne me serais-je pas senti invincible ?

Si, au début de notre union et de jour, je nous vivais dans les pas d'un autre couple, la nuit nous nous suffisions bien à nous-mêmes.

Cette musique qui jouait toujours dans un recoin de ma tête, qui parfois m'indisposait à hurler de la sorte d'exaspération qu'elle me causait, quand la nuit j'aimais Kateřina, pouvait bien jouer fort, les violons et les trompettes de Vivaldi se déchaîner, tout n'en était que meilleur.

Que nous étions heureux, que nous nous aimions bien.

Je rentrais du théâtre.

Kateřina m'attendait, déjà au lit, assise, calme, le plus doux des sourires aux lèvres.

Elle tressait ses cheveux pour la nuit.

Elle m'annonça que nous allions avoir un enfant.

Perplexe, enthousiaste, alarmé, je ne dormis pas.

Lorsque Kateřina au matin se réveilla, elle me dit en découvrant mes traits chiffonnés :

« Mais quoi !?

– J'ai peur. »

Elle rit et dit :

« Enfin ! Cet enfant fait déjà merveille ! Tu es jaloux, Slavičku ! »

Mon ange.

Kateřina ne survécut pas à ses couches. Ni l'enfant. Une fille.

Je les enterrai toutes les deux le 10 février 1737.

Il n'y a rien à dire. Sinon le tableau des faits peut-être. Le médecin qui avait succédé à Zítek, alors que le labeur durait depuis un jour plein sans avancer, tenta de manipuler l'enfant mal engagée dans le ventre de sa mère. Est-ce cela qui aura provoqué l'hémorragie qui l'emporta ? Avait-il le choix ? Je ne sais pas.

Pour tenter de sauver l'enfant, on ouvrit le ventre du cadavre de Kateřina. Mais la petite ne vivait plus non plus.

Deux semaines après le désastre, à peine, il se trouva que le contrat qui me liait au locataire de la maison du marché au charbon arrivait à son terme. Cet homme me proposa de l'acquérir. Je la lui vendis, contre l'avis d'Antonin, et de Sporck, qui m'avait écrit à ce propos.

Nous avions tant rêvé de ce moment elle et moi, d'y emménager, de notre vie à tous les trois, dans cette maison.

Y être sans elles, je serais devenu fou.

Je ne demandai à cet homme le jour où nous signâmes notre accord que le petit coffre peint qui se trouvait dans ma chambre. J'y mis la bible et le rouleau d'Ulysse. Lui laissai tout le reste.

Je savais que l'acquéreur de ma maison entendait la rénover, comme cela se faisait partout en ville.

En fait de rénovation, dans le mois qui suivit, il la dépeça, la réduisit en poussière, sauf ses fondations de pierre.

J'habitais encore sur Skořepka, au pied du marché au charbon.

De là, j'entendis le fracas.

J'y allai, et assistai à ce spectacle, car cela en fut un, sans aucun doute, et qui dura trois jours.

Je respirai consciencieusement la poussière, la mangeai même, j'en ai encore le goût dans ma bouche.

Dans les débris, je ramassai la moitié du heurtoir, cette tête de lion que ma mère voulait y voir, mon soleil. Mais je n'ai pas retrouvé la tête d'aigle.

La relique rejoignit dans mon petit coffre la Bible de Kralice et le rouleau de mon maître.

Je ne voulais que la vendre, mais aurais-je su que le bourgeois voulait la détruire, cela n'aurait sans doute rien changé à ma décision.

Bien sûr, aujourd'hui, la douleur étant apaisée, je pourrais considérer le sacrifice sublime que je fis alors comme bien vain. Cependant j'attends qu'on me prouve qu'un homme pour vivre, survivre même, n'a besoin que d'eau et de pain.

Rêverais-je moins bien de la façon dont Kateřina et moi l'aurions habitée, si j'étais maintenant, là, dans ses murs ?

J'ai le sentiment d'avoir vécu au bord, au bord du bonheur, au bord d'une scène, au bord d'un pays, mais dans Prague toujours.

Troisième période

1737-1788

De la période qui s'écoula entre la mort de mon épouse et de ma fille, et l'ouverture du théâtre des Étals, je ne me rappelle que de trois événements.

La destruction de ma maison.

Le départ d'Antonio Denzio. Qui quitterait Prague non sans qu'un autre enfant lui soit né.

Cet homme disparaîtrait de ma vie comme il y était entré, dans un grand fracas d'adieux, de consignes, à moi, à tel ou tel de sa progéniture qu'il distribuait dans le cortège de voitures.

Avant de monter dans l'une d'elles à son tour, il revint vers moi, et me serra dans ses bras : « Adieu, *Maestro delle luci*, mon ami… »

La veille, il m'avait demandé de le suivre en Italie, dit qu'une *bella vita* sous des cieux bleu et or me feraient là-bas oublier ma peine, que je travaillerais dans les plus beaux théâtres.

Mais quitter Prague ? Non merci. Il n'y avait qu'elle de mes amours qui était immortelle.

Le troisième événement, finissons-en, fut en mars 1738, la mort de Sporck.

Je m'étais rendu à Lysa à la fin de 1737, étant remis d'une infection des poumons qui m'avait pris peu de temps après la mort de mes anges et fait garder le lit pendant trois mois. Adela m'avait soigné.

Le jour où elle me sentit suffisamment fort pour cela, elle m'apprit que le comte était à son tour très affaibli, et que si je voulais le revoir, il ne faudrait pas trop tarder.

Nous avons passé deux jours très doux ensemble, Sporck et moi, bien qu'il fût certain que nous nous faisions nos adieux. La langueur dont il était accablé ne trompait pas.

Il me semblait que je prenais la chose très philosophiquement. Lui-même disait qu'il était temps. Il se disait prêt.

Il ne me demanda pas pardon.

Je ne lui dis pas merci.

Il trouva le moyen de s'enflammer encore à l'idée de ce qu'un musicien inconnu, mais qu'il jugeait sublime, lui avait offert ces quatre messes, qu'il fit jouer pour nous à la chapelle.

J'étais dans son testament. Il me légua une petite somme d'argent que je plaçai, dont la rente a couvert mes dépenses de loyer, et qui aujourd'hui que je n'ai plus la rétribution du théâtre me permet de mourir dans la dignité. Qui d'autre que moi aura eu un tel bourreau ?

Paix à l'âme de mon protecteur et assassin, frondeur ou courtisan, précurseur ou timoré, mais jamais hypocrite, c'est le comble.

Je me croyais fort et fataliste, en un mot je me pensais prêt à supporter sa mort. Puisque je l'attendais. Et après les deuils que je venais de subir, celle du vieil homme paraissait une formalité.

Mais il semble qu'elle fût le coup de trop. Si par hasard, il ne m'avait pas tué vingt-quatre ans plus tôt, il manqua le faire en tirant sa dernière révérence.

Je tombai à nouveau malade.

J'ai très peu de souvenirs des mois qui s'écoulèrent de mars à l'automne 1738, un rideau noir restait tiré sur mon esprit et tous mes sens. Je sais seulement que c'est dans ce temps-là que la musique, qui jouait dans ma tête, cessa.

Le public sembla d'abord parfaitement indifférent à ce qu'on ne joue plus à Prague de grands opéras. Des spectacles se donnaient toujours bien sûr, mais les décors étaient communs, les chanteurs, les musiciens, plus ou moins convaincants.

C'est au cours de l'été de 1736 que j'entendis exprimer des débuts de regrets, des « vous rappelez-vous de l'*Orlando* », des « ah, la *Tirannia Castigata* et cet aria de... ».

La ville prenait conscience de ce que l'engagement de troupes itinérantes ne permettait pas d'offrir des spectacles aussi aboutis que ceux auxquels l'audience pragoise s'était au bout du compte habituée. Elle mesurait peu à peu le vide que laissait la maison des opéras de Denzio et de Sporck, ouverte encore comme on l'a vu aux spectacles, mais qui ne marquait plus de différence avec ce qui se faisait ailleurs.

La fille et le gendre du comte Sporck n'étaient pas même prêts à y poursuivre l'aventure du petit train où elle allait la dernière année, encore moins à relever le défi de lui rendre son lustre.

C'est ainsi qu'en 1737, courait déjà le bruit de la construction d'un nouveau théâtre. Mais j'étais si malheureux cette année-là que je m'en souciais comme d'une guigne.

Peut-être bien que cet impresario, Santo Lapis, fût pour quelque chose dans la célérité avec laquelle l'affaire s'engagea. Il s'offrait à animer ce nouveau théâtre, il était prêt, disponible. Le dirait-il assez ! Le fait est, la ville se lança.

Les autorités avaient décidé, voulant avoir un théâtre sans beaucoup dépenser, qu'on l'aménagerait en créant un étage à la grande halle sise entre l'église Saint-Havel et mon marché au charbon. D'où le nom que prendrait ce théâtre, le théâtre des États. Cette décision fit hurler les Carmélites de la maison voisine. Personne ne sembla s'en soucier, signe déjà de ce que les ordres étaient moins écoutés.

L'opération serait soutenue par de généreux mécènes dont l'épouse du maire elle-même.

L'idée mûrit si vite que, dès l'été 1738, les travaux commencèrent.

C'est le remue-ménage de ces travaux d'aménagement du théâtre qui me sortit de l'abattement où je restais prostré depuis la mort de Sporck. J'occupais en effet maintenant ce logement situé à la limite du Juden et du Christen Tandel Markt, marchés juif et chrétien des étoffes et des fripes. Sur ma gauche et jusqu'à l'église Saint-Havel, le juif, sur ma droite et jusqu'au marché au charbon, le chrétien. En face, la grande halle.

Il faut bien que je dise maintenant comment j'étais arrivé là.

Peu de temps après la mort de Kateřina, je quittai le logement que nous avions occupé sur Skořepka, et retournai m'installer dans la chambre de Brož, derrière les cuisines du palais.

Dès que je sus la mort du comte, je ne pus supporter de rester là non plus. Je réunis à nouveau mes affaires. J'en avais si peu. Tout tenait dans ma grande besace. Le petit coffre, qui renfermait la relique du heurtoir de notre porte, la bible de ma mère et le rouleau d'Ulysse, y était calé entre le reste de mes effets. Bossu de ce sac en sus d'être béquillard, je devais ne ressembler à rien d'humain. Je m'en allai. Oh pas bien loin.

Sans trop réfléchir, comme un vieux cheval qui retourne toujours à l'écurie, je me retrouvai à errer dans mon quartier d'enfance, où une connaissance me dit qu'il y avait une chambre à louer à l'étage d'une maison qui donnait sur les étals. À peine y étais-je installé que je tombai tout à fait malade.

Je ne sais pas comment nommer cette langueur dont j'étais pris.

Le manque de Kateřina, qui me manquait comme on manque d'air, de l'enfant qui ne m'avait pas laissé le temps d'être père, le vertige que provoquait en moi la disparition du comte, ne me suffoquaient même plus.

J'étais sans énergie, libéré en un sens, de toute envie, jusqu'à celles de manger, de dormir. Je ne parlais plus.

Je n'avais plus rien à dire. Il n'y avait rien à dire.

Antonin passait tous les jours, il avait installé chez moi une garde-malade qui dormait dans le cabinet attenant à cette grande pièce que j'occupe encore aujourd'hui.

Antonin lui interdisait de m'abandonner au silence plus d'un quart d'heure d'affilée. La nuit, il la laissait dormir, pauvre. Mais de jour donc, elle parlait. Elle disait tout ce qui lui passait par la tête, rapportait ce qui se répétait sur les marchés, commentait, se parlait à la fin comme on se parle à soi-même.

Ce n'est que plus tard que je regrettai de n'avoir pas été attentif, car jamais à moins d'être espion doublé d'un magicien, un homme aura eu mieux l'occasion de nicher dans la friche de la tête d'un de ses congénères. C'est dans les tout derniers temps seulement que j'entendrais qu'elle chantonnait des airs sur lesquels elle enfilait des paroles au hasard, qu'elle passait ses nerfs à inventer des tortures qu'elle aurait bien infligées à sa belle-mère, ou qu'elle disait, « Oh Dieu que je m'ennuie à parler à un sourd. Des mois que ça dure. Car il est sourd. Si ça gagnait pas si bien… Ses yeux sont morts. D'ailleurs mourir, c'est ce qu'il aurait de mieux à faire. Pas plus de conversation qu'un caillou. A-t-on jamais fait de métier plus ingrat que celui-là. Qu'est-ce que je vais pouvoir lui raconter maintenant. Je pourrais bien lui dire n'importe quoi qu'il ne réagirait pas plus. Je vais toujours lui dire mes prières. Ça sera fait. »

Je crois que les premiers mots que je proférai furent pour lui demander pardon d'interrompre son monologue, et de l'eau. Elle me servit, l'œil hagard, ajusta son châle et courut chercher Antonin.

Je ne revis plus ma pipelette. Elle avait dit à Antonin que j'étais guéri, qu'elle voulait ses gages, et s'était enfuie les joues cramoisies, au point où mon ami avait pensé que j'avais fait des avances inavouables à cette pauvre femme.

Comment me revint le goût de demander de l'eau au lieu d'attendre qu'on m'en serve si on le voulait bien ?

Le babil de ma garde-malade m'aura sans doute maintenu à flot, vaguement.

Mais surtout, là où mon esprit flottait sans conviction, le brouhaha des travaux d'aménagement de la halle me titillait l'oreille, me la tirait, et chaque jour encore, insistait. Coups de marteaux, va-et-vient des scies, hommes qui s'apostrophent, peinent et rient. Bruits nourriciers, qui avaient estampillé mon enfance.

Qu'un nouveau théâtre vienne se nicher sous le toit de cette maison commune, au cœur du cœur de mon quartier, oui cela, même d'où j'étais, j'avais fini par l'entendre.

Mon ami le boulanger le comprit, alors il brodait, brodait sur l'avenir de ce théâtre, sur les rénovations qu'on y faisait, et j'entendais de mieux en mieux.

De jour, sous le marché couvert, on vendait, achetait, envoyait au diable, riait.

De nuit, sous la charpente en forme de coque de navire renversé, bientôt on jouerait la vie.

Oui, cela je l'entendais.

Quand j'écrivais que cette bête d'homme a besoin pour vivre d'autre chose que de pain et d'eau.

Cette grosseur qui me pousse à la gorge me fait penser à ces protubérances que présentent certains troncs d'arbre au bord de la rivière.

Je ne la vois pas. Dieu merci, mais la sens, en dehors, et en dedans. Elle comprime maintenant les conduits par où passent air et nourriture.

Je me contenterai désormais de boire un peu.

Et de prendre ma potion.

Chère potion.

Mon médecin m'en a fait préparer une quantité suffisante. Je l'ai payé et lui ai ordonné de ne plus revenir.

Il me reste peu de temps.

Allons ! Si je veux que mon récit rencontre sa fin.

C'est que j'écris si lentement.

Décidément, je me divertis beaucoup à contempler cet horizon,

où l'écriture et ma vie se croisent et se coupent.

Ou pas.

Les magistrats de la ville me convoquèrent à l'automne. Je me doutais bien que la raison en était qu'ils me demanderaient d'exercer aux Étals le même office qu'au théâtre du comte Sporck.

Je n'avais pas mis le pied dehors depuis des mois. Je repris mes béquilles. Les trouvai lourdes.

Je promis d'être tout à fait rétabli au printemps, quand le théâtre ouvrirait ses portes au public.

Cette promesse finit de me tirer de la langueur morbide qui m'avait exilé tout ce temps.

Je me fis faire de nouveaux habits, coupés dans le beau drap de laine que le comte disparu m'avait offert lors de mes noces, englouties.

D'emblée, le théâtre des États fut conçu pour servir les goûts d'un public élargi. On voulait qu'il accueille des opéras, des comédies, des ballets burlesques, des spectacles de marionnettes, de tout, sauf des funambules et des cracheurs de feu, quoique… C'était le théâtre de la ville. Ce projet était fort honnête, et à mon goût.

Si le théâtre des États ne serait jamais aussi précieusement décoré que celui de Sporck, il ne rougirait pas d'être sans fard, assumerait de sentir simplement bon le bois dont du sol au plafond il était fait.

Spacieux, je m'y déplaçais, avais accès à mes lustres et aux machines qui manipulaient les décors, plus aisément qu'au théâtre de Sporck. Ces dernières étaient plus ingénieuses aussi que celles de mon ancienne maison, je le concède.

Tous ces conforts facilitèrent ma remise en train, car pendant quelque temps encore, je me fatiguerais assez vite. À mes malheurs, j'avais concédé mes beaux muscles, et ma jeunesse ?

Je fis beaucoup d'exercices, retrouvai des forces. Mais jamais la puissance d'avant mes deuils.

Oserais-je écrire, dans l'état où je suis aujourd'hui, que les femmes disaient, ou me faisaient savoir, que maigri, un peu vieilli déjà à trente-deux ans, eh bien j'étais à leur goût. Et même plus qu'avant.

Je ne provoquais pas leurs avances, les fuyais même. Je n'étais plus d'humeur.

Tereza, jeune ballerine embauchée par l'impresario Lapis, insista.

Qu'est-ce qui faisait que les femmes étaient si libres avec moi ? Venaient à moi, me disaient leurs désirs, crus parfois ?

Quand j'entendais ou étais témoin des amours de mes amis… Comme elles étaient tortueuses.

Je n'ai jamais eu de ces rapports avec les femmes.

Est-ce que le fait que je sois infirme, mais un bel infirme, vigoureux, est-ce que ce paradoxe les désarmait ?

Comme les aurait affolées sous nos latitudes un beau nègre ?

Ou encore un mâle allemand qui se serait enorgueilli de parler le tchèque ? Non, je ris.

Chut. C'est la potion.

Pour certaines, j'aurais été un homme qu'on peut aimer sans conséquence ?

Un homme sans condition, à tout faire, à prendre ?

Tereza avait dansé au théâtre de Sporck, nous nous étions parlé quelques fois alors, en allemand. Je la pensais italienne. C'est avec Brož que je l'avais surprise à échanger quelques mots en tchèque, lui ne parlait que cette langue.

Belle brune, qui prétendait devant les Italiens qui l'employaient et dont elle parlait la langue avec aisance être des leurs par sa mère.

De famille, elle n'en avait pas, ou plus, ou « peut-être », disait-elle.

La vérité qu'elle me cacherait d'abord était que ses parents étaient tchèques, très pauvres, qu'elle avait été confiée, le terme est aimable pour ce qu'il cache, à une troupe de saltimbanques. Remarquée sur un marché de Dresde par l'impresario d'un petit théâtre, elle avait intégré une troupe d'enfants danseurs, jusqu'à ce qu'elle se fasse un jour remarquer par Santo Lapis. C'est avec lui qu'elle était rentrée au pays. Au pays, quoi qu'elle en pense.

Elle reprendrait avec moi le goût de parler tchèque, mais s'en cacherait longtemps des gens de la troupe, pour sauvegarder sa carrière disait-elle.

Elle n'était pas la seule à germaniser ou italianiser son nom, c'était à cette époque très commun dans le milieu du théâtre. Cependant chez elle, c'était autre chose qu'une préciosité, qu'une offrande à la mode.

J'entends bien que, jusqu'à ce que nous nous rencontrions, elle tenait à ce mensonge comme à sa vie. Elle croyait lui devoir sa place dans le ballet, un sauf-conduit, la garantie de danser. De manger.

Elle avait à peine plus de vingt ans.

Je ne voulais plus aimer. Je voulais me reposer, me reposer d'aimer.

Si seulement elle n'avait été qu'attirante, si elle ne m'avait pas touché par ses mensonges, ses secrets même.

Et par sa danse aérienne.

Les plus grands danseurs louaient son talent.

Comme je la regardais, moi qui ne savais même pas mettre un pied devant l'autre.

La veille de la première représentation donnée au théâtre des États, quand tous les ouvriers étaient partis, Tereza, sans musique, répétait encore ses mouvements à la lueur des quelques chandelles que je n'avais pas éteintes.

Ce corps si bien vivant, souple, ces sauts pointus, légers, ces entrechats à allumer des étincelles. Ce ventre, cette coupe où les enfants font leur nid, qui quand elle s'arrêta de danser, qu'elle s'approcha de moi, palpitait, palpitait.

Au lit, le naufragé que j'étais la laissait faire.

Ma troisième jambe ? Elle allait bravement, comme sans mon consentement, c'en était extraordinaire.

Mon estomac, par exemple, n'avait pas d'appétit, quand je n'avais pas goût à la vie.

Mais cet organe-là semblait tout à fait indépendant, saisissait l'instant quoi que j'en pense.

Tereza m'implorait de me laisser aimer. Et je lui disais moitié riant, moitié pleurant comme un âne, mais vois comme je me laisse faire Tereza. Fais, fais !

« El Nuovo Teatro della Communità della Real Citta Vecchia di Praga nel loco detto Kotzen » ouvrit ses portes au printemps de 1739, sous la direction de son premier locataire, l'impresario Santo Lapis. Encore un Vénitien.

Je n'aimais pas beaucoup celui-là.

Je trouvais qu'il se donnait des airs.

J'admets que mon point de vue sur lui serait toujours un peu biaisé. Il aurait dit, pour mieux convaincre la municipalité de tout parier sur un nouveau théâtre, que celui de Sporck était trop petit et ses machines dépassées. Cela m'avait vexé.

Il connaissait le théâtre de Sporck. C'est lui qui y donna la dernière représentation, un spectacle dont il avait lui-même écrit le livret, un pastiche de la *Semiramide* de Porpora, je crois.

Je n'y étais pas. C'était en cette année de 1738 quand je vivais sans vivre.

Le théâtre des États ouvrit sur un opéra intitulé *La Ginevra*, dont la musique était de Santo Lapis lui-même.

Nous reprîmes ensuite *La fede tradita e vendicata*, opéra que Denzio avait donné en 1726 et qui était toujours fort populaire.

Malgré ma défiance, je travaillerais avec l'impresario en assez bonne intelligence. C'est-à-dire que je ferais mon Brož, j'exécuterais mes tâches, ne rentrant en dialogue avec celui qui prétendait régner après Denzio sur les nuits de Prague seulement quand je le devais.

Je maintiens que Santo Lapis aura promis beaucoup, réalisé peu, si bien qu'en janvier 1740 quand il disparut, personne ne s'en soucia vraiment. Il s'en était allé à La Haye je crois.

Un impresario le remplaça dont je ne me rappelle plus le nom. Ni les spectacles qu'on donna.

Ce n'est pas tant ma potion qui me grise et me fait penser flou que les événements qui suivent.

Ce qui suit, c'est la guerre.

Il se disait en ce temps-là chez nous que Prague était la ville la mieux fortifiée d'Europe. Vraiment ?

Pourtant les Français escaladèrent notre rempart nuitamment sans qu'il y paraisse.

Pourquoi ? Comment ? Je tentais de me l'expliquer.

Je ne peux pas me prévaloir d'avoir suivi de près la politique de notre empereur Charles VI, qui venait, en 1740, de mourir.

N'en ayant pas moins été un de ses sujets, je dirai mon sentiment, et celui-ci me dicte que ce fut un empereur pour rien.

Il ne me semble pas qu'il méritât de l'empire, autant que je m'en soucie, ni de sa puissance, ni de son prestige.

Pour ce qui est de la Bohême, il n'y vit jamais rien d'autre qu'une source de revenus où puiser sans retenue. Du point de vue de ma petite personne, il est l'empereur des lois scélérates contre les juifs, qui précipitèrent l'exil d'une femme que j'aimais, faisant mon malheur alors.

Je juge aussi qu'il fut piètre père. Il imposa sa fille Marie-Thérèse comme héritière. Croyez-vous qu'il lui aurait facilité la tâche, préparé cette succession ? Non. Au lieu de cela, il avait marié ses nièces aux ducs de Bavière et de Saxe, fournissant à ces époux ambitieux des munitions pour faire valoir, si la lubie leur en prenait, leur droit à la couronne. Et la lubie les prit !

À la mort de Charles VI, supputant la faiblesse de cette jeune princesse dont on pourrait aisément bousculer la volonté, l'héritage et les États, tous les voisins se mirent à invoquer le prétexte d'un titre, d'un traité pour mieux réclamer le trône.

La Saxe, la Bavière en premier lieu, et même l'Espagne entendaient faire valoir leurs droits.

La Prusse voulait sa part !

La France s'y mit, contente de tout ce qui pouvait affaiblir Vienne.

Mais, pourquoi Prague me direz-vous, se retrouva-t-elle au cœur de cette mêlée, de cette cacophonie de prétentions, pourquoi tous ces gens s'en sont-ils pris à ma ville qui ne leur avait rien demandé ? Mais je ne sais pas.

Il fallait que quelqu'un mette le premier le pied dans la porte, déclare les hostilités. On pouvait compter sur Frédéric. Le roi de Prusse, profitant de l'indécision du camp de l'héritière des Habsbourg, passa à l'offensive et occupa la Silésie.

Marie-Thérèse n'avait dès lors pas d'autre choix que d'engager la bataille. Qu'elle commença par perdre. Ce qui tombait selon beaucoup de messieurs sous le sens.

Si l'on avait demandé mon conseil, je leur aurais dit qu'il ne fallait pas sous-estimer les femmes.

Marie-Thérèse, à ce projet de démembrement de l'empire et de l'Autriche même, contre-attaqua en offrant à des alliés potentiels celui de démembrer la Prusse. L'Angleterre et la Russie prêtèrent aussitôt l'oreille.

Qu'est-ce que Prague encore venait faire dans ce tableau, me direz-vous ? Mais je ne sais toujours pas.

Savez-vous qu'en tchèque Prague signifie « seuil » ?

C'est un nom étrange pour une cité millénaire.

Un seuil est fait pour être franchi, on y passe, ce n'est pas un lieu en soi, pour lui, c'est un rêve. Dont je suis.

Charles Albert de Bavière tenait qu'il était légitime à succéder à l'empereur Charles VI. Les Français le soutenaient dans cette prétention. C'est lui qui décida que leurs armées devaient converger vers Prague au lieu de marcher sur Vienne, par crainte que les Saxons, déjà entrés en Bohême, n'occupent la ville avant lui.

Mais, me direz-vous, les Saxons n'étaient-ils pas des alliés de la France et de la Bavière ?

Précisément. D'où qu'on notera l'admirable confiance qui dès le début régnait entre ces coalisés de hasard.

Dans la nuit du 26 novembre 1741, tandis que les Saxons, effectivement arrivés sous les murs de Prague, attaquaient avec fracas du côté de la porte de Charles, près du Château, les grenadiers de la troupe de Maurice de Saxe, qui commandait une division de cavalerie au service du roi de France, et d'aucun autre contrairement à ce que son nom pourrait laisser penser, escaladaient comme chats les remparts de la Nouvelle Ville, près de la porte Neuve, la seule qui ne soit pas par là murée.

C'est au théâtre des États que je rencontrai le commandant Maurice de Saxe.

C'est lui qui avait eu l'idée de cet assaut sur nos fortifications, qui avait ouvert notre ville à l'occupation.

Le théâtre réquisitionné, il était venu inspecter les marchandises qui y étaient entreposées.

Les autorités de la ville m'avaient demandé, enchantées de découvrir que je parlais très bien français, d'ouvrir les lieux à l'occupant. Mon devoir était de prévenir autant que je pourrais les abus et dommages que l'on voudrait causer à notre maison.

Je ne craignais pas de suggérer que les soldats entreposent le grain ici, les armes là. En retour, je répondais aux questions des hommes, qui voulaient savoir où trouver des filles de petite vertu, la meilleure bière.

C'est dans ces circonstances que Maurice de Saxe se présenta à moi. L'homme était, au regard de son rang, étonnamment aimable et respectueux avec les gens de mon état, franc, naturel, ce qui reste remarquable même pour un bâtard de roi.

Il ne resterait pas à Prague tout le temps que durerait l'occupation, mais dans la période où il y fut, je le vis presque tous les jours. Il avait pris l'habitude de venir me saluer à l'occasion de cette moitié promenade moitié tournée d'inspection qu'il faisait au cœur de la ville. Il venait auprès de moi, disait-il, prendre le pouls de Prague, soucieux de mon rapport, et de faciliter les tensions dont je lui faisais part. Aussi correctement que se comportaient les soldats, ils avaient fait doubler le nombre de gens dans nos murs, ce qui ne pouvait pas aller sans mal.

Parfois même il prendrait le temps d'une longue conversation. Tout ce que je vais relater maintenant de l'occupation des Français et des Bavarois, du siège qui en découla, tient à ce qu'il m'a raconté, à ce que j'ai moi-même vécu, ou entendu sur les marchés, qui avait quelque vraisemblance.

Pour revenir à cet assaut sur nos murs, qui leur ouvrit la ville, de Saxe me raconta comment de Chevert, de Broglie, lui-même, leurs hommes, s'étaient enquis d'échelles. À l'endroit des fortifications qu'ils avaient élu pour investir la place, tous s'étaient mis en position dans un grand silence, si bien que les sentinelles du rempart ne s'aperçurent de rien.

Il y avait pourtant rassemblés là six cents dragons, quatre cents carabiniers et une troupe de cavaliers !

Ils passèrent à l'action à une heure du matin.

Les grenadiers escaladèrent armés de poignards et de baïonnettes.

Les sentinelles donnèrent l'alerte.

Maurice de Saxe lança alors l'assaut général. On tira beaucoup des deux côtés. Les assaillants résistèrent au feu, se pressant sur les échelles dont certaines rompirent sous le nombre.

Comme Maurice de Saxe arrivait à hauteur du pont-levis avec la cavalerie, de Chevert, passé par les remparts, le lui ouvrait.

Voilà comment par ce coup d'éclat, qui fit grand bruit dans toute l'Europe, Prague fut prise, dans son sommeil.

Quelle fut la réaction des Pragois à cette occupation qui leur tombait de la lune ?

La mienne d'abord.

Quand je me réveillai au matin du 26 novembre, que je mis le nez à ma fenêtre, je compris vite aux conversations qui montaient, aux patrouilles de Français et de Bavarois qui marquaient le pas, où nous en étions.

En chemin vers l'hôtel de ville où on me demandait, je notai avec soulagement que les quelques détachements de soldats que je croisais étaient disciplinés, marchaient au pas sous l'autorité d'un supérieur, ni plus ni moins que s'il s'était agi de notre police.

Les autorités me donnèrent l'ordre de mettre les États à disposition des occupants, jusqu'à l'étage du théâtre, qu'ils voulaient transformer en dépôt.

Je rejoignis mon poste, ayant pour mission de faire l'intermédiaire entre le détachement qui le garderait et les autorités.

L'officier en charge se présenta. Je lui demandai tout droit si les Pragois pouvaient compter sur la décence dont faisaient jusque-là preuve les troupes. Il m'assura que nous le pouvions, parce que le maréchal de Saxe, que je ne rencontrerais que le lendemain, avait ordonné à ses officiers de casser la tête à tout cavalier qui mettrait pied à terre pour piller, et de faire sabrer tous les soldats d'infanterie qu'ils trouveraient épars.

Bien.

Plus tard dans la journée, le prétendant au trône et concurrent de Marie-Thérèse, le duc Charles Albert de Bavière, était introduit dans la ville par Maurice de Saxe.

La nuit tomba sur ce premier jour d'occupation sans que j'eusse connaissance de trouble, violence, ou pillage. Alors je fus vraiment soulagé, et pus penser à des choses tout à fait secondaires, à l'avenir, par exemple à ce Charles Albert, qui prétendait devenir notre roi.

Était-ce un prétendant sérieux ? Saurait-il se gagner la Bohême ? Saurait-il nous faire entrevoir des libertés nouvelles, une considération, que depuis plus de cent vingt ans on ne nous avait pas montrée ?

En bon Tchèque, qui s'est fait souvent attraper, j'attendais de voir, pris tour à tour d'espoir, puis d'inquiétude quant à la réaction du camp adverse, celui de Marie-Thérèse.

La Bohême était le cœur des ressources financières de l'empire, je ne voyais pas comment son camp pourrait y renoncer, à moins de renoncer à l'empire lui-même. Voilà pour moi.

Certains de la noblesse de Bohême virent aussi dans le soutien qu'ils apporteraient à l'élection de Charles Albert de Bavière à la tête de l'empire le moyen de marchander une autonomie que la défaite de 1620 avait réduite à rien.

Mais je parie que la plupart choisirent simplement le parti du Bavarois par souci de leurs biens désormais sous l'autorité de ces forces d'occupation-là. L'urgence était là, le pouvoir était là.

Il n'y a peut-être pas à chercher plus loin que cela.

L'un dans l'autre, presque la moitié de la noblesse rallia le parti de la Bavière, ce qui n'est pas rien du jour au lendemain, et parmi eux les Kolowrat, les Buquoy, les Nostitz.

Les bourgeois, les Pragois en général, virèrent de bord dans ces jours-là avec assez d'ensemble, au point qu'à Prague, à part un certain capitaine Mladota, fidèle à Marie-Thérèse, et qu'on mit au cachot, tous semblèrent s'accommoder de ce nouvel arrangement.

Les gens ne donnaient pas cher du destin de la jeune Marie-Thérèse. Ils pensaient qu'elle serait balayée par l'alliance de la Bavière, de la Saxe, de la Prusse et de la France. Comment une simple femme, novice, résisterait-elle à cela ?

Les joyaux de la couronne tchèque avaient été déménagés à Vienne ? Qu'importe, on ferait sans.

Le 7 décembre 1741, Charles Albert de Bavière fut couronné roi de Bohême. Le *Te Deum* résonna dans notre vieille cathédrale. Le peuple acclama ce duc qu'on venait de faire roi et qui ne nous était rien hier.

Je n'en étais pas. Je n'en suis ni fier ni honteux. Mais avant de l'acclamer, je voulais que ce roi remplisse ses promesses. Car il en avait fait.

Le 24 janvier 1742, le déjà roi de Bohême se fit élire empereur à Francfort, sous le nom de Charles VII, au grand courroux de Marie-Thérèse et de son époux le duc de Lorraine.

Il y eut deux périodes à cette occupation française, la première, pendant laquelle les Pragois vécurent assez bien, dura de décembre 1741 à juin 1742. Les Français et les Bavarois, soit parce qu'ils en avaient reçu l'ordre, soit que la beauté de nos filles avait sur eux un effet amollissant, se comportaient de fait et dans la durée correctement.

À propos de nos beautés, je me demande combien de moitié de petits Français naquirent dans les mois qui suivirent. Quelques-uns, c'est certain. Il y eut des pères et des frères pour s'en émouvoir. Mais mis à part ces coups de sang, la ville vivait en assez bonne intelligence avec les occupants.

Les Saxons étaient cantonnés du côté du Château et de la ville basse, les Français dans la ville nouvelle où ils reprenaient en main les fortifications de la citadelle de Vyšehrad.

Séchelles, qui administrait Prague pour le compte du nouveau roi de Bohême, s'exaspérait de la mauvaise volonté des nobles et du clergé à payer la taxe, quand il considérait le travail et le coût exorbitant lié à la restauration de nos défenses. Sans compter celui de maintenir la garnison en nourriture et les chevaux en fourrage. Il jurait que, sous les Prussiens, cette taxe aurait été payée plus promptement, que la chanson en serait allée d'un autre air, et que les nouveaux sujets du roi Albert se moquaient de son administration.

Séchelles se résolut à taxer d'autorité, à commencer par les plus riches du royaume, y compris le clergé, y compris les jésuites, déjà furieux contre les Français, qui transformaient des lieux consacrés en boulangeries. En écuries même.

Ils avaient bien transformé mon théâtre en grenier à blé.

L'officier commis à la garde des États me rapporterait aussi que Séchelles, pourtant connu pour être patient, s'échauffait au fil des jours et se plaignait que les Français, dans cette guerre, se faisaient rouler à faire les maçons, à s'emmurer vivants dans cette ville où ils se voyaient de plus en plus isolés.

Les écoles étaient fermées.

Beaucoup de ceux qui en avaient les moyens avaient quitté la ville. Des centaines de maisons étaient désertées.

Ainsi, au fil des semaines, la situation se tendait, alors même que le blocus était encore assez lâche pour nous permettre de nous ravitailler.

J'ai écrit mes espoirs au premier jour, que peut-être de ce bouleversement naîtrait une opportunité pour notre peuple d'être reconnu autant qu'il servait, et je crus lire au commencement des signes que ce rêve pouvait se réaliser.

Les troupes françaises et bavaroises colportaient des chansons et disaient comment le roi Charles VII allait rendre aux gens de Bohême leur liberté :

Réjouissez-vous, vous les Tchèques,
Charles le septième va vous faire plaisir
Prague a un seigneur
le roi de Bavière.
Réjouissez-vous, paysans,
il va supprimer la corvée
réjouissez-vous tous
il va soulager votre misère.

Mais l'espoir est un fruit délicat à mûrir.

Les serfs avaient espéré trouver dans le parti de Charles Albert un protecteur contre les propriétaires. On dit que dans les campagnes, des paysans s'insurgeaient contre leurs maîtres restés fidèles à Vienne, qu'ils refusaient d'obéir, disant que c'était du nouveau roi Charles VII qu'ils attendaient leurs ordres.

Mais Charles Albert ne commandait rien.

Son indécision quant au sens à donner à son règne laissa passer sa chance de faire des Pragois de véritables alliés.

Comme Séchelles, à mesure que le temps passait, les gens voyaient bien que, de prometteuse, la situation était devenue illisible, puis d'illisible, périlleuse. Car Marie-Thérèse, qu'on avait voulu peindre comme une jeune follette, affermissait sa position.

Les Bavarois étaient battus ici, les troupes saxonnes là, de Saxe occupé ailleurs, et notre nouveau roi, ambitieux mais pas courageux, hésitait devant l'héritière qui semblait maintenant avoir les faveurs du Ciel. Et s'il risquait à ce duel de perdre jusqu'à son fief de Bavière ?! L'homme tremblait. La peur a une odeur que le peuple, comme les bêtes, sent. Les gens se détournèrent de Charles.

Voilà qu'ils penchaient plutôt maintenant pour cette jeune princesse conquérante, sur laquelle ils pariaient si peu hier.

J'entendais les gens dire, maintenant que le joug des Habsbourg ne se faisait plus sentir, qu'il n'avait peut-être pas été aussi lourd que ça à porter après tout.

De là à dire qu'il avait même été léger, plus léger que l'incertitude et les contraintes que l'occupation faisait peser maintenant, il n'y avait qu'un pas que beaucoup franchirent.

Si bien que lorsque la coalition hétéroclite des adversaires à Marie-Thérèse finit de se débander, les Pragois étaient préparés à ce que la ville change de main, enfin leurs esprits mieux que leurs estomacs.

Frédéric le Prussien, qui avait mis le premier la guerre en branle, fut encore le premier à signer avec l'héritière la paix dite de Breslau, abandonnant ses alliés comme un rien, content d'y gagner la plus grande partie de la Silésie. Content pour l'heure seulement, comme la suite verra.

Mais Marie-Thérèse y avait gagné ce qu'elle voulait, de quoi porter son effort contre les Français à Prague.

Le 24 juin 1742, du côté de la Montagne Blanche, les guetteurs signalèrent l'arrivée des hussards autrichiens, rejoints au fil des heures par des régiments croates et hongrois. Tous ces gens prirent position autour de la ville. On dit qu'ils étaient quatre-vingt mille. Prague était encerclée. Le siège commença, et avec lui les vraies difficultés. On manqua vite de nourriture, c'était le but.

Et on nous bombardait.

Ce sont les fortifications et les campements de nos occupants que les Autrichiens visaient.

Ces bombardements tuèrent cependant des habitants, et causèrent des dégâts dans le quartier du Petit-Côté.

Quelques-uns aussi aux abords du palais de Sporck.

Admettons que les dégâts pour nous, Pragois, aient été limités, il n'en reste pas moins que je vécus très mal cette menace des bombes et des incendies. Le spectre de cette mélancolie qui m'avait pris après mes deuils revint me hanter. Grâce à Tereza, je pus m'en défendre, résister. Et maintenant que je vis en symbiose avec ma potion à l'opiacée, je vois bien qu'en ce temps-là, si j'en avais disposé, j'en aurais pris, tellement l'idée qu'on prétende détruire à l'aveugle ces maisons que j'avais vu construire, que mon père pour certaines avait lui-même bâties, me mettait au supplice. Qu'on touche à ma ville, sans que j'y puisse rien, pas plus que je n'avais pu quoi que ce soit contre l'accident qui m'avait broyé les genoux, me rendait... oui, fou.

Tereza me protégeait, me rassurait, me distrayait tout en m'observant, comme si j'avais été la curiosité exotique de je ne sais quel cabinet.

Elle qui tenait à Prague moins qu'au théâtre, théâtre dont elle disait même, et quoi, si celui-là brûle, j'irai danser ailleurs !

Elle apprit dans ces temps-là à regarder Prague un peu avec mon cœur, à la considérer à la mesure de la terreur que j'avais qu'on la détruise.

Si mon amie se souciait de Prague pour moi, d'abord, elle finirait par l'aimer, quel que soit le biais. Comme mon père aima la Bible de Kralice.

Je n'avais ni étain, ni plomb, pas d'armes, je n'eus donc pas personnellement à porter quoi que ce soit à l'armurerie, mais tous ceux qui en avaient le durent, et les Français ne plaisantaient plus sur les consignes.

On trouvait encore des légumes et des fruits au début du siège sur les marchés, mais bientôt ils triplèrent de valeur, et plus.

Les riches se tiraient d'affaire. Les autres mangeaient comme les soldats, du cheval, et se contentaient d'un pain de plus en plus noir.

Comme j'avais de l'argent d'avance, je le dépensai pour les gens de mon quartier qui n'avaient pas de quoi, pour ceux de la troupe, amis de Tereza, qui n'avaient pas su quitter la ville à temps. Elle et moi distribuions aussi ce qu'Adela pouvait me faire passer des restes des cuisines du palais, ce qui était bien peu, mais plus le siège durait, plus chaque rebut de nourriture nous paraissait un trophée. Je pus au moins en soulager quelques-uns, et j'aimais l'idée de pouvoir le faire grâce à l'argent tiré de la vente de ma maison. Je me plaisais à penser que ses poussières étaient nourricières.

Mais l'argent bientôt ne servit plus à grand-chose, même à prix d'or, encore faut-il qu'il y ait quelque chose à acheter.

Je laissais Pavel et Antonin en paix. Les pauvres vivaient sous de telles pressions et contraintes, avaient si peur que des enragés ne les accusent de cacher de la farine, que je ne voulais pas ajouter à leurs charges, leur demander quoi que ce soit.

Les Français en étaient réduits à échanger les chevaux, qu'ils en avaient assez de manger, contre des œufs.

Ils payaient au marché ce qu'on demandait, quand il y avait encore de quoi, sans discuter, ce qui fait que, si le siège fut cruel à beaucoup, il remplit les caisses de certains.

Mais bien sûr comme la vie était dure, qu'on avait faim, que la ville puait l'ordure, les carcasses des chevaux, on maudissait les occupants pour être la cause de tout cela.

Eux en voulaient à leur roi de les avoir envoyés chez nous et qu'aucune armée ne vienne à leur soutien.

Les Français tentaient des sorties assez régulièrement contre les assiégeants autrichiens. Je ne sais pas quel profit ils en espéraient, car il était évident que c'était en vain. S'agissait-il d'occuper les hommes ? De se faire valoir des jolies dames qui les regardaient faire les braves de loin ? Beaucoup soupçonnent ces diables de Français d'en avoir été capables.

Le fait est que leurs actes de bravoure tombaient à plat, les Autrichiens avaient ordre de faire le siège, pas de se battre, aussi esquivaient-ils. À la fin, les Français isolés ne pouvant imaginer aller bien loin, rentraient dans les murs, et les Autrichiens refermaient le siège sur nous.

Beaucoup de soldats moururent, pas tant lors des escarmouches mêmes, que pendant qu'ils prenaient du repos au camp, ou qu'ils montaient la garde sur les remparts, ou encore et surtout, exposés au feu de l'ennemi quand ils consolidaient les défenses, là où elles avaient été mises à mal par une canonnade.

Même les rues n'étaient plus sûres pour eux maintenant que la population les voyait en vaincus.

Quant à moi, qui commençais à en connaître bien quelques-uns pour les avoir vus souvent monter la garde au théâtre, je les prenais en pitié. Ils étaient loin de chez eux, abandonnés à leur sort, sacrifiés, perdus.

Mais aussi quelle idée d'être soldat ! « C'est la misère dans laquelle j'étais chez moi, monsieur, voilà ce qui m'a fait soldat », me répondit un jour cet homme blessé, que je pansais en rageant de le voir dans cet état.

Je défendis le théâtre autant que je pus des dégradations, au milieu de tout le fatras qu'on y entassa avec à la fin bien peu de précaution.

Je fus courtois avec les Français autant qu'ils l'étaient avec moi, mais jamais ne voulus me lier d'amitié. Je ne voulais pas voir un ami mourir.

Il n'y a qu'avec des personnages tel que Maurice de Saxe que vous pouviez de loin vous illusionner sur la guerre, la raconter comme on le ferait d'une partie d'échecs, avec ses finasseries, prises de risque et coups de maître.

Nous connûmes un répit en septembre, quand une partie des troupes autrichiennes qui nous enfermaient leva le camp pour se porter à la rencontre des troupes d'un certain Maillebois, qui venait enfin au secours des Français. Le siège se desserra alors et nous pûmes nous ravitailler un peu.

Mais ce répit ne dura pas. Le prince Lobkowicz rétablit le blocus autour de la ville et tout fut bientôt pire que jamais.

Tout manquait, la viande, les légumes, le bois. On arrachait les boiseries, brûlait les meubles pour faire bouillir ce qu'on trouvait encore à manger, et pour se chauffer, car il commençait à faire froid.

J'étais content que Kateřina et mon enfant n'aient pas à vivre cela. Comme on se console…

Le maréchal de Belle-Isle s'apprêtait à défendre la ville jusqu'au dernier homme, quand, à la fin de novembre, lui parvint un ordre de Versailles qui lui intimait d'évacuer Prague et de ramener en France ce qui restait de troupes.

Belle-Isle forma vingt-quatre bataillons de six cents hommes chacun, trompa les assiégeants en laissant penser que les troupes manœuvraient pour hiverner quand il les concentrait en vérité aux portes de Strahov. À 18 heures le 16 décembre 1742, les Français commençaient à sortir. Leur retraite secrète se poursuivrait jusqu'au matin. Ils emmenaient quarante citadins en otages. Je m'étais proposé, en remplacement d'un père de famille, mais étant béquillard, on refusa l'échange, ce dont je fus morfondu.

Cela semble incroyable que le prince Lobkowicz n'apprît que le surlendemain que tout ce monde, nous parlons ici de quinze mille hommes, avait quitté la ville.

Il crut ne pas devoir les poursuivre, persuadé qu'ils seraient arrêtés en chemin par les armées qui ne manqueraient pas de se porter contre eux.

Mais les Français coupèrent à travers l'hiver, les forêts et les montagnes, et échappèrent aux armées ennemies. Arrivés à Cheb où ils trouvèrent un peu de répit, on dit qu'il manquait deux mille hommes. Parmi les rescapés de cette course, tous étaient malades ou à demi gelés.

Il paraît que certains ont été pris et malmenés par la population.

Comment peut-on malmener un homme à terre ?

J'aime, encore moins que la guerre, le dernier pus qu'elle rend.

Belle-Isle laissait derrière lui à Prague trois mille Français blessés et malades, deux mille encore peut-être pour les garder, sous l'autorité du général de Chevert, sommé par le prince de Lobkowicz de se rendre sans conditions. Cela semblait la seule chose à faire.

Seulement le Français, dans l'état où il était, trouva de quoi le prendre de haut.

Il paraît qu'il clama qu'étant de ceux qui avaient escaladé le mur de la ville en juin 1741, il ne pouvait se résoudre à la quitter honteux. Il menaça de mettre le feu aux quatre coins de Prague et de s'ensevelir sous les ruines, si on ne lui accordait par les honneurs de la guerre.

Le diable d'homme ! Réduire Prague en poussière pour son honneur !

Et il obtint les honneurs. Le prince Lobkowicz, contre la volonté de Marie-Thérèse, admit que Chevert et ses gens partent libres de Prague, ce qu'ils firent au début de janvier. Ne restaient derrière eux que ceux qui étaient trop malades de la dysenterie ou du typhus, dont tant étaient déjà morts.

L'armée de Lobkowicz fut accueillie à Prague avec enthousiasme par beaucoup. Parmi ceux-là, certains qui avaient été pareillement très enthousiastes à l'arrivée des Français et des Bavarois un an plus tôt. C'est que ces gens étaient tout à fait constants à n'aimer que les vainqueurs.

Mais cette joie tardive ne toucha guère Marie-Thérèse.

Elle garderait toujours une dent contre la Bohême, leur préférant les Hongrois, qui étaient restés fidèles, eux.

Elle vint à Prague en mai 1743, à contrecœur. Mais pour se faire couronner, c'était le moins qu'elle pouvait faire. Elle s'y plaignit de tout, et notamment du poids invraisemblable de la couronne tchèque qu'elle avait rapportée de Vienne. Elle lui donnait, aurait-elle dit, des maux de tête et de cou.

Un opéra fut donné à l'occasion de son couronnement. Ne faisant confiance à rien de ce qui venait de Prague, c'est un impresario de Vienne qui prit les choses en main. Pas grand-chose en vérité. La représentation fut donnée dans un vieux théâtre du quartier du Château. La salle était petite, c'était tout ce qu'il fallait. Le nombre d'invités était ridicule.

Marie-Thérèse avait voulu qu'on donnât, puisqu'il fallait donner quelque chose, la *Semiramide riconosciuta*, arrangée pour l'occasion.

Quel plus beau thème en effet que celui de cette reine en habit d'homme, et victorieuse.

L'héritière a été sotte. Je crois qu'elle aurait pu se faire aimer des Pragois, si elle avait su pardonner, si elle avait su les prendre. Les gens de Bohême avaient aimé un jour une certaine Libuše. Ils auraient pu l'aimer.

Des condamnations à mort furent prononcées, qui ne seraient à la fin pas exécutées. Ainsi notre reine se montra bonne ? Je ne le crois pas.

Marie-Thérèse sut bien saisir l'aubaine d'être en position de punir. Elle imposa à la Bohême, pour rachat de ses fautes envers elle, amendes et taxes payables en bon or à tomber bien vite dans ses caisses.

Que ce soit les Français et les Bavarois, le clergé, les rois, c'est toujours le même air, on aime taxer.

Je me demande quel parti le comte Sporck aurait pris, et ce qu'il serait sorti d'une rencontre entre lui et le flamboyant maréchal de Saxe.

Là-dessus je vais rêver un peu et reposer ma main, et tout le reste, si mon corps le veut bien.

Je veux me passer
de trop prendre de ma potion.

En prendre, de quoi tenir, mais garder l'esprit clair.

Je l'écris encore
pour m'obliger à tenir les obligations que je me donne.

Car si je reste dans les vapeurs hilarantes dont ma potion m'enrobe, comment finirai-je à temps ? Et je ris encore de ces questions à trois sous que je me fais.

L'occupation du théâtre avait laissé sa marque, quoi que j'aie fait pour l'empêcher.

Il fallait le remettre en état.

Le temps que la situation se stabilise, de recruter des ouvriers, les travaux de restauration ne commencèrent qu'en novembre 1743.

Ce sont les frères Mingotti qui se proposèrent cette fois pour reprendre la direction du théâtre des États, qui rouvrirait ses portes au début de 1744, avec un opéra qui avait pour titre… *Adelaïde*. Comme je me souviens bien !

Nous donnâmes même il me semble, dans ces temps-là, un intermezzo de *Pergolesi*.

Trois choses me reviennent sûrement, la place que prenait la danse au théâtre, Tereza dans ma vie, le ravissement que j'eus à découvrir la voix du castrato Filippo Finazzi.

Tereza qui danse, et cette voix miraculeuse,
c'est ce que je retiens de cet intermède de paix,
si court.

À la mi-août de 1744, Adela tomba malade. Quand elle fut un peu remise, elle m'appela à son chevet, et me demanda la faveur de l'escorter à Kuks où elle voulait faire sa convalescence.

Des rumeurs rapportaient que les armées prussiennes, Frédéric contestant toujours la légitimité de Marie-Thérèse, recommençaient à s'agiter, pourtant il me sembla que j'avais tout le temps du monde de l'accompagner, puis de revenir dans nos murs, avant que quoi que ce soit de conséquence n'intervienne. Les autorités de la ville elles-mêmes m'en avaient assuré. J'entendais ne laisser à Tereza qu'une semaine au plus la charge de me remplacer au théâtre, et vite revenir.

Le voyage se passa sans encombre. Je pris grand soin de ma patiente, la dorlotai même, disait-elle, traitement auquel elle n'avait pas eu droit depuis qu'elle était enfant. J'en rougis. Pris en flagrant délit du manque d'être père.

Nous arrivâmes au soleil couchant.

Adela m'avait dit les ravages de l'inondation de l'année précédente. Je savais que les thermes, l'hippodrome, tout le site enfin avait été dévasté, sauf les parties les plus élevées où se trouvaient l'hôpital et l'église.

Bien que prévenu, je fus abasourdi à la vue du désastre, de ce paysage renversé, de ces pierres déjà verdies de mousse.

Le comble était que même ces ruines étaient étrangement belles. Bras de statues ici. Torse décapité là. Tête de nain riant aux éclats, oreille collée contre la terre. Marches du château comme broyées sous les pieds d'un géant. Tout cela m'inspirait une mélancolie qui avait, sans que je sache l'expliquer, une part de douceur.

Au moins Sporck n'aura-t-il pas vécu pour voir cela, ni Braun, mort lui aussi de la maladie des tailleurs de pierre, un mois avant le comte.

J'eus la grande joie de revoir Jan, c'était comme si nous nous étions quittés la veille, quand vingt ans avaient passé.

Il n'était jamais parti soldat, s'était marié avec une voisine. Il avait trois enfants.

Devant l'église, la balustrade ornée des Vices et Vertus de Braun était toujours debout. J'étais monté le lendemain matin de mon arrivée leur payer ma visite en compagnie de Jan. C'est alors que cette jeune fille était sortie de l'office. Une beauté de vingt ans, qui ressemblait tant à ma mère que j'en restai muet, ébahi, émerveillé. N'ai-je pas déjà raconté comment il se faisait que le sang de ma mère coulait à Kuks ?

Au village, on reconstruisait la taverne détruite, la jeune femme était souvent sur le chantier elle aussi, et je pouvais, Adela habitant à côté, l'observer, sans être trop insistant bien sûr. Jamais je n'aurais voulu la gêner.

Dieu que cela me coûtait de ne pouvoir lui dire, jeune fille, asseyez-vous en face de moi s'il vous plaît, et que je vous contemple. J'y aurais passé la journée, et la nuit, et le jour suivant encore, sans être rassasié.

Je ne pouvais m'empêcher de la regarder.

De le faire, ravivait la douleur du deuil de la toute-petite.

Je me disais, elle aurait sept ans.

Quelle monstruosité que d'avoir été privé de cette enfant.

Bien sûr la nature n'a fait que jouer sa partition. Une hémorragie entraîne la mort de la mère. Un enfant s'étrangle dans son ventre.

Il y a des maux et des souffrances auxquels les hommes sont pour quelque chose, quand ils oppressent, torturent, humilient. Au moins ma femme et mon enfant ne serontelles pas mortes d'une mort infligée de mains d'homme, qui dans toute l'absurdité de nos vies est la pire.

Tout de même, pourquoi étais-je condamné à être le père d'enfants dont je ne pouvais être reconnu ? Pourquoi n'ai-je pas su, pu, faire mon nid ?

Ai-je dit que je lui avais tout de même, à ma toute-petite, donné un nom ? Je l'avais appelée Libuše.

Du nom de cette femme qui aurait dû régner toujours sur notre royaume.

Ma Liba, ma Libuška. Je lui parlais, l'appelle encore.

Je suis très fatigué.

Dois faire vite.

Où en étais-je ?

À Kuks.

Oh voir cette jeune femme, l'entendre.

Comme elle avait les mêmes joues que ma mère, sa voix avait aussi le même timbre ! Et son rire résonnait pareil ! Quel spectacle !

Irréelle parenthèse que ce séjour à Kuks.

Ne l'ai-je d'ailleurs pas rêvé ? Je suis si fatigué. Et la douleur me saoule.

Ma potion.

Non je n'ai pas rêvé. J'étais à Kuks, quand deux jours après mon arrivée, des nouvelles nous parvinrent, alarmantes, de troupes prussiennes convergeant vers Prague.

Je voulus rentrer aussitôt, trouvai une place sur la voiture d'un marchand, mais nous dûmes faire demi-tour.

Ma ville était à nouveau assiégée et sous le feu des Prussiens.

Nous commencions à peine à oublier la guerre, les temps d'occupation, et voilà que Frédéric était sous nos murs, et qu'il nous bombardait. Les Prussiens n'avaient pas les soins des Autrichiens. Ils ne visaient pas que les murs et les retranchements des soldats. Mais la ville. C'est le rapport que nous fit un voyageur qui avait au dernier moment échappé à la nasse.

J'aurais préféré cent fois être dans Prague, être auprès de mon amie et d'Antonin, souffrir ce qu'ils souffraient, partager leur sort et celui de Prague, broyée au hasard. Et ne pas y être.

Adela était malheureuse de me voir ainsi accablé. Pour me soustraire à son regard, me calmer un peu, j'allais me perdre dans la Forêt Nouvelle.

J'y fus à l'aube, en plein midi, au crépuscule.

Je marchais au hasard, de Christs en Satans, gravés à même l'épaisseur de troncs vivants.

Je me recueillis, comme jamais depuis mon maître.

Parmi tous ces chemins, il y en avait un qu'avait rêvé Sporck.

Braun avait concrétisé ce rêve pour lui.

Le comte avait imaginé que des scènes bibliques, ou tirées de la vie des saints, soient sculptées à même les rochers que la nature avait placés là.

Lors de mon séjour l'été de 1724, Braun n'avait eu le temps que de réaliser la vision de saint Hubert.

L'homme, à côté de son cheval, est tombé à genoux devant un cerf immense, altier, qui fixe le chasseur. Hubert écarte les bras, c'est lui qui est vaincu.

Jan me dit que Braun et ses compagnons avaient travaillé dix ans à façonner la forêt.

J'entamai le chemin du côté de la fontaine de Jacob.

Un chien et un homme assoiffés y boivent.

Une femme assise avait bu ou boirait.

Plus loin, des rois mages, des chameaux, des palmiers,

Marie-Madeleine, couchée près d'une tête de mort, calme, comme je serais calme, si ce n'était cette douleur, et ce défaut de bien respirer.

Gari.

Le souvenir de cet ermite de pierre m'émeut tant que je ne peux m'y attarder maintenant.

Braun était peut-être né dans le Tyrol, mais il n'était pas un étranger.

Ou bien je n'y connais rien, et c'est moi qui suis tyrolien.

À cette sculpture de Gari, je sais qu'il est d'ici.

Les bombardements ne cessèrent qu'avec l'entrée des Prussiens dans nos murs, le 16 septembre.

Dès que je l'appris, je quittai Kuks et me présentai aux portes de Prague. Ils me laissèrent rentrer.

Un infirme qui préférait vivre le régime de la ville occupée plutôt que bombance en campagne, cela fit bien rire le capitaine. Qu'il rie.

Dans mon souvenir, le désir de retrouver Prague se confond avec celui que j'eus à serrer Tereza dans mes bras.

Ce bonheur d'être rentré, de trouver mes proches plus ou moins en bonne santé, fut vite abîmé, dès que je réalisai que plus de cent maisons avaient été démolies, cent autres réduites en cendres. Jusqu'au marché aux chevaux qui avait été touché.

Et l'occupation des Prussiens était dure à supporter. Après les bombes, nous tombaient dessus, pire qu'une grêle, réquisitions en pain, fourrage, avoine, et en hommes.

Les Prussiens ne toléraient aucun délai. Spécialistes malgré nous des occupations, nous comparions, et regrettions les Français.

Les Pragois que je croisai dans les rues avaient des airs de fantômes.

Les fantômes n'ont pas de mots pour le lendemain.

Je dois avoir cet air aujourd'hui.

Il faisait froid et la neige tombait.

Ai-je dit que les vampires étaient à la mode en ce temps-là ?

Si seulement nous n'avions fait que jouer à nous faire peur.

Entre vampires et regrets, on imagina que, sous les murs de Vyšehrad, le fantôme d'un major français errait.

Voilà où nous en étions réduits, à nous inventer des peurs pour mieux supporter ce qui nous était advenu.

Fin novembre, la riposte de Marie-Thérèse s'étant enfin organisée, la ville fut délivrée des Prussiens.

Tout cela pour cette paix de Dresde, par laquelle Frédéric verrait validée sa prise de la Silésie. En contrepartie, il s'engageait à reconnaître son vrai empereur et maître, le duc de Lorraine, époux de notre reine.

Tout cela pour qu'à la fin, le héros à la succession du parti français et prussien, Charles Albert de Bavière, couronné à Prague sous le titre de Charles VII, celui-là au nom duquel toutes ces folies se faisaient, ne meure, et que le duc de Lorraine soit finalement accepté par tous les partis à défaut de compétiteur.

Enfin, quand j'écris accepté par tous les partis… sauf celui des morts pour rien, bien entendu.

Du temps de l'occupation des Français, comme de celle des Prussiens, les juifs de Prague souffrirent beaucoup, et plus que les autres.

Le plus beau fut que, parce que Frédéric avait décidé, pendant le peu de temps que dura la deuxième occupation, d'accorder quelques droits aux juifs de la ville, les bourgeois déduisirent qu'ils avaient bien dû faire quelque chose pour cela, qu'ils devaient avoir été complices de l'occupant.

Ces rumeurs déclenchèrent des émeutes et le ghetto fut pillé, des hommes et des femmes arrêtés, marqués au fer rouge pour les faire avouer, non pas leur duplicité, elle était considérée comme acquise, mais parce qu'on voulait savoir où ils cachaient leurs trésors !

J'en cachai un chez moi, de juif je veux dire, et deux au théâtre. Nous nous connaissions du temps où j'allais chercher mon fil d'amadou à la ville juive, chez le cordelier, c'est pourquoi ils étaient venus me trouver. Ils n'osaient rentrer dans la ville juive malgré ce qu'ils risquaient si on les découvrait.

Pavel, qui jouissait de la confiance des gardiens aux portes, les fit sortir saufs de la ville, cachés sous des sacs de farine. J'allai rassurer leurs parents sur leur compte, leur dit d'être tranquilles, que je m'étais assuré qu'ils aient de quoi se rendre en Angleterre, et qu'ils les préviendraient dès qu'ils pourraient les rejoindre. La joie de ces pauvres gens me consola un peu de toutes nos laideurs.

On aurait pu se dire que, cette fois, les juifs avaient payé le prix des frustrations accumulées par leurs bourreaux, autrement impotents. Mais non. Ce n'était pas encore assez.

Le 18 décembre 1744, pour les punir de leur prétendue déloyauté, Marie-Thérèse émit un décret obligeant tous les juifs de Prague et du reste de la Bohême à quitter le pays dans les cinq semaines. Cette mesure suscita de nombreuses protestations en Europe, et chez nous aussi. Les habitants du ghetto présentèrent une pétition demandant de surseoir à l'exécution de ce décret en raison de la rigueur exceptionnelle de l'hiver.

Ne fut obtenu qu'un délai d'un mois, au terme duquel, en mars, treize mille juifs quittèrent la ville.

Pendant les trois années qui suivirent, le ghetto fantôme serait pillé, chaque jour un peu plus, dilapidé, brique par brique.

Les autorités finiraient par s'en inquiéter, et Marie-Thérèse par revenir sur sa décision. Elle redonnerait à plus de trois cents familles juives le droit de revenir, non sans bien sûr qu'on leur impose un nouvel et gigantesque impôt pour prix de cette bonté.

Mais enfin une nouvelle communauté était fondée qui renouait le fil avec mille ans d'histoire.

Ah j'oubliais, l'époux de notre reine, François de Lorraine, celui qui était venu saluer Sporck au théâtre, fut finalement élu empereur de Rome en septembre 1745, mais cela a si peu d'importance.

Je ne parviens plus à me rappeler le nom de celui ou de ceux qui se succédèrent à la tête du théâtre des États, immédiatement après la deuxième occupation.

Je ne distingue rien de précis derrière la douceur floue d'un quotidien retrouvé, de quelques nuits passées avec Antonin au fournil, et de la présence de Tereza à mes côtés, de nos conversations.

Nous parlions du théâtre surtout, des spectacles, de leur préparation, des affaires qui occupaient les gens de la troupe.

Nous parlions de la guerre aussi, c'est Tereza qui le voulait.

Elle qui savait à peine lire et écrire, ayant mené enfant une vie de saltimbanque, m'a forcé à lui refaire les leçons de mon maître sur l'histoire de la Bohême.

À présent qu'elle voulait bien se rappeler qu'elle était tchèque, il fallait tout lui dire.

Elle était terrible à tout vouloir savoir.

Un comble, elle si secrète.

Ma nomade, aérienne, voulait à mes côtés sa place sur terre.

Ai-je dit qu'elle était veuve elle aussi ? Mariée très jeune à un musicien mort dans le mois d'une mort si sordide qu'elle refusait de la dire. J'ai, sans pouvoir m'en empêcher, dû imaginer bien pire que ce qui aura emporté ce garçon en vérité.

Nos secrets, des forteresses, nos affections anciennes, sacrées, nous attiraient, nous intimidaient.

J'ai le sentiment que le théâtre des États naquit vraiment avec Locatelli.

Prendre ma potion.
Rester à ce point où Locatelli rime avec joie.
Rester là d'où je pourrai la peindre.

Giovanni Locatelli présiderait à la destinée des États de 1748 à 1757.

Sans que je veuille accabler les impresari précédents, conscient de l'époque hachée dans laquelle ils travaillèrent, c'est cet homme-là qui fit la différence.

Avec lui, le cœur de Prague se mit à battre au théâtre des États, et même ceux qui n'y mettaient jamais les pieds savaient ce qui s'y passait, ce qu'on y avait donné la veille, avec quel succès, commentaient les commentaires si bien qu'à la fin, ils se trouvaient j'en suis sûr à moitié convaincus d'avoir assisté à la représentation eux-mêmes.

Depuis Denzio, si je m'étais appliqué à mes lumières, je l'avais fait sans zèle, étant en ce temps-là encore assez éteint moi-même. Mais la présence de Locatelli, son enthousiasme, ranima mon imagination. Je n'avais pas besoin pour ce faire d'un opéra grandiose, la moindre pantomime me donnait des idées. Je proposerais par exemple d'ouvrir une fenêtre dans le décor. Elle pouvait donner sur rien, le noir, sur une bougie toute nue, ou tout autre objet.

J'aimais l'idée de proposer au spectateur des images en écho à celle qui s'offrait de prime abord à lui sur la scène. Une autre manière de perspective en somme.

Au lieu de m'arrêter et de me dire que ces choses ne se faisaient et ne se feraient pas, sans compter que ce n'était pas de mes affaires, au contraire, Locatelli m'encouragea.

Alors je proposais par exemple aux artistes de commencer dans la pénombre si la première scène pouvait le supporter. De derrière les pendrillons, j'augmentais l'intensité de la lumière en allumant de façon graduelle des jeux de bougie, assisté de petites mains qui à mon commandement et en rythme mettaient le feu aux mèches, accentuant ainsi la portée tragique, ou drôle, d'une scène.

Je proposerais un jour à Locatelli de faire le noir et le silence juste après qu'un meurtre avait été commis par le méchant, ce qui fit grand effet sur le public.

J'imposerais une autre fois d'éclairer la scène de manière à ce que comédiens et danseurs n'apparaissent qu'en ombres chinoises, sur un immense paravent à six panneaux tendus de draps enduits de graisse.

Bien sûr, mes inventions ne devaient pas nous faire craindre l'incendie.

Si bien que je passais mes nuits à échafauder mes plans, au grand plaisir de Giovanni.

Faire vaciller la lumière, la magnifier, jouer avec les blancs et noirs, éclairer les corps, gommer les visages, ou le contraire.

Je ne fus ni Brokoff, ni Braun mon Dieu, et cependant, je me faisais l'effet parfois d'être sculpteur.

Avec Locatelli, le théâtre fut plus que jamais ouvert au plus grand nombre. Le prix des billets les moins chers était encore abaissé quand des places restaient disponibles.

L'*opera buffa* était à la mode ? Le public en voulait ? Nous en donnions, et du meilleur. Prenez Galuppi !

Voulions-nous nous lester d'émotions plus consistantes ? Nous offrions un *opera seria* de Glück, enfant du pays, un temps chef d'orchestre de la troupe de Locatelli. Il dirigea lui-même au carnaval de 1750 la première de son *Ezio*.

Des ballets de grande qualité émaillaient nos opéras. Rappelez-vous de Ciuti !

Cette même année de 1748, Tereza me confia Emil.

Elle me dit, voilà ton apprenti, Giovanni est au courant.

D'où sortait-elle cet enfant ?

Tereza ne dirait rien sur Emil, pas plus qu'elle n'avait dit quoi que ce soit sur sa famille, sur la première troupe de saltimbanques à laquelle elle avait appartenu, sur la façon dont son jeune époux était mort.

Elle se serait intoxiquée de ses secrets, si elle n'avait si bien dansé pour compenser.

Il avait douze ans ou à peu près ?

Est-ce qu'Emil était même son vrai nom ?

C'est ainsi qu'elle me le présenta.

Il parlait très peu, sinon pour dire oui et non. Ni farouche ni liant. Prudent.

Il n'était jamais allé à l'école. J'entrepris de lui apprendre à écrire et à lire, en tchèque.

Pour lui, je me pris à fréquenter cet imprimeur de la ville nouvelle. Il nous fallait bien de quoi étudier. J'aimais enseigner à cet enfant, m'inspirer en cela de mon maître. J'aimerais m'y arrêter, me souvenir, mais je n'ai plus le temps.

Il emménagea avec Tereza et moi. Cela se fit sans qu'il le demande, sans que Tereza le suggère, sans que j'y voie à redire. C'est juste que, le premier soir, il nous suivit.

Je lui donnais ses leçons le matin, l'après-midi il m'aidait au théâtre.

Étrangement, il avait des manières. J'eus très tôt l'intuition que cet enfant avait grandi dans une maison d'aristocrates ou de bourgeois. Dans un entre-deux, entre quartier des maîtres et quartier des domestiques ?

Il était habile, manipulait bientôt les machines avec aisance.

Cher enfant, où est-il ?

Emil fut à mes côtés pendant neuf années, il ne me quittait jamais, il était toujours à tourner autour de moi comme une petite lune.

Mais c'est autour de Locatelli que nous gravitions tous.

Giovanni ne respirait bien qu'entouré de ses chanteurs, danseurs, musiciens et amis, en mère oie plutôt que chef de meute.

L'homme était singulier en ce qu'une autre passion comptait pour lui à l'égal du théâtre, et elle consistait... à bien manger ! Et avec tout son monde autour de lui, à des tables de banquet que je ne vis jamais chez nous que le jour où Jean Népomucène fut canonisé !

À ces messes du goût j'étais presque tous les jours. Car de la même façon qu'il se reposait sur mes lumières au théâtre, il comptait sur ma connaissance des marchés, de leurs fournisseurs, pour approvisionner sa table. J'aurais aimé parfois qu'il sût s'accommoder d'un repas où l'on ne servait à manger que pour manger. Mais non. Chaque repas était une grande affaire, celui du soir crucial et le rituel immuable. Ainsi de cette ronde que nous faisions lui et moi dans ses cuisines, toutes les fins d'après-midi.

Il ne voulait rien manger en sauce ou même rôti qu'il n'ait flairé, senti frais et au préalable tâté. Manies extraordinaires.

La grande affaire de l'année 1748, comme celle encore de 1749, pour ce qui regardait cette passion, fut de lui trouver un cuisinier à sa mesure. Il charma et finit de convaincre le second de cuisine d'une grande maison, un certain Pavel Zely, qui aimait cuisiner avec autant de passion que Locatelli aimait goûter.

Que j'étais soulagé qu'il ait trouvé à faire la paire, car j'étais fatigué de courir Prague pour lui trouver un cuisinier qui le contenterait. Il en avait essayé tant d'autres, j'ai passé tant de seuils de tant d'arrière-cuisines, d'auberges, de palais, de simples maisons, où l'on m'avait dit qu'une matrone savait y faire. Rien que pour raconter ces arrière-cours, ce que j'y ai senti et vu, il me faudrait une autre vie.

Mais restons avec Giovanni.

Au menu du théâtre, alternance harmonieuse de comédies, pantomimes, *opera buffa*, tragédies.

À la table de notre troupe, jours maigres ou jours gras, et selon brochet, volailles, anguille ou porc, fonds de sauce associés, béchamel ou sauce fines, pâtés habillés de pâtes feuilletées, que le cuisinier avait bien dû apprendre à faire, choux farcis, petits pois, oseille, tous les fruits qu'on peut imaginer, et gâteaux, biscuits, compotes de cerise, gelées de groseilles, beignets fourrés.

Dire que je n'aurai plus jamais faim.

C'était en janvier de 1754.

Tereza dansait pour la dernière fois dans un intermède donné pour la représentation d'un opéra intitulé *Tigrane, roi d'Arménie.*

La palette de couleurs que nous utilisâmes pour l'occasion était très différente de celle des autres spectacles.

Tereza allait avoir trente-six ans et avait décidé d'arrêter de danser autrement que pour moi.

Elle était vêtue ce soir-là d'une robe coupée à la grecque, ce qui se faisait, mais de couleur noire, ce qui ne se faisait pas, et beaucoup plus courte qu'à l'accoutumée, ce qui choqua.

Parée de bijoux dorés, tiare à l'orientale, ceinture et grand collier, mon amie parcourait la scène de part en part en accomplissant des pirouettes couplées à des sauts amples. Cela non plus n'était pas l'usage. Beaucoup tremblèrent d'outrage à l'inconvenance, d'autres préféraient ne pas se prononcer et se contentaient de répéter qu'ils étaient stupéfaits, assuraient qu'ils n'auraient jamais pensé que des gens pouvaient faire des sauts comme n'en font que les biches.

Elle était belle. Ces bonds ! Ses jambes grandes ouvertes en l'air la faisaient paraître comme suspendue. J'en aurais moi, qui étais aussi loin qu'on peut être de danser divinement, pleuré de joie.

Mais ce fut décidément trop de nouveauté pour la majorité des gens.

Son numéro terminé, la troupe porta en triomphe Tereza, sans plus se soucier du public.

Me revient qu'en 1755, Galuppi nous fit bien rire dans *Il mondo de la Luna*.

Que nous étions bien avisés de faire des réserves de joie.

J'aimais Locatelli comme j'aimais Denzio, pour sa générosité en tout, son talent.

Mais les mêmes causes eurent les mêmes effets, les dettes, et quand en 1757, les Prussiens qui s'ennuyaient apparemment beaucoup chez eux revenaient sous nos murs, Locatelli quitta la ville assez précipitamment.

Il aura gagné une virginité de crédits, là-bas à Saint-Pétersbourg où on l'appelait.

On dit qu'il y fit merveille, ce qui ne m'étonne pas. La lumière est à tout le monde.

Après le miel, l'amer, au cas où j'en aurais oublié le goût ?

J'avais cru, quand la France et l'Autriche s'allièrent, après tous ces siècles d'avoir œuvré à la ruine l'une de l'autre, que nous serions nous gens de Bohême protégés par cette alliance, que Frédéric n'oserait plus s'y frotter.

Mais cette affaire de succession le démangeait toujours.

Au printemps de 1757, il envahit la Saxe, gagna une bataille qui l'opposa à l'armée autrichienne, s'ouvrant ainsi la voie vers Prague.

Ses armées étaient à nouveau sous nos murs. Ses pertes avaient été si lourdes lors de l'engagement avec les Autrichiens, plus de dix mille hommes dit-on, qu'il ne sentait pas à son armée la vigueur de passer à l'assaut. Il résolut plutôt de faire le siège de la ville, comptant que les 40 000 soldats autrichiens de la garnison en plus des peut-être 70 000 habitants de Prague viendraient vite à bout des vivres disponibles.

Nous étions au début de mai. Gâcher ainsi le printemps.

Les Prussiens encerclèrent la ville.

À la fin du mois, leur artillerie était plantée autour de nous, enracinée, en ligne, prête à faire feu depuis Vítkov et depuis la plaine de Pancrace. Pancrace…

Avions-nous trop ri, trop dansé ces dix dernières années ?

Je dis que le malheur n'est supportable qu'à condition de ne lui sacrifier aucune bonne raison.

Le 29 mai au lever du soleil, comme pour fêter l'encerclement de Prague par ses ennemis, une pluie torrentielle mêlée de grêle s'abattit sur la ville. Magistrale ouverture à la guerre.

Torrentielle n'est pas assez pour décrire la calamité qui nous frappa.

Il faut imaginer un orage, de ceux que l'Ancien Testament envoie.

Pendant que tombaient pluie et grêle à ne pas voir à deux pas, Tereza, Emil, devenu un homme, et moi, étions au théâtre, épongions, mettions des seaux où l'eau passait, craignant à tout moment que le toit ne s'effondre sous le fracas.

Les parties basses de Prague furent sous l'eau sans prévenir et les gens piégés dans leurs caves.

La Vltava enfla d'une crue enragée à en briser le pont de Branik.

Je ne saurais que le lendemain que Pavel y avait laissé la vie. Il avait voulu sauver des eaux un ultime sac de farine.

La pluie torrentielle cessa.

D'un déluge l'autre.

À peine celui-là passé, et pour prévenir une sortie de nos soldats qui auraient pu tirer parti du chaos généré par l'orage, les Prussiens firent pleuvoir sur Prague à demi noyée, bombes et boulets.

Les incendies, malgré les bâtiments détrempés par les eaux, prenaient partout en ville.

Ah comme les Prussiens voulaient pousser l'avantage et nous détruire !

Maudite succession dont nous nous soucions, nous Pragois, comme d'une guigne !

Quand les boulets et les bombes commencèrent à pleuvoir, Tereza, qui se trouvait sur la scène, se mit doucement… à danser.

Elle fredonnait pour s'accompagner un air léger.

Je la crus folle.

Emil m'a dit :

« Alors, tu as une meilleure idée ? Puisque tu jures qu'on ne te fera pas descendre dans une cave. Elle s'occupe. Elle va aussi bien que toi. Tu es vert. »

Un boulet tomba très près. Je sortis pour voir si ce n'était pas sur l'église de Saint-Havel.

Il était tombé de l'autre côté, sur une maison du marché aux fruits.

Je rentrai au théâtre.

Sur la scène, Tereza et Emil maintenant dansaient tous les deux, et chantaient l'air enlevé, si fameux, de « *Voi lo sapete come son fatte* », de Galuppi, d'*Il Mondo della Luna*.

Les bombes, le bruit. Les cris. Je n'entendais plus ma ville. Je ne reconnaissais plus ma ville.

Il n'y a plus de place que pour la terreur.

J'allai chercher dans la loge de Locatelli une bonne bouteille de vin italien que je savais qu'il avait laissée. J'en bus un verre d'un trait.

Au milieu des explosions qui, c'est sûr, avait encore atteint la Vieille Ville, sans parler de la Nouvelle qui prenait le gros du feu, je servis un verre à Tereza et Emil, qui chantaient toujours.

Pour ne plus penser que nos ennemis allaient peut-être défigurer le pont de pierre, je me mis à chanter aussi, très fort.

Voi lo sapete come son fatte :
ora vezzose, tutte amorose ;
ora ostinate,
fiere arrabbiate.
Che ? Non è vero ?

Il me semblait que le fracas était moins sévère de ce côté.

Du côté du pont de pierre, je veux dire.

L'idée qu'on me l'abîme me ravageait toujours, alors je bus encore.

Une bouteille plus loin, je n'étais plus qu'à ma chanson.

Quelques fous de ce qui restait de la troupe de Locatelli à Prague nous rejoignirent.

Nous exhumâmes d'autres bouteilles, quelques-uns sortirent les violons.

Alors que la puissance de feu commençait à décroître, le théâtre fut touché par un boulet.

Ce coup-là eut l'effet de nous dégriser aussitôt.

Nous ne chantions plus, mais occupés à colmater la brèche, nous pensions moins que nous allions mourir.

Occupé à écrire, je pense moins que je vais mourir.

Après six heures d'un bombardement intense, le feu décrut, décrut seulement.

J'appelai Emil. Pourquoi n'était-il plus à mes côtés.

On me dit qu'il y avait un moment qu'il était parti, au milieu de la fête.

Les bombardements dureraient jusqu'au 18 juin. Vingt jours.

Le théâtre serait encore touché, les décors, les costumes, perdus.

Vingt jours, que je passais, quand je trouvais quelqu'un pour garder le théâtre, auprès d'Antonin, ou à pleurer la mort de Pavel avec les siens, à découper des chiffons pour bander les blessés, à faire du pain, à boire assez.

Et chercher Emil.

À cette quête, Tereza passait ses jours et ses nuits.

Un soir, j'allais la chercher jusque sur les remparts, où elle venait de risquer pire que la mort, et la mort pour finir.

J'ai compris ce soir-là où Emil avait grandi, dans quelle maison.

Mais je ne peux pas l'écrire. Je garde le secret de Tereza. C'est son souvenir. Je l'ai surpris, elle ne me l'a pas confié, sans quoi je l'aurais partagé. Je peux simplement m'avancer à dire que mon intuition était bonne, Emil avait grandi entre deux mondes. Quoique je n'aurais pas parié sur ces deux-là !

Prague offrait alors un spectacle si loin de l'image que j'avais d'elle enfant.

Plus de dorures pour vibrer sous le ciel. Prague était noire. La Nouvelle Ville en cendres. Peu de maisons encore debout dans la ville juive. Chez nous, à la Vieille Ville, à peine avions-nous éteint un feu qu'un boulet rouge initiait le suivant.

Si je surveillais le théâtre contre les importuns, j'y laissais entrer tous ceux qui s'y trouvaient mieux que dehors ou dans une cave.

Les monastères et les palais étaient bondés de blessés.

On m'a dit, mais est-ce possible, que soixante mille boulets de canon, vingt mille grenades et des centaines d'objets incendiaires auront été largués sur Prague pendant ces vingt jours.

Ce qui est certain est que plus de huit cents maisons, soit un quart de la ville, ont été détruites.

De l'écrire me laboure encore le cœur et m'atterre. M'atterre.

Le théâtre de Sporck et son palais détruits.

Jusqu'à l'amphithéâtre où avait été donnée la représentation fameuse du couronnement.

Tous mes théâtres.

Sauf le pont de pierre.

Les Prussiens manquaient toujours le pont de pierre.

J'étais sur Újezd. De l'autre côté de la rivière surtout, les bombes allaient leur train. Je venais d'apporter à manger à une famille qu'on m'avait signalée. Ayant reconstitué un petit pécule durant les dix dernières années, j'avais de quoi aider. Je venais de déposer à ces gens ce que je devais, et comptais m'en retourner au théâtre.

J'allais repasser le pont de pierre pour lequel je vivais dans la crainte.

C'est alors que sur le chemin je vis ces portes, qui donnaient sur le jardin des Vrtba, grandes ouvertes.

J'entrai, passai l'arche surmontée de son Hercule.

Personne n'était dans la cour.

Le jardin, le palais, semblaient désertés.

Encore un théâtre, mais de verdure, à peine voilé de cendres. Vision de paradis. Trouée de lumière dans l'enfer qu'était autrement la ville.

Je passai le bassin, m'enfonçai dans le jardin, montai ses degrés, passai Zeus et son aigle, montai toujours.

Ici plus qu'ailleurs, à chaque marche, j'espérais voir Emil dévaler vers moi. Je me disais, je veux bien même qu'il soit devenu soldat, n'importe quoi, pourvu qu'il vive.

Je crois que je me suis perdu au milieu des divinités de Braun.

Je leur trouvai l'air aussi égaré que moi.

Je passai d'autres parterres de buis, montai jusqu'à la plus haute terrasse.

La cathédrale à main gauche, tout droit les toits du Petit-Côté, dominés par la coupole généreuse de Saint-Nicolas.

Au-delà de la rivière, je voyais jusqu'aux vignes du roi.

Le Petit-Côté et la Vieille Ville ne sont que, de part et d'autre de la Vltava, le prolongement du plat des berges.

Ces deux quartiers, quand vous y entrez, vous enferment-ils ?

Mais c'est pour mieux vous ramener au pont de pierre où toutes les routes mènent, où l'horizon s'ouvre à nouveau.

Et si les routes vous écartent de la berge, c'est pour vous amener à flanc de colline. D'un côté vous vous retrouvez à grimper au fil des maisons et des palais vers le Château, de l'autre vers les coteaux et les vergers du roi, d'où à nouveau, le paysage s'ouvrira, d'où vous verrez tout.

Prah, c'est le seuil, passez-le.

Si j'omettais les fumées noires qui montaient des incendies toujours renaissants sous les bombes, si j'omettais, et c'était difficile, le son flûté des boulets de canon qui s'abattaient encore sur la ville, et leur fracas, j'aurais pu croire que Prague était intacte. Je veux dire que, de cette distance, elle m'apparaissait intègre, égale à elle-même, concentrée. J'en étais au point de croire à ce conte, que je voulais m'offrir, les béquilles calées contre le parapet, quand j'entendis une voix qui disait :

« Depuis ce jardin épargné, on pourrait presque croire qu'on est en paix, n'est-ce pas. »

En habit noir mais tête nue, un jésuite.

Que se mêlait-il, cet inquisiteur, de me parler de paix.

Je fis l'effort de me taire. L'homme s'était placé tout près de moi, nos épaules à se toucher.

« Je vous connais. Vous êtes le gardien du théâtre.

– Et moi, à qui ai-je l'honneur ?

– Nous sommes voisins. J'enseigne la minéralogie et la géologie à l'université, et étudie la botanique à mes heures perdues.

– En connaissez-vous beaucoup ?

– D'heures perdues ? Oui. Les nuits sont longues. Surtout les quinze dernières.

– Vous pourriez les passer à prier.

– Allez savoir si constituer un herbier n'est pas une manière de prière. Et vous, qu'est-ce qui vous amène dans ce jardin ? Ne vous y recueillez-vous pas ?

– Les portes étaient ouvertes.

– C'est comme pour moi. Les portes étaient ouvertes. »

Je n'ai plus le temps de témoigner de cet homme, de cet érudit, de ce jésuite, qui fut jusqu'à sa mort il y a quelques mois, et reste, à côté d'Antonin et de Pavel, un de mes plus grands amis.

Tout à l'heure, quand Alžbeta est entrée, qu'elle m'a vu, elle a crié.

Je ne veux plus qu'elle vienne et me voie.

Elle laissera le bouillon sur le seuil de la porte.

Quand elle sera repartie, j'irai le chercher.

Peut-être.

J'ai ma potion.

Garder un peu de douleur, mais l'esprit clair. Juste assez de lumière.

Emil ne reparaissait pas. Nous l'avions cherché, fait chercher partout, dans les hôpitaux, les églises, avions interrogé les charretiers qui ramassaient les cadavres.

Comment se volatilise-t-on dans une ville assiégée ? Avait-il trouvé à s'enfuir par la rivière ?

Il me plaît d'imaginer qu'il a suivi un chemin parallèle à celui de l'aigle du heurtoir, qu'il voyage, qu'il est libre quelque part.

Comment le siège prit-il fin ? Comment notre enfer prit-il fin ?

De façon aussi inattendue que cette folie nous était tombée dessus.

L'armée autrichienne fit marche vers le nord, c'est-à-dire vers la Prusse, risquant de couper les lignes de ravitaillement des armées de Frédéric qui nous assaillaient. Alors celles-ci levèrent le camp pour se porter à la rencontre des armées autrichiennes.

On l'appellerait la guerre de Sept Ans.

Des guerres encore plus lamentables et absurdes que les autres, on ne garde que la notion du temps qu'elles ont duré. Quoi dire d'autre, alors on dit, la guerre de Sept, de Trente, de Cent Ans…

Au matin du dimanche du 19 juin, les troupes se retiraient de leurs positions.

J'ai écrit mon testament.
Je veux donner à Alžbeta
tout ce qui me reste d'argent,
ma bible, le rouleau d'Ulysse et mon soleil,
parce qu'elle est la dernière qui aura posé ses yeux sur moi,
je lui demande bien pardon,
et de distribuer
le reste de mes bougies sur le pont de pierre à tous ceux qui en voudront.

Je suis encore là, le premier surpris.

C'est curieux, après avoir été si mal, je me sens mieux, l'esprit clair.

Avançons, vivement !

Au théâtre, on dansait beaucoup. Dans une patrie où cohabitent deux langues, la danse et la pantomime sont des arts bien doux.

Les récoltes furent bonnes.

Mauvaises l'année suivante, et de pauvres gens eurent à souffrir de la faim du fait du coût des denrées les plus nécessaires.

1768. Par deux fois, l'alignement des astres affola le monde, surtout cette nuit-là où la lune baignait la neige de sang. C'était l'année où Mysliveček donna chez nous son *Farnace*.

1771. Il y eut cette pièce de théâtre donnée en tchèque. Une calamité. Je me mordais les poings de rage et aurais préféré qu'elle ne soit pas donnée. Comédie allemande, bien traduite, mais faute d'acteurs en langue tchèque, mal jouée, par des Allemands qui ne comprenaient pas ce qu'ils disaient ! Voilà comment ce qui aurait dû être un grand moment de théâtre fut pathétique.

C'était une halle, un lieu de passage, un théâtre au répertoire divers.

L'affaire allait aussi longtemps que l'impresario était assez inspiré pour servir au public ce qu'il ne savait pas qu'il attendait.

Tout y était changeant, mouvant comme le sable, les gens, les genres, pauvre, riche, tchèque, italien, ballerine française, jusqu'au prix du billet qui changeait d'un mois à l'autre, pour une même place.

Une femme le dirigea, Barbara Schuh.

Et même un bouffon !

La transition n'est pas jolie, et de plus cette dame Schuh était fort sérieuse à ce qu'elle faisait, mais gratter le papier pour me reprendre me coûte trop.

Et puis ce Bernardon, n'était-il pas un génial bouffon ?

On joua Glück, on joua Galuppi, Pergolesi, Mysliveček, ce n'est pas rien.

Si je ne me suis attardé que sur les opéras et la danse, c'est que mon amie en était, mais on joua Shakespeare, et Goldoni, et son théâtre nouveau, moins affecté et hors du champ de la vie commune que la Commedia dell'arte.

On joua Molière, Beaumarchais, Diderot.

Au matin du 10 mai 1781, je me suis réveillé pour trouver à mes côtés Tereza, morte, dans notre lit, sans qu'elle ait poussé un cri, rien dit.

1782. La menace planait depuis un temps. Le théâtre croulait sous les dettes. La compétition qui avait pris racine au palais de Thun sur le Petit-Côté était à la mode. Notre ressort était usé.

Ce n'est jamais qu'au milieu de ces circonstances que la décision de fermer le théâtre pour des raisons de sécurité tomba par décret impérial le 24 août.

J'étais au fond soulagé. La charge m'était devenue lourde.

Soulagé doublement, car le même décret prévoyait la construction d'un nouveau théâtre. Le théâtre de Nostitz.

Le comte Nostitz ne rêvait pas tant d'un théâtre tchèque que d'un théâtre libre.

Justement, notre empereur aimait la liberté. Pendant les travaux, certains, qui l'aimaient moins que ces deux-là, déconstruisaient la nuit ce qui avait été bâti le jour.

Ces fâcheux tenaient que ces messieurs Nostitz et l'empereur, avec leur manie de la liberté, étaient en train, à vouloir ouvrir le théâtre à n'importe quelle nationalité, de saper les fondements même de l'empire !

Malgré eux, en 1783, le nouveau théâtre, une maison dans le style des Grecs, vit le jour.

Le théâtre des Étals ferma ses portes cette année-là.

Au théâtre de Nostitz, son esprit continuait de flotter.

J'y conseillais de loin en loin, pour tel ou tel autre détail auquel on voulait bien m'associer.

J'ai eu la joie d'y assister à la représentation d'une pièce écrite dans ma langue par le jeune Václav Thám, et bien jouée cette fois. *Břetislav et Jitka* en était le titre.

Cette nouveauté ne plut pas à tout le monde, au point que Bondini, l'impresario, dut se séparer des acteurs tchèques de sa troupe.

Il faut que je me dépêche. Le répit se fane. J'y vois flou.

1786. Ce jeune homme, ce Václav Thám, et ses amis, ont obtenu de l'empereur de créer un petit théâtre, La Hutte, là, juste à côté, sur le marché aux chevaux.

Ah, entendre la langue tchèque résonner sur une scène.

Le succès est là, superbe. Entier.

Lors de la première représentation donnée dans cet humble théâtre, la presse était si grande que beaucoup ne purent entrer.

Comme nous attendions ces mots, qui résonnèrent en plein jour,

Vděčnost a láska k vlasti,

reconnaissance et amour à la patrie.

Comme c'est étrange. Je veux dire ces mots nouveaux, sur des émotions si vieilles.

L'empereur lui-même est venu à La Hutte.

On donna ce soir-là *Loutnici*, les marionnettes, un *opera buffa* charmant, traduit de l'allemand.

Ai-je encore la force de m'amuser ? Allez.

Alors que la querelle entre les gens de théâtre allemands et tchèques battait son plein, au point de consacrer leur divorce, et de donner à chacun son théâtre, nous offrions à l'empereur une œuvre allemande, traduite en tchèque. Incorrigibles que nous sommes…

L'empereur passa une bonne soirée, la preuve en est qu'il resta jusqu'à la fin.

Mozart. On dit que *Ses Noces de Figaro* ne furent pas accueillies à Vienne comme il l'eût espéré, que l'opéra y choqua, notamment des aristocrates qui jugeaient là encore que l'empereur était un moderniste, risque-tout, réformé entêté, et inconséquent à encourager les impertinences de ce Mozart.

Qu'il choque Vienne ? Certains d'entre nous trouvions à Prague que c'était une qualité.

Mozart allait fuir cette Vienne empêtrée, partir à Londres peut-être où on le désirait ?

C'est alors que cette invitation lui vint de Prague, d'amis, qui depuis longtemps déjà auraient voulu qu'il vînt chez nous.

Cette fois, il fit le pas, et débarqua à Bertramka, chez les Dušek.

C'est là que je croisai Giacomo Casanova,

et l'improvisatore, da Ponte,

et qu'enfin en octobre dernier j'assistais à la très attendue première du *dissoluto punito, il Don Giovanni.*

Ça y est. Je crois que c'est fini.

Y suis-je retourné ? À Kuks ?

J'aimerais aller là-bas maintenant, m'allonger à l'abri de la grotte devant laquelle Braun a figé l'ermite Gari dans la pierre.

Les chiens et les chasseurs, qui le prennent pour une bête, viennent le capturer.

Là où ils l'emmènent, par la voix d'un enfant, Dieu lui parlera, lèvera la pénitence qui le condamnait à chercher sa pitance à même la terre sauvage des forêts, à ne plus regarder le ciel, ni marcher sur ses deux jambes.

Il me semblerait doux de m'éteindre les yeux posés sur ce puissant vieillard, qui va à quatre pattes comme un grand fauve, pas pour jouir de son effroi ! Mais au contraire pour savourer ce qu'il ne sait pas encore, que la joie, la rédemption, à ce moment où il a le plus peur, n'ont jamais été plus proches.

Mais quand était-ce ?

Il faut encore que je passe sur le pont de pierre.

J'y verrai ma mère et tous les miens, alignés, comme au théâtre, pour le salut.

J'ai déverrouillé la porte

Achevé d’imprimer en février 2018
sur les presses de Normandie Roto Impression s.a.s.
à Alençon (France)
N° d’impression : 1800346

Dépôt légal : première édition, mars 2018